Pedagogik Mahorat va Pedagogik Texnologiyalar

Utanova Vaziraxon Maxmudjon qizi

© Utanova Vaziraxon Maxmudjon qizi
Pedagogik Mahorat va Pedagogik Texnologiyalar
By: Utanova Vaziraxon Maxmudjon qizi
Edition: June '2024
Publisher:
Taemeer Publications LLC (Michigan, USA / Hyderabad, India)

ISBN 978-93-5872-379-3

© Utanova Vaziraxon Maxmudjon qizi

Book	:	Pedagogik Mahorat va Pedagogik Texnologiyalar
Author	:	Utanova Vaziraxon Maxmudjon qizi
Publisher	:	Taemeer Publications
Year	:	'2024
Pages	:	180
Title Design	:	*Taemeer Web Design*

1-Ma'ruza
«Pedagogik texnologiyalar va pedagogik mahorat» fanining mazmuni, maqsadi, predmeti va vazifalari

Reja:

1. Pedagogik texnologiyalarni kelib chiqish zarurati, vujudga kelishi va shakllanishi.
2. «Pedagogik texnologiyalar va pedagogik mahorat» fanining mazmuni, maqsadi, predmeti va vazifalari
3. Bugungi kunda pedagogik texnologiyalar tushunchasiga berilgan ta'riflar va ularniig tahlili.
4. Pedagogik texnologiyalarning o'ziga xos xususiyatlari.
5. Pedagogik texnologiyaning manbalari, metodologik asoslari va uning xususiy metodikadan farqi.

Tayanch so'zlar va iboralar: fan, ta'lim, YUNESKO, texnologiya, prinsip, shaxs, progressiv, pedagogik texnologiya, metodologik asos.

Pedagogik texnologiyalarni kelib chiqish zarurati, vujudga kelishi va shakllanishi.

O'zbekiston Respublikasi «Kadrlar tayyorlash milliy dasturi»ning (1997y.) ikkinchi bosqichi sifat bosqichi hisoblanib, bunda zamonaviy pedagogik texnologiyalarni joriy qilish va o'zlashtirish zarurligi ko'p marta takrorlanib, ularni o'quv muassasalariga olib kirish zarurati uqtirilgan. Bugungi kunda jamiyatimizda yangi ijtimoiy munosabatlarning shakllanishi, ta'limning dunyo ta'lim tizimiga integratsiyalashuvi, demokratiyalash va insonparvarlashtirish jarayonlarining rivojlanishi ta'lim jarayonida zamonaviy pedagogik texnologiyalarga yangicha yondashuv zarurligini taqozo etmoqda.

Nega bugungi kunga kelib, pedagogik texnologiyaga qiziqish shunchalik darajada kuchaydi, degan mulohaza tug'ilishi tabiiy. Jamiyatimizga qanchadan-qancha bilimli va malakali kadrlarni etishtirib kelgan pedagogikaning o'ziga xos uslublari mavjud. Pedagogik jamoatchilikning aksariyati mana shu yo'ldan bormoqda, ammo mustaqillik va kelajak sari intilayotgan jamiyatga bu yo'l kutilgan samara bilan xizmat qila olmaydi. Chunki buning zamirida ma'lum sabablar mavjud, ya'ni:

1. Rivojlangan mamlakatlar qatoridan o'rin olish uchun, aholi ta'limini jadallashtirish va samaradorligini oshirish maqsadida zamonaviy pedagogik texnologiyalardan foydalanish zarurligi;

2. Fan-texnika taraqqiyotining o'ta rivojlanganligi natijasida axborotlar tizimi hajmining tobora ko'payib borayotganligi;

3. Zamonaviy texnika va texnologiyalarni ta'limga tatbiq etish, ta'lim jarayonini kompyuterlashtirish, o'quv-tarbiya jarayonida axborot texnologiyasi va texnik vositalardan foydalanish kerakligi;

4. Talaba va o'qituvchi faoliyatini to'g'ri yo'lga qo'yish, o'qituvchi ta'lim maqsadi va mazmunini puxta bilishi, ta'lim usullari, metodlari va vositalarini yaxshi egallagan bo'lishi, talabaning qiziqish va intiluvchanligini to'g'ri yo'lga yo'naltira olishi lozimligi;

5. O'qituvchi ta'lim jarayonini yuqori darajada, samarali tashkil etish uchun maqsad va vazifalarni aniq belgilashi, ta'lim natijasini oldindan qayd etishi, o'quv predmetlarini to'liq o'zlashtirishga erishish uchun zaruriy ta'lim vositalari, shart-sharoitlarini tayyorlashga erishishi kerakligi;

6. O'quv jarayoni uchun zarur moddiy-texnik bazaning yaratilgan bo'lishligi;

7. Ta'lim-tarbiya jarayoni natijalarini xolisona va ob'ektiv baholash, talabalarning bilim va malakalarini egallash jarayonini nazorat qilish va baholashni avtomatlashtirishga erishilganligi;

8. O'sib kelayotgan yosh avlodni hayotga mukammal tayyorlash talabi ularga eng ilg'or bilim berish usuli hisoblangan ob'ektiv borliqqa majmuiy yondashuv tamoyilidan foydalanishni talab qilishi kabi muammolardadir.

Demak, zamonaviy pedagogik texnologiya yuqorida keltirilgan shartlarning barcha talablariga javob beradigan ta'limiy tadbir hisoblanadi.

O'tgan asrning 60-yillarida AQSH (B. Blum, D. Kratvol, N. Gronland, J. Kerrol)da yaratilgan va jahondagi 30 ga yaqin mamlakatlar ta'lim tizimida muvaffaqiyatli qo'llanib kelinayotgan pedagogik texnologiyaning mohiyati, uning nazariy asoslari, o'ziga xos xususiyatlari hamda bu texnologiyaning mamlakatimiz ta'lim tizimiga joriy etishning ahamiyati juda katta.

O'tgan asrning 50-yillar o'rtasida jahon pedagogikasida o'quv jarayonini to'la-to'kis yangi, o'ziga xos «texnologik» usulda tashkil etishga yondashish vujudga kelgan edi. 60-yillarda esa o'qitish uslublarining o'ta turli-tumanligi ulardan o'quv jarayonining tashkil etishda foydalanishni qiyinlashtirayotganligi e'tirof etila boshlandi. Shuning uchun ham barcha uslublar uchun umumiy bo'lgan ilmiy asos yaratish zarurati tug'ildi. Natijada pedagogik uslublar texnologiyasi yoki o'quv jarayonining tashkil etish texnologiyasi, ya'ni «ta'lim texnologiyasi» (an Educational technologu) tushunchasi vujudga keldi. AQSHda 1961 yildan «Pedagogik texnologiya» jurnali chiqarila boshlandi. Shuningdek, Angliyada «Pedagogik texnologiya va o'quv jarayoni» (1964 yildan), Yaponiyada «Pedagogik texnologiya» (1965 yildan), Italiyada ham shunga o'xshash jurnal (1971 yildan) chiqa boshlagan. YUNESKO 1971 yildan boshlab ta'lim bo'yicha xalqaro byuroning «Pedagogik texnologiyalar» byulletenini chiqarib kelmoqda. Rossiya Federatsiyasida esa 1997 yildan boshlab «Maktab texnologiyalari» jurnali ta'sis etildi.

Xorijiy mutaxassis olimlar bilan bir qatorda respublikamizning pedagog olimlari Ashirbaev S., Sayidahmedov N.S., Jo'raev R., Farberman B.L. va boshqalar tomonidan ham samarali ilmiy-tadqiqot ishlari olib borilmoqda.

Bugunga kelib pedagogik texnologiyaga qiziqish kuchayganining sababi shundaki, rivojlanayotgan davlatlarda, odatda, birinchi navbatda, pedagogik texnologiyaga ta'lim sohasidagi siyosatning bosh vazifasi sifatida qarab kelingan.

Bunday yondashish YUNESKO tomonidan ham ma'qullandi va 1972 yilda «Ta'limni rivojlantirish masalalari» bo'yicha Xalqaro Komissiya tashkil topdi. Bu komissiya zamonaviy texnologiya-ta'limni modernizatsiyalashda harakatlantiruvchi kuchdir, deb baholadi.

«Pedagogik texnologiyalar va pedagogik mahorat» fanining mazmuni, maqsadi, predmeti va vazifalari.

Pedagogik jarayonlar uchun tatbiq qilinuvchi texnologiyaning an'anaviy va noan'anaviy, tarixiy, klassik, yangi va zamonaviy turlari farq qilinmoqda. Asosiy maqsad - shaxsning ta'lim va tarbiyasi hamda uning aqlan va jismonan rivojlanishi bilan bogʻliq kasbiy faoliyat ekanligini nazarda tutsak, qanday nomlanishidan qat'iy nazar, pedagogik texnologiya komil inson tushunchasiga mazmunan singib ketishi lozim.

«Pedagogik texnologiyalar va pedagogik mahorat» kursining maqsadi talabalarni pedagogik texnologiyalarning mazmuni, oʻziga xos xususiyatlari va turlari bilan tanishtirish va pedagogik texnologiyalardan oʻquv jarayonida samarali foydalanish mahoratini shakllantirishdir.

«Pedagogik texnologiya» nazariyasinining shakllanish bosqichlari

Bosqichlar	Yillar	Pedagogik texnologiya
I- bosqich	XX asrning 30 yillari	Pedagogik texnika-oʻquv mashgʻulotlarini aniq va samarali tashkil etishga koʻmaklashuvchi usul va vositalar yigʻindisidir.
II- bosqich	XX asrning 50 yillari	Pedagogik jarayonda texnik vositalarni qoʻllash, ularning imkoniyatlarini takomillashtirish, axborot sigʻimini kengaytirish, axborotlarni uzatish xizmatini sifatli tashkil etish, talaba faoliyatini individuallashtirish
III- bosqich	XX asrning 60-80 yillari	Dasturiy pedagogik-tarbiya maqsadlarini aniqlanishi, pedagogik jarayonini umumiy loyihalash, talabalar to monidan nazariy bilimlarning oʻzlashtirilishi ehtimolini oldindan tashxislash, pedagog ik maqsadining natijalanganligini oʻrganish faoliyat natijalarini tahlil etish
IV-bosqich	Mustaqillik yillari	Pedagogikni texnologiyalashtirishning asosini, pedagogik jarayonini, uning samaradorligini oshirish va pedagogik oluvchilarni, berilgan sharoitlarda va ajratilgan vaqt ichida loyihalashtiriayotgan

		o'quv natijalarga erishishlarini kafolatlash maqsadida to'liq boshqarish g'oyasi tashkil etadi

Fanning asosiy vazifalari - pedagogik texnologiyalarni o'quv jarayoniga joriy etish; ilg'or tajribalarni tatbiq qilish, har bir mavzu yuzasidan oydinlashtirilgan rejalarni tuzish; maxsus fanlarini o'qitish jarayonida pedagogik texnologiyalarni qo'llash usullari bilan tanishtirish; talabalarda texnologik loyiha va texnologik xaritalarni tuzish, pedagogik texnologiyalardan mahorat bilan foydalanish malakasini shakllantirish.

Pedagogik texnologiya amaliyotga joriy etish mumkin bo'lgan ma'lum pedagogik tizimning loyihasi hisoblanadi. Pedagogik texnologiya - ta'lim texnologiyasi, yangi pedagogik tajriba, yangi pedagogik texnologiya, zamonaviy pedagogik texnologiya, axborot texnologiyasi, yangi tajriba, ta'lim-tarbiya metodlari tushunchalarini qamrab oladi. Demak, pedagogik texnologiya didaktik vazifalarni samarali amalga oshirish, shu sohadagi maqsadga erishish yo'li bo'lib hisoblanadi.

Shunday qilib, pedagogik texnologiyaning predmeti - pedagogik tizimini konsteptual asoslariga dalil keltirishdan, maqsadlarni qo'yishdan, natijalarni shakllantirishdan, o'quv materialini tanlash va strukturalashtirishdan, pedagogik modelini tanlashdan, to ularni amalga oshirishgacha, ularning muqobillik va samaradorlik darajasini baholashgacha loyihalashtirishdan tarkib topadi. Tizimli yondashish o'qitish tizimining barcha asosiy tomonlarini - maqsadni aniqlash va o'quv jarayonini loyihalashdan tortib, to yangi o'qitish tizimining samaradorligini tekshirish, uni sinovdan o'tkazish va ommalashtirishgacha bo'lgan jarayonni o'z ichiga oladi. U o'z harakat tartiblarini takrorlanuvchanligi va ularni to'la o'quv jarayoniga tadbiq etish g'oyasi, oqibat natijada bu jarayonni «jonli o'qituvchiga» bog'liq bo'lmay qolishiga olib keladi. Haqiqatan ham, agar o'quv jarayoni to'la takrorlanuvchan, alohida ko'rinish (epizod)larga bo'linsa, o'qituvchining vazifasi oldindan tuzilgan (o'zi tuzgan bo'lishi shart emas) material bilan o'qishni tashkil etishda tashkilotchi va maslaqatchi rolini ijro etishdan iborat bo'lib qoladi.

Pedagogik texnologiyaning maqsadi – ommaviy ta'lim sharoitida ta'lim jarayonining zaruriy samaradorligini ta'minlash va talabalar tomonidan o'qishning ko'zlangan natijalariga erishish kafolatidan iboratdir.

Pedagogik texnologiyaning bosh vazifasi – ommaviy ta'lim sharoitida «oddiy» pedagoglarga o'qitishning yetarli samarasiga erishishni ta'minlovchi, o'quv jarayonini yaratishh hisoblanadi.

Pedagogik texnologiyaning predmeti – o'quv jarayoining o'zi hisoblanadi.

Pedagogik texnologiyaning ob'yekti –o'quv jarayonining tarkibiy qismlari hisoblanadi.

Bugungi kunda pedagogik texnologiyalar tushunchasiga berilgan ta'riflar va ularning tahlili.

Dastlab «texnologiya» tushunchasiga aniqlik kiritaylik. Bu so'z texnikaviy taraqqiyot bilan bog'liq holda fanga 1872 yilda kirib keldi va yunoncha ikki so'zdan – «texnos» (techne)- mahorat, san'at va «logos» (logos) – fan, pedagogikot so'zlaridan tashkil topgan. Bu ifoda zamonaviy texnologiya jarayonini to'liq tavsiflab berolmaydi. Texnologik jarayon har doim zaruriy vositalar va sharoitlardan foydalangan holda amallarni muayyan ketma-ketlikda bajarishni ko'zda tutadi.

Keyingi o'n yillar ichida yaratilgan, pedagogikaga bag'ishlangan adabiyotlarda «Pedagogik texnologiya», «Progressiv pedagogik texnologiya», «Yangi axborotlar texnologiyasi» kabi tushunchalar uchrab turadi. Ammo, ularga hozirgikungacha to'liq ta'rif berilmagan.

Qator yillardan beri, pedagogik texnologiyaga o'quv jarayonini texnik vositalar yordamida amalga oshirish, deb qarab kelindi. Faqat 70-yillardan boshlab pedagogik adabiyotlarda bu tushuncha yangicha talqin etila boshlandi. Texnologiya deganda, sub'ekt tomonidan ob'ektga ko'rsatilgan ta'sir natijasida sub'ektda sifat o'zgarishiga olib keluvchi jarayon tushuniladi. Texnologiya har doim zaruriy vositalar va sharoitlardan foydalanib, ob'ektga yo'naltirilgan maqsadli amallarni muayyan ketma-ketlikda bajarishni ko'zda tutadi.

Ushbu tushunchalarni o'quv jarayoniga ko'chiradigan bo'lsak, o'qituvchi (pedagog)ning o'qitish vositalari yordamida talabalarga muayyan sharoitlarda ko'rsatgan tizimli ta'siri natijasida ularda jamiyat uchun zarur bo'lgan va oldindan belgilangan ijtimoiy sifatlarni intensiv tarzda shakllantiruvchi ijtimoiy hodisa, deb ta'riflash mumkin. Ta'riflar nazariyasi bo'yicha bunday ijtimoiy hodisani pedagogik texnologiya, desa bo'ladi.

Mustaqillikka erishgan O'zbekiston olimlari xorijiy mamlakatlar bilan iqtisodiy, ijtimoiy, siyosiy va ilmiy-ma'rifiy aloqalar o'rnata boshladilar. Natijada yurtimizga ilg'or va samarali texnologiyalar kirib kela boshladi. Shular qatorida, jahondagi progressiv pedagogik texnologiya degan tushunchalar ham kirib, pedagogik jamoatchiligimiz fikrini chulg'ab oldi.

Xo'sh, ilg'or pedagogik texnologiya o'zi nima, uning an'anaviy o'qitish usulidan qanday afzalliklari bor?

So'nggi yillarda Republikamizdagi ilmiy anjuman ma'ruzalarida, ilmiy maqolalarda, hisobotlar va davriy nashrlarda ham pedagogik texnologiya tushunchasi o'z aksini topmoqda. Shuni ta'kidlash lozimki, Respublikamizning taniqli olimlari S. Ashirbaev, R.X. Jo'raev, N. S. Sayidahmedov, B. L. Farberman, Rossiya pedagog-olimlari V. P. Bespalko, V. S. Bezrukova, M. V. Klarin va boshqalar hamda qozog'istonlik olimlar M. J. Aristanov va J. S. Haydarov o'z ilmiy tadqiqotlarida «pedagogik texnologiya» tushunchasining mohiyatini va ahamiyatini ochib berishga munosib hissa qo'shganlar.

O'qitishga texnologik yondashish, ya'ni o'quv jarayonini ham ishlab chiharish jarayoni kabi takrorlanuvchan xarakterga ega bo'lishini ta'minlashga oid dastlabki izlanishlar o'tgan asrning 60-yillarida amerikalik pedagog olimlar tomonidan olib borilgan. Xususan, «o'qitish texnologiyasi» iborasi ham birinchi marta amerikalik olim B. Skinner tomonidan ishlatilgan. U - «...o'qitish texnologiyasi - psixologiya fani yutuqlarining pedagogik amaliyotda qo'llanishidan iborat», - deb ta'riflagan.

Lekin, haqqoniylik nuqtai nazaridan shuni ta'kidlash lozimki, A.S. Makarenko o'tgan asrning 30-yillarida bunday degan edi: «Bizning pedagogik ishlab chiharishimiz hech qachon texnologik mantiq asosida qurilmagan, balki u axloqiy va'zxonlikka asoslangan. Aynan shuning uchun ham: texnologik jarayon, mehnat operatsiyalarini hisobga olish yordamchi uskunalar, me'yorlash, yaroqsiz mahsulotlar bo'limi kabi ishlab chiharishga xos bo'lgan muhim bo'g'inlar unda o'zidan-o'zi ishtiroksiz qolmoqda». Hozirgi kunda jahon pedagogikasida «pedagogik texnologiya» tushunchasiga 12 xil tarif berilganligi ma'lum.

Masalan: «Ta'lim texnologiyasi - ilmiy va boshqa bilimlarni amaliy masalalarni hal etishda tizimli ravishda qo'llashidan iborat». (Golbrayt).

«Pedagogik texnologiya ta'limni tizimlashtirish yoki auditoriyada o'qitishni tizimlashtirish g'oyalarini pedagogikaga tadbiq etishdan iborat». (T. Sakomoto).

«Pedagogik maqsadlarga erishishda foydalaniladigan barcha shaxs, amaliy va uslubiy vositalarning tizimlashgan majmui va ularning faoliyat ko'rsatish tartibi». (Klarin M.V.).

Yuqoridagi ta'riflarda pedagogik texnologiyaning tub mohiyati o'quv jarayoniga tizimiy yondashishdan iborat ekanligi yaqqol ko'zga tashlanadi. Xalqaro YUNESKO tashkiloti tomonidan pedagogik texnologiya tushunchasiga quyidagicha ta'rif berilgan:

«Pedagogik texnologiya-ta'lim shakllarini maqbullashtirish uchun inson va texnik resurslarni hamda ularning o'zaro ta'sirini e'tiborga olgan holga o'qitish va bilimlarni o'zlashtirish jarayonini yaratish, qo'llashi va aniqlashning tizimiy uslubidir».

Pedagogik texnologiyani o'quv jarayoniga olib kirishning zarurligini bunday mamlakatlar ichida birinchilar qatorida har tomonlama ilmiy asoslab bergan rossiyalik olim V.P. Bespalkoning fikricha, «Pedagogik texnologiya - bu o'qituvchi mahoratiga bog'liq bo'lmagan holga pedagogik muvaffaqiyatni kafolatlay oladigan talaba shaxsini shakllantirish jarayonining loyihasidir».

Rossiyalik olimlaridan biri V.M. Monaxov «Pedagogik texnologiya - avvaldan rejalashtirilgan natijalarga olib boruvchi va bajarilishi shart bo'lgan tartibli amallar tizimidir», - degan qisqacha ta'rifni bera turib, uning asosiy xususiyatlariga e'tiborni qaratadi. «Pedagogik texnologiya - o'quv jarayonini texnologiyalashtirib, uning qayta tiklanuvchanligini hamda pedagogik jarayon turg'unligini oshirib, bu jarayon ijrochisining sub'ektiv xususiyatlaridan uni ozod qiladi», -deydi u.

M.V. Klarin fikricha, "Pedagogik texnologiya - o'quv jarayoniga texnologik yondashgan holga, oldindan belgilab olingan ko'rsatkichlardan maqsad kelib chiqib, o'quv jarayonini loyihalashdir".

V.P. Bespalkoning o'zbekistonlik shogirdlaridan N. Sayidahmedov va M. Ochilovlarning fikricha, "Pedagogik texnologiya - bu o'qituvchi(tarbiyachi)ning o'qitish (tarbiya) vositalari yordamida talaba (talaba)larga muayyan sharoitda ta'sir ko'rsatishi va bu faoliyat maqsuli sifatida ularda oldindan belgilangan shaxs sifatlarini intensiv shakllantirish jarayonidir".

I.Ya. Lernerning fikriga ko'ra, "Pedagogik texnologiya-talabalar harakatlarida aks etgan o'qitish natijalari orqali ishonchli anglab olinadigan va aniqlanadigan maqsadni ifodalaydi".

O'zbekistonlik metodist B.L. Farberman pedagogik texnologiyaga quyidagicha ta'rif beradi: "Pedagogik texnologiya - ta'lim jarayoniga yangicha yondashuv bo'lib, pedagogikada ijtimoiy-muhandislik ongi ifodasidir. U pedagogik jarayonni texnika imkoniyatlari va insonning texnikaviy tafakkuri asosida standart holga soladigan, uning optimal loyihasini tuzib chiqish bilan bogʻliq ijtimoiy hodisadir.

Polyak olimi Dj. Bruner «Oʻqitish texnologiyasi - bu oʻqitishning maqbulligini taʼminlovchi maʼlum yoʻl-yoʻriqlar tizimi bilan bogʻliq bilimlar sohasi» ekanligini eʼtirof etdi. Tizimli yondashish taʼsiri ostida asta-sekinlik bilan pedagogik texnologiya mohiyatiga aniqlik kiritila borildi. Rus olimasi N.F. Talizina esa uning mohiyatini «belgilangan oʻquv maqsadiga erishishning oqilona usullarini aniqlashdan iborat», deb tushuntirdi.

Yuqorida keltirilgan taʼriflardan koʻrinib turibdiki, oʻtgan yillarda PT-oʻquv jarayonini berilgan dastlabki taʼlim maqsadi va mazmunidan kelib chiqib loyihalashdir, deya ifodalandi. Bu bir jihatdan toʻgʻri, lekin teranroq fikr yuritilsa, uning bir yoqlamaligi yaqqol koʻzga tashlanadi yoki bunday yondashishda talaba shaxsining inkor etilishi seziladi. Bu kamchilikni birinchi boʻlib akademik V. Bespalko payqadi va oʻz asarida «Pedagogik texnologiya - bu oʻqituvchi mahoratiga bogʻliq boʻlmagan holga pedagogik muvaffaqiyatni kafolatlay oladigan talaba shaxsini shakllantirish jarayonini ifodalash - loyihalashdir», -deb taʼrifladi.

Professor N. Sayidahmedovning fikricha, «Texnologiya – bu shaxsni oʻqitish, tarbiyalash va rivojlantirish qonunlarini oʻzida jo qiladigan va yakuniy natijani taʼminlaydigan pedagogik faoliyatdir». Texnologiya tushunchasi regulyativ (tartibga solib turuvchi) taʼsir etish kuchiga ega boʻlib, erkin ijod qilishga undaydi:

- samarador oʻquv-bilish faoliyatining asoslarini topish;
- uni ekstensiv (kuch, vaqt, resurs yoʻqotishga olib keladigan samarasiz) asosdan koʻra intensiv (jadal), mumkin qadar, ilmiy asosda qurish;
- talab etilgan natijalarni kafolatlaydigan fan va tajriba yutuqlaridan foydalanish;
- oʻqitish davomida tuzatishlar ehtimolini loyihalash metodiga tayangan holda yoʻqotish;
- taʼlim jarayonini yuqori darajada axborotlashtirish va zaruriy harakatlarni algoritmlash;
- texnik vositalarni yaratish, ulardan foydalanish metodikasini oʻzlashtirish va boshqalar.

Pedagogik texnologiyalarning oʻziga xos xususiyatlari.

Yuqorida taʼkidlangandek, pedagogik texnologiyaning asosiy mohiyati taʼlimda talabalarni qiziqtirib oʻqitish va bilimlarni toʻliq oʻzlashtirishga erishishdir. Taʼlimda berilayotgan bilimlarni talabalarning aksariyat koʻpchilik qismi puxta oʻzlashtirishi pedagogik texnologiyani joriy etishning asosiy maqsadi hisoblanadi.

Ilmiy adabiyotlarda pedagogik texnologiyaning uch aspekti toʻgʻrisida fikr yuritiladi: ilmiy, tavsifiy, amaliy.

Ilmiy aspektda oʻqitishning maqsadi, mazmuni va metodlari ilmiy asoslanadi, pedagogik jarayon loyihalashtiriladi.

Tavsifiy aspektda rejalashtirilgan oʻqitish natijalariga erishishning maqsadi, mazmuni, metodlari va vositalarining ishtiroki asosida algoritm jarayoni ishlab chiqiladi.

Amaliy aspektda pedagogik texnologiya jarayoni amalga oshiriladi.

Ta'lim amaliyotiga nisbatan pedagogik texnologiyaning uch sathi belgilanadi: umumpedagogik, xususiy metodik, lokal (modul).

Umumpedagogik texnologiya yaxlit ta'lim jarayonni ifoda qiladi.

Xususiy metodik texnologiya bir fan doirasidagi o'quv -tarbiya jarayonini amalga oshirish metodlari va vositalaridan iborat bo'ladi.

Lokal (modul) texnologiya o'quv tarbiya jarayonining maxsus bo'limlariga texnologiyani tatbiq qilishni ifoda qiladi. Bu texnologiya xususiy didaktik va tarbiyaviy vazifalarni hal qilishga qaratiladi.

Pedagogik texnologiyaning tuzilmasi. U kontseptual asos, ta'lim jarayoni mazmuni, texnologik jarayondan iborat bo'ladi.

Har bir pedagogik texnologiya muayyan ilmiy kontseptsiyaga asoslanadi.

Pedagogik texnologiyaning ilmiy kontseptsiyasi ta'lim maqsadlariga erishishning falsafiy, psixologik, ijtimoiy-pedagogik va didaktik asoslashlarni qamrab oladi.

Ta'lim jarayoni mazmuni ta'lim jarayonining umumiy va aniq maqsadlari, o'quv materiali mazmunidan iborat bo'ladi.

Texnologik jarayon o'quv jarayonini tashkil etish, o'qituvchi faoliyati, talaba faoliyati, o'quv jarayonini boshqarish usullari, o'quv jarayoni diagnostikasini qamrab oladi.

Tadqiqotchilar har qanday pedagogik texnologiyalarni qanoatlantiradigan mezonlarni belgilaydilar.

Izchillik pedagogik texnologiyaning mezoni sifatida jarayonning mantiqiyligi, pedagogik texnologiyaning barcha qismlarining o'zaro bog'likligi, yaxlitligani o'z ichiga oladi.

Pedagogik texnologiyaning mezonlaridan biri boshqaruvga asoslanganligidir. U o'quv jarayoni diagnostikasi, uni rejalashtirish va amalga oshirishni loyihalash, undagi o'qitish metodlari va vositalari bilan o'zgartirib turishdan iborat bo'ladi.

Pedagogik texnologiyaning samaradorlik mezoni ta'lim jarayonining konkret sharoitlarida olinadigan yuksak natijalarni ko'zda tutadi.

Qayta tiklash pedagogik texnologiyalar mezonlaridan biridir. Unda pedagogik texnologiyalarni boshqa o'quv yurtlarida qo'llashi imkoniyati tushuniladi.

Texnologiya universal xususiyatga ega bo'lib, uni har bir mutaxassis tomonidan amalga oshirish, bir xil darajada bajarish va ko'zda tutilgan maqsadga erishish mumkin. Uning metodikadan asosiy farqi shundaki, metodika o'qitish usullari va yo'llarining ma'lum shaxs uchun qulay bo'lgan majmuidan iborat. Metodika o'qituvchining bilim, ko'nikmalari, mahorati, shaxsiy sifatlari, temperamentiga bog'liq. Buni dasturlashtirilgan ta'lim texnologiyasi bilan turli xususiy fanlarni har xil didaktik vositalardan foydalangan holga jadal (intensiv) o'qitish metodikalari orasidagi farqini solishtirishda ko'rish mumkin.

Shunday qilib, texnologiyalarning asosiy mezonlarini quyidagicha belgilash mumkin:

- ma'lum ilmiy asosga, kontseptsiyaga tayanish;
- tizimlilik, o'quv-tarbiya jarayoni va uning tarkibiy qismlarining o'zaro mantiqiy bog'liqligi;

- samaradorligi, ta'lim standartlariga erishishni kafolatlashi, talab qilinadigan vaqt, kuch va vositalarning me'yor darajasida ekanligi;
- boshqalar tomonidan qayta amalga oshirish mumkinligi.

Pedagogik texnologiya ta'lim oluvchilar va tarbiyalanuvchilarga pedagoglar tomonidan kasbiy-pedagogik maqsadlarni amalga oshiruvchi ta'sir ko'rsatilishini tashkil qilish tizimini belgilaydi.

Pedagogik texnologiya pedagogik faoliyatni aniq maqsadlar asosida tashkil qilish hamda uning texnologikligini nazorat qilish imkoniyatini beradi.

Pedagogik texnologiya tizimi pedagogik maqsadlarning aniq amalga oshirilishini ta'minlaydi.

Texnologik tizimning asosiy belgisi kutilgan natijaga erishishni kafolatlashdir. Buning uchun asosiy maqsadga erishishning har bir bosqichida bajarilishi lozim vazifalar, buning uchun talab qilinadigan vositalar hamda metodlarning aniq modullari yoki algoritmlari hosil qilinadi.

Pedagogik texnologiyaning manbalari, metodologik asoslari va uning xususiy metodikadan farqi.

«Pedagogik texnologiya va pedagogik mahorat» fanining metodologik asosini O'zbekiston respublikasi Konstitustiyasi, «Kadrlar tayyorlash Milliy dasturi», «Ta'lim to'g'risida»gi qonun, hukumatimiz tomonidan chiqarilgan qonun va farmonlar hamda pedagogika tashkil etadi. Chunki, tarbiyaning asosiy maqsadi o'sib kelayotgan yosh avlodning ilmiy dunyoqarashini shakllantirishdan iborat.

O'zbekistonda bozor munosabatlariga asoslangan iqtisodiy strukturalar yaratilayotgan hozirgi kunda keng, chuqur bilimli va bilimlarni amalda qo'llay oladigan shaxslarga talab kuchayib bormoqda. Bilimdon va tadbirkor, ijtimoiy faol shaxs jamiyat hayotida, mehnatda o'zining o'rnini topadi. O'zbekiston Prezidenti I.A.Karimov «....shuni yaxshilab tushunib olishimiz zarurki, jamiyatimizni yanada demokratlashtirish va fuharolik institutlarini shakllantirish, avvalo, aholi siyosiy, ijtimoiy va davlat hayotida nechog'lik faol ishtirok etishi bilan uzviy bog'liq», deb ko'rsatdi. Bunday faollik vujudga kelishi uchun bilimdon va harakatchan, milliy istiqlol g'oyasiga sodiq bo'lgan shaxsni shakllantirish kerak.

Bugungi kunda «Kadrlar tayyorlash milliy dasturi» talablaridan biri ta'lim jarayonida yangi pedagogik va axborot texnologiyalarini qo'llashi, tayyorgarlikning modul tizimidan foydalangan holga ta'lim oluvchilarni o'qitishni jadallashtirish sanaladi.

«Kadrlar tayyorlash milliy dasturi» asosida amalga oshirilayotgan ta'lim sohasidagi islohotlarning birinchi va ikkinchi bosqichlari vazifalari muvaffaqiyatli qal qilinib, uchinchi bosqichdagi o'zgarishlar davom etmoqda. Bu bosqichda o'quv-tarbiya ishlarini butunlay yangi asosda tashkil qilish, yuqori sifat ko'rsatkichiga erishish talab qilinadi.

Kadrlar tayyorlash milliy dasturi o'z oldiga bir qator maqsad va vazifalarni qo'ygan.

Mazkur dasturning maqsadi:
- ta'lim sohasini tubdan isloh qilish;

- uni o'tmishdan qolgan mafkuraviy qarashlar va sarqitlardan to'la xalos etish;
- rivojlangan demokratik davlatlar darajasida yuksak ma'naviy va axloqiy talablarga javob beruvchi yuqori malakali kadrlar tayyorlash milliy tizimini yaratish kabilardir.

Ushbu maqsadni ro'yobga chiharish quyidagi vazifalarni hal etishni nazarda tutadi:

- O'zbekiston Respublikasining «Ta'lim to'g'risida»gi Qonuniga muvofiq ta'lim tizimini isloh qilish, davlat va nodavlat ta'lim muassasalari hamda kadrlar tayyorlash sohasida raqobat muhitini shakllantirish negizida ta'lim tizimini yagona o'quv ishlab chiharish majmui sifatida izchil rivojlantirishni ta'minlash;
- ta'lim va kadrlar tayyorlash tizimini jamiyatda amalga oshirilayotgan yangilanish, rivojlangan, demokratik-huquqiy davlat qurilishi jarayonlariga moslash;
- kadrlar tayyorlash tizimi muassasalarini yuqori malakali mutaxassislar bilan ta'minlash, pedagogik faoliyatning tashkiliy va ijtimoiy ma?omini ko'tarish;
- kadrlar tayyorlash tizimini hozirgitalablar doirasida qayta qurish;
- ta'lim oluvchilarni ma'naviy-axloqiy tarbiyalashning samarali uslublarini ishlab chiqish va joriy etish;
- tizimni attestatsiya va akkreditatsiya qilishning yagona metodikasini joriy qilish;
- normativ va moddiy - texnika axborot bazasini yaratish;
- ta'lim, fan va ishlab chiharishning integratsiyasini ta'minlash;
- tizimga byudjetdan tashqari investitsiyalarni jalb qilish;
- kadrlar tayyorlash sohasida o'zaro manfaatli xalharo hamkorlikni rivojlantirish.

Yuqoridagi maqsad va vazifalardan kelib chiqib, yangi ta'lim modelining tarkibiy qismlari quyidagilardan iborat etib belgilandi:

1) shaxs - kadrlar tayyorlash tizimining bosh sub'ekti va ob'ekti, ta'lim sohasidagi xizmatlarning iste'molchisi va ularni amalga oshiruvchi;

2) davlat va jamiyat - ta'lim va kadrlar tayyorlash tizimining faoliyatini tartibga solish va nazorat qilishni amalga oshiruvchi, kadrlar tayyorlash va ularni qabul qilib olishning kafillari;

3) uzluksiz ta'lim - malakali va raqobatbardosh kadrlar tayyorlashning asosi bo'lib, ta'limning barcha turlari va standartlarini o'z ichiga oladi;

4) fan - yuqori malakali mutaxassislarning tayyorlovchisi va ulardan foydalanuvchi, ilg'or pedagogik va axborot texnologiyalarining ishlab chiquvchisi;

5) ishlab chiharish - kadrlarga bo'lgan ehtiyojni, ular sifatiga qo'yilgan talablarni belgilovchi asosiy buyurtmachi, tizimni moliyalashtiruvchi va moddiy-texnik baza bilan ta'minlash qatnashchisi.

Prezidentimiz I.A.Karimov kadrlar tayyorlash milliy dasturi to'la ro'yobga chiqsa, ijobiy ravishda "portlash effekti" sodir bo'lishini bashorat qilib, «Tafakkur» jurnali bosh muharriri savollariga bergan javobida shunday degan edi: «Ishonchim komil, agar bu islohatni amalga oshirsak, tez orada hayotimizda ijobiy ma'nodagi portlash effektiga, ya'ni uning samaradorligiga erishamiz».

Nazarda tutilgan vazifalar to'liq amalga oshsa:

1) ijtimoiy-siyosiy iqlimga ijobiy ta'sir qiladi va natijada mamlakatdagi mavjud muhit butunlay o'zgaradi;

2) insonning hayotdan o'z o'rnini topish jarayoni tezlashadi;

3) jamiyatda mustaqil fikrlovchi erkin shaxs shakllanadi;

4) ta'limning yangi modeli jamiyatimizning potentsial kuchlarini ro'yobga chiharishda katta ahamiyat kasb etadi;

5) oldimizda turgan har qanday vazifani bajarishda va maqsadlarga erishishda jamiyatimizning har bir a'zosi qo'shadigan hissa «portlash effektiga» olib keladi.

Bu jarayonda yangi pedagogik texnologiyalarning bir qancha muammolari o'z yechimini topadi. Ular-ta'lim muassasalarining resurs, kadrlar va axborot bazalarining yanada mustahkamlanishi, o'quv-tarbiya jarayonini yangi o'quv-uslubiy majmualar, ilg'or pedagogik texnologiyalar bilan to'liq ta'minlanishi, milliy (elita) oliy ta'lim muassasalarining haror toptirilishi va rivojlantirilishi, kasb-hunar ta'limi muassasalarining mustaqil faoliyat yuritishining ta'minlanishi va o'zini-o'zi boshqarish shakllarining mustahkamlanishi kabi vazifalardir. Bunda ta'lim jarayonini axborotlashtirish va uzluksiz ta'lim tizimini jahon axborot tarmog'iga ulanadigan kompyuter axborot tarmoqi bilan to'liq qamrab olish ham ko'zda tutilgan.

Mavjud pedagogika fanida dars jarayoniga oid berilgan ma'lumotlarda e'tibor ko'proq yangi bilimlarni bayon etish, uni mustahkamlash va natijasini hisobga olishga qaratilgan. Bilim berishda talabaning avvalgi bilimlari, hayotiy tajribasi etarlicha hisobga olinmagan. Dars rejasida avval o'tilgan mavzuni yakunlab, yangi mavzuga bog'lash taklif etilgan. Lekin shu yangi o'tilayotgan mavzu bo'yicha talabaning bilimni aniqlash, mavzuga xos bo'ladigan dastlabki ma'lumotlarni berish etarlicha amalga oshirilmagan. Pedagogik texnologiyaning an'anaviy ta'limdan afzalligi, u pedagogik jarayonini bir butunlikda ko'rib, pedagogik maqsadi, kutiladigan natijalari, uning mazmuni, pedagogik metodlari, shakllari va vositalari, hamda tahsil oluvchi va pedagogik beruvchilarning faoliyatlarini tizimga keltirib, pedagogik bosqichlarini loyihalab, pedagogik jarayonini nazorat qilish va pedagogik natijalarini baholash kabi elementlarini o'zaro uzviy bog'lab tizimga keltirib turib uning loyihasini tuzishidadir.

Pedagogik texnologiyasining an'anaviy pedagogikdan keyingi farqi, u tahsil oluvchilarning o'zlariga berilgan bilimni yodlab olib aytib berishiga emas, balki pedagogik va tarbiya jarayonining yakunidaamaliy ishlarni bajarishiga yo'naltirilganligidadir.

Pedagogik texnologiya asosan o'z ichiga quyidagi omillarni oladi:
- pedagogikda umumiy maqsadning qo'yilishi;
- tuzilgan umumiy maqsaddan aniq maqsadga o'tish;
- nazorat topshiriqlarini ishlab chiqish;
- talabalarning bilim darajalarini dastlabki (tashxisli) baholash;
- bajariladigan o'quv tadbirlari majmuasi (bu bosqichda talabalar bilan muloqot asosida pedagogikga joriy tuzatishlar kiritilishi lozim); natijani baholash.

Pedagogik texnologiyaning metodikadan farqli tomoni shuki, u ma'lumot texnologiyasini joriy etishh taktikasini ifodalab beradi va «o'qituvchi-pedagogik jarayon-talaba" funktsionala tizim qonuniyatlariga tegishli bilimlar asosida quriladi. Shu nuqtai nazardan pedagogik tadqiqotlar maqsadi ana shu tizimga yo'naltirilishi kerak, ya'ni:

- ta'limni rivojlantirishning yangi bosqichida pedagogik texnologiya mohiyati va muammolarini ko'p bosqichli ta'lim tizimi uchun tabaqalashtirilgan yondashuv asosida ishlab chiqish:
- ishlab chiqarishning zamonaviy texnologiyalarini tahlil qilishh asosida pedagogik texnologiyalar loyihalarini yangilab va boyitib borish;
- o'qituvchi faoliyatini yangi pedagogik texnologik texnologiya qonuniyatlariga moslashtirish;
- "o'qituvchi-texnolog" kasbi tavsifnomasini yaratish.

Pedagogik texnologiya nazariyasi va amaliyoti quyidagi **qonuniyat va printsiplarga** asoslanadi:

- ta'lim-tarbiya jarayoni tuzilishi va mazmuni jihatidan yaxlitligi va birligi;
- ta'lim jarayonini optimallashtirish: qulay sharoit yaratib, oz vaqt, kam kuch sarflab, yuqori natijaga erishish;
- zamonaviylik pedagogik amaliyotga ilmiy asoslangan didaktik yangiliklarni, yangi tartib-qoidalarni joriy etishh, ta'lim mazmunini uzluksiz yangilab zamonaviylashtirib borish;
- ilmiylik: ta'lim-tarbiyada yangi shakl vositalar, faol metodlar, didaktik materiallarni qo'llash, uzluksiz izlanish, tadqiqot;
- talaba va qo'ituvchi faoliyatini oqilona uyushtirish: o'qituvchi ta'lim maqsadini, mazmunini puxta bilishi, ta'lim usullari va texnik vositalarni yaxshi egallagan bo'lishi; talabaning manfaatdorligi, qiziqishi va intiluvchanligi;
- pedagogik jarayonni jadallashtirish; axborot texnologiyasi va texnik vositalardan foydalanishh samaradorliligini oshiruvchi didaktik materiallarni ishlab chiqish va keng qo'llash;
- o'quv jarayoni uchun zarur moddiy-texnik baza yaratishh;
- pedagogik jarayon natijalarini xolisona va ob'ektiv baholash, test usuli, reyting tizimi, talabalning bilim va kunikmalarini egallash jarayonini nazorat qilishh, baholashni avtomatlashtirish;
- ta'lim-tarbiyaning tabiatga mosligi;
- ta'lim-tarbiyaning jamiyatga moslashuvi va boshqalar.

Printsip - lotincha «boshlanish" degan ma'noni anglatadi. Pedagogik texnologiyaning o'ziga xos xususiyatidan kelib chiqadigan uning metodikasiga qo'yiladigan talablar, printsiplar mavjud. Ayrim tadqiqotchilar, "pedagogik texnologiyaning tamoyillari: kafolatlangan yakuniy natija, ta'limning mahsuldorligi, teskari aloqaning mavjudligi, ta'lim maqsadining aniq shakllanganligi" kabilar deb talqin qilinadi.

An'anaviy o'qitish usulida ta'lim maqsadi dastur talabiga binoan aniq ifodalanmaydi, talabaning o'zlashtirish darajasi, sifati haqida muallim aniq tasavvurga ega bo'lmaydi.

Nazorat savollari.

1. Pedagogik texnologiyalarni kelib chiqish zaruratiga sabab nima edi?
2. «Pedagogik texnologiyalar va pedagogik mahorat» fanining mazmunini aytib bering.
3. «Pedagogik texnologiyalar va pedagogik mahorat» fanining maqsadi nima?
4. «Pedagogik texnologiyalar va pedagogik mahorat» fanining predmeti nima hisoblanadi?
5. «Pedagogik texnologiyalar va pedagogik mahorat» fanining vazifalari qaysilar?
6. Pedagogik texnologiyalarning o'ziga xos xususiyatlari haqida ayting.
7. An'anaviy o'qitish usulida ta'lim maqsadi nima?
8. Pedagogik texnologiya nazariyasi va amaliyotining qonuniyat va printsiplarini ayting?
9. Pedagogik texnologiya asosan o'z ichiga qanday omillarni oladi?
10. Kadrlar tayyorlash milliy dasturi o'z oldiga qanday maqsad va vazifalarni qo'ygan?

2-Ma'ruza
O'qituvchi faoliyatida pedagogik qobiliyat.

Reja:
1. Qobiliyatning pedagogik - psixologik tasnifi.
2. O'qituvchi pedagogik qobiliyatini rivojlantirish funksiyalari.
3. Pedagogik qobiliyatning asosiy sifatlari va xususiyatlari.

Tayanch so'z va iboralar: Qobiliyat, tabiiy qobiliyat, umumiy qobiliyat, avtoritar qobiliyat, tashkilotchilik qobiliyat, nutq qobiliyat, preseptiv qobiliyat, akademik qobiliyat, didaktik qobiliyat, maxsus qobiliyat, qiziqishlar.

> *"... O'qituvchi bolalarimizga zamonaviy bilim bersin, deb talab qilamiz, ammo zamonaviy murabbiyning o'zi ana shunday bilimga ega bo'lishi kerak".*
> *I. A. Karimov.*

O'zbekiston Respublikasi Oliy Majlisining IX sessiyasi mamlakatimizda xalq ta'limi tizimining o'zbek modelini belgilab beruvchi "Ta'lim to'g'risida qonun va qadrlar tayyorlash milliy dasturi" ni qabul qildi.

«Kadrlar tayyorlash milliy dasturi»da inson omiliga g'oyat katta ahamiyat berilgan. Unda asosiy e'tibor bilimdon, ijodkor, haqiqiy kasb egasi bo'lgan shaxsni tarbiyalab, etkazishga qaratilgan.

O'zbekiston Respublikasi Prezidenti I.A.Karimov Oliy Majlisning IX cessiyasida so'zlagan so'zlagan nutqida: "... faqatgina chinakam ma'rifatli odam inson qadrini, millat qadriyatlarini, bir so'z bilan aytganda, o'zligini anglash, erkin va ozod jamiyatlar yashash, mustaqil jamiyatimizning jahon hamjamiyatida o'ziga munosib, obro'li o'rin egallashi uchun fidoyilik bilan kurashishi mumkin", ta'kidlagan edi.

Inson omili bilan bog'liq, milliy dasturning barcha muhim vazifalarini hal qilishda psixologiya fani g'oyat katta rol o'ynaydi.

Milliy dasturni amalga oshirish bilan bog'liq muhim muammolardan biri: "... avval aytganimizdek, tarbiyachi, ya'ni o'qituvchiga borib taqalayapti"-deb ta'kidlaydi. I.A. Karimov so'zini davom ettirib: "Tarbiyachilarning o'ziga zamonaviy bilim berish, ularning ma'lumotini, malakasini oshirish kabi paysalga solib bo'lmaydigan dolzarb masalaga duch kelmoqdamiz".

O'quvchilarga zamonaviy bilimlarni berish uchun o'qituvchining o'zi shunday bilimga ega bo'lmog'i lozim.

Yangi turdagi o'rta maxsus o'quv yurtlarida ishlash qobiliyatiga ega bo'lgan pedagogik qadrlarni tayyorlash Nizomiy nomidagi TDPU ning bosh vazifasi bo'lib qolmoqda.

"Kadrlar tayyorlash Milliy dasturi" (avgust 1997 yil) ta'limning uzluksiz o'zbek modeliga asos solib, uning asosiy vazifasi kamil shaxsni shakllantirishdir.

Dasturning muhim vazifalaridan biri ta'lim oluvchilarning aqliy individual xususiyatlari va qobiliyatlarini tarkib toptirish bo'lib hisoblanadi.

Qobiliyatlar muammosi psixologiya fanida qiziqarli va ma'lum darajada tadqiq qilingan muammolardan biridir. Bu muammo yuzasidan qadimdan to shu kunga qadar olimlar izlanishlar olib borganlar.

Insonning imkoniyatlarini o'rganishga Sharq mutafakkirlari (Forobiy, Beruniy, Abu Ali ibn Sino), Rossiya psixologlari (B.M.Teplov, B.G.Ananev, N.V. Kuzmina, S.L.Rubinshteyn, A.G.Kovalev, V.N.Myasishev), /arb olimlari (A.Bine, T.Simon, F. Galton, V.Shtern, U. Olloport, K.Rodjers) kabilar katta xissa qo'shganlar. Ushbu muammo ustida O'zbekiston psixolog olimlari (E./oziev, R.Gaynutdinov, M.G.Davletshin, B.R.qodirov, V.A.Tokareva va boshqalar) ham izlanish olib borganlar.

Ma'lumki, turli kishilarni bir xil sharoitlarga va vaziyatlarga qo'yilganda ular turli muvaffaqiyatlarga erishadilar. Bunday paytlarda "qobiliyatlar" tushunchasiga suyanamiz va muvaffaqiyat asosini qobiliyat deb tushuntiramiz. Bu tushunchadan ba'zi odamlarni yangilikni boshqalardan ko'ra tezroq va yaxshiroq o'zlashtirganlarida ham foydalanamiz.

Qobiliyatlar o'zi nima? "qobiliyatlar" psixologiyada keng va anchadan beri foydalanganligiga qaramay turli adabiyotlarda turlicha talqin etiladi. Agar barcha tushunchalarni birlashtirib, mo''jaz klassifikastiyani faraz qiladigan bo'lsak, "qobiliyat" tushunchasi uzoq muddatning rivojlanish jarayonida yuzaga kelganiga amin bo'lamiz.

"Qobiliyatlar-inson ruhiyatining xususiyati bo'lib, u barcha psixik jarayonlar va holatlarning yig'indisi sifatida tushuniladi".

Ushbu tushunchaning kamchiliklari nimadan iborat? Bu tushuncha asoschisi Xristian Volf (1679-1754) hisoblanib, uning nazariyasiga ko'ra barcha psixik xodisalar qobiliyatlar kategoriyasiga kiritilgan. Bunday yondashuvda muayyan qobiliyatlar tizimini aniqlash mumkin emas edi.

Qobiliyatlarni inson hayotidagi ahamiyati ham aniqlanmagandi. Shuning uchun bu tushuncha psixologiyada keng tarqalmadi.

XVIII-XIX asrlarda "qobiliyat bu umumiy va maxsus bilim, malaka va ko'nikmalar yig'indisi bo'lib, u turli faoliyat muvaffaqiyatini ta'minlaydi. Yangi qarashlar yuzaga keladi".

Ushbu tushuncha to'g'rimikan? Uning kamchiligi nimada?

Amaliyotda biz ma'lum qobiliyatga ega bo'lgan, lekin etarli bilimga ega bo'lmaganligi tufayli o'zini namoyon qila olmagan kishilarni bilamiz.

Yuqorida aytilgan fikrlarimizning dalili sifatida yosh V.Surikovni (rus rassomi) Sank Peterburg rassomchilik Akademiyastga o'qishga qabul qilinmaganida, u bir yilikona chizish ustaxonasida rassomchilik ko'nikmalarini egallaydi va kelasi yilgi xuddi o'sha imtihondan yiqitgan domlalar uni Akademiyaga o'qishga qabul qiladilar.

Albert Enshteyn o'rta maktabda o'qib yurganida o'rtacha o'quvchilardan bo'lib, uning genialligini namoyon qiluvchi hech narsa bo'lmagan.

Qobiliyatlar bilimlar, ko'nikmalarda emas, balki ularni egallashdinamikasida ya'ni bilim, ko'nikmalar qanday sharoitda tez, chuqur va oson egallanishida namoyon bo'ladi. Bu tushunchadan bugungi kunda ham foydalaniladi.

Va nihoyat, yana bir tushunchani ko'rib chiqasmiz. "qobiliyat-bu bilim ko'nikma va malakalarni namoyon bo'lishi emas, balki ularni tez o'zlashtirilishi va uni amaliyotda samarali qo'llanilishidir".

Ushbu tushunchaning yangiligi va to'laligi nimada?

Ushbu tushunchada qobiliyatlar bilim, ko'nikma va malakalarga tenglashtirilmay, ularga nisbatan insonning munosabati, bilim, malaka va ko'nikmalarni o'zlashtirish engilligi, tezligi va chuqurligi, hamda ularni ma'lum bir faoliyatni engil o'zlashtirishida va shu faoliyatning muvaffaqiyatli bajarishda namoyon bo'ladi.

Shunday qilib, qarama-qarshiliklarni engish hamda haqiqatni izlash oqibatida olimlar quyidagi xulosaga keldilar. "qobiliyatlar shaxsning individual psixologik xususiyati bo'lib, unga bilimlar, ko'nikmalar va malakalarni o'zlashtirilishining to'liqligi, tezligi, engilligi, chuqurligi hamda turli faoliyatni o'zlashtirish va uni muvafaqqiyatli bajarishga bog'liqdir". Bu tushunchani psixologiyasiga yirik Rossiya olimi B.M. Teplov (1896-1965) kiritgan bo'lib, u bugungi kunda keng tarqalgandir.

Yuqorida aytib o'tilganidek, B.M.Teplov qobiliyatlarining umumiy nazariyasini ishlab chiqishga o'z xissasini qo'shgan B.M.Teplovning fikricha "qobiliyatlar" tushunchasi o'z ichiga 3 g'oyani qamrab oldi.

"Birinchidan. qobiliyatlar deganda-bir odamni boshqasidan ajratib turadigan individual psixologik xususiyatlar tushuniladi...".

"Ikkinchidan qobiliyat deganda, har qanday individual psixologik xususiyatni emas, biror bir faoliyatni muvaffaqiyatli bajarilishini ta'minlovchi xususiyat tushuniladi".

"Uchinchidan-"qobiliyatlar odamning bilimlari, ko'nikmalari va malakalariga tenglashtirilmasligi lozim".

B.M. Teplovning fikricha qobiliyatlar doiiy rivojlanishdagina mavjud bo'lishi mumkin.

Rivojlanmagan, amaliyotda qo'llanilmaydigan qobiliyat vaqt o'tishi bilan yo'qoladi.

Endi zamonaviy psixologiyada qobiliyatlarning klassifikastiyasini ko'rib chiqamiz. Psixologiyada tabiiy va maxsus insoniy qobiliyatlar ajratiladi.

Tabiiy qobiliyatlar-bu idrok, xotira, tafakkur va boshqa oddiy psixik jarayonida namoyon bo'lish qobiliyatidir. Ular inson va hayvonlarda tabiiydir. Insonda ijtimoiy muhitga moslasha olish qobiliyati mavjuddir. Bu umumiy va maxsus aqliy qobiliyatlar, nutq va mantiqdan foydalanganda, shaxslararo, predmetlararo munosabatlarda namoyon bo'ladi.

Umumiy qobiliyatlar-insonni turli faoliyat yo'nalishlarda muvaffaqiyatini ta'minlaydi.

Maxsus qobiliyatlar insonni biror-bir maxsus faoliyat yo'nalishidagi muvaffaqiyatini ta'minlaydi va uning namoyon bo'lishi uchun maxsus layoqat bo'lishi lozim.

Bunday qobiliyatlarga musiqaviy, matematik, texnik, adabi-ijodiy, pedagogik va bshqalar kiradi.

Musiqiy qobiliyatlar B.M. Teplov tomnidan o'rganilib, Psixologiya muzo'kalno'x sposobnostey" kitobida keng ochib berilgan.

Unda musiqiy qobiliyatlar zaminida individual-psixologik xususiyatlar kompleksi yotib, ular shaxsda musiqaviy shakllantirishga xizmat qiladi, deb ko'rsatilib o'tiladi.

B.M. Teplovning fikricha, musiqiylikning asosiy namoyon qilib turadigan narsa musiqani xis qilish, shuningdek, musiqani emostional xis qila olishlik musiqaviy qobiliyatning asosiy mazmunidir.

B.M. Teplov musiqaviylikni tizimini ko'rib chiqadi va quyidagilarni kiritadi: musiqani eshitish xususiyati, musiqa ritmi va musiqiy xotira.

Matematik qobiliyatlar ustida V.A. Krutestkiy ishlagan. Jumladan u "Matematik qobiliyatlar psixologiyasi" monografiyasida matematik qobiliyatlar va ularning tizimini yoritib bergan.

U idrok, tafakkur, xotira-hayolning individual xususiyatlarini aniqlab, ularni matematik faoliyatida namoyon bo'lishini (matematik o'zlashtirishda) tadqiq qilgan.

Matematik materialni o'zlashtirishda idrokning ahamiyatini aniqlagan V.A.Krutestkiy qobiliyatli o'quvchilarda o'ziga xos materialni "ichki" analitik-sintetik tahlil qilish, qayta ishlash xususiyati, "joyida" masalani tizimini idrok etib, uni asosiy munosabatlarini ochadilar, deb hisoblaydi. Matematikaga alohida iste'dodi bo'lgan o'quvchilar o'ziga xos "matematik aql" bilan xarakterlanadilar-ular borliqning mantiqiy va matematik mazmunini topa oladilar, ulardagi mantiqiy va matematik kategoriyani aniqlaydilar, ko'pincha xodisalarni matematik munosabatlar nuqtai-nazariyasi orqali qabul qiladilar.

Tasviriy san'atga xos qobiliyatlari psixologiyasi kitobida tasviriy qobiliyatning psixologik tahlili berilgan. Tasviriy faoliyatda idrokning xususiyatlarini o'rganish jarayonida V.I.Kirnenko tasviriy san'atda qobiliyat hodisalarini yaxlit va sintetik ko'rinishida idrok etishda namoyon bo'lib, u badiy talantning asosiy mazmuni haqidagi xulosaga keladi.

Tasviriy faoliyatdagi qobiliyatlardan biri proporstiyalarga baho berishdir. Yana bir tasviriy qobiliyatlarning xarakterli tomoni ranglar munosabatini baholay olish va perspektiv qisqartirishlarga baho berishdir. Perspektiv qisqartirishlarga baho berish- tasviriy san'atning asosiy vazifalaridan biridir va uni to'g'ri hal qilinishida tasviriy san'atdagi qobiliyatlarining asosiy ko'rinishidir.

Badiiy ijodiyot jarayonida ko'rish tasavvurlari muhim ahamiyatga ega. Biror bir materialni olib uni anglanilgan va maqsadga yo'naltirilgan ijod orqali badiiy obraz yuzaga keladi va predmetning o'ziga xos xususiyatlari namoyon bo'ladi.

A.G. Kovalev tasviriy faoliyatda tayanch sifatida -qo'llar chaqqonligi deb, hisoblaydi. Bundan tashqari ijodiy qobiliyatlarning namoyon bo'lishida ham insonning emotsional kayfiyati muhim ahamiyatga egadir.

Tashkilotchilik qobiliyatlarni uzoq vaqt L.I. Umanskiy o'rgangan Muallif tashkilotchilik qobiliyatlarining tizimini yaratadi. Uning fikricha tashkilotchilik qobiliyatiga ega bo'lgan kishilar quyidagi xususiyatlarga ega bo'lishi kerak:
1. Shaxsning yo'nalganligi:
2. Shaxsning tayyorgarligi:
3. Umumiy xususiyatlar (kirishimlilik, rivojlanishning umumiy darajasi, amaliy aql, kuzatuvchanlik, faollik, tashabbus-korlik, qat'iylik, tashkilotchilik, o'z-o'zini boshqara olishi).
4. Maxsus xususiyatlar (tashkilotchilik xis, psixologik kashfiyotchilik, psixologik takt: emotsional – irodaviy ta'sir etish, talabchanlik, tanqidiylik, tashkilotchilik faoliyatiga moyillik):
5. Shaxsiy individual xususiyatlar.

Pedagogik qobiliyatlarni N.V. Kuzmin, F.N. Gonobolinlar tadqiq etgan. Ular pedagogik qobiliyatlarning tizimida quyidagi qismlarni kiritganlar.

a) Didaktik qobiliyatlar-o'quv materialini o'quvchilarga tushunarli, aniq, yoshiga mos holda o'qitish, ta'limga qiziqishni uyg'otish, ularda mustaqil fikrlashni shakllantirish:

b) **Akademik qobiliyatlar**-turli fanlar (matematika, fizika, biologiya, tarix, va hokazo) ga doir bilimlarga ega bo'lish.

v) **Persteptiv qobiliyatlar**-o'quvchining ichki duyosiga kira olish qobiliyati, psixologik kuzatuvchanlik, uning psixologik holatini to'g'ri anglay olish:

g) **Maxsus xususiyatlar** (tashkilotchilik xis, psixologik kashfiyotchilik, psixologik takt; emostional-irodaviy ta'sir etish, talabchanlik, tanqidiylik, tashkilotchilik faoliyatiga moyillik):

d) **Shaxsiy qobiliyatlarni** N.V. Kuzmina, F. N. Kuzmina F.N. Gonobolinlar tadqiq etganlar. Ular pedagogik qobiliyatlarning tizimida quyidagi qismlarni kiritiganlar:

a) didaktik qobiliyatlar-o'quv materialini o'quvchilarga tushunarli, aniq, yoshiga mos holda o'qitish, ta'limga qiziqishni uyg'otish, ularda mustaqil fikrlashni shakllantirish:

b) akademik qobiliyatlar-turli fanlar (matematika, fizika, biologiya, tarix va h.k.) ga doir bilimlarga ega bo'lish.

v) Persteptiv qobiliyatlar-o'quvchining ichki dunyosiga kira olish qobiliyati, psixologik kuzatuvchanlik, uning psixologik holatini to'g'ri anglay olish;

g) nutqiy qobiliyati- fikrlarni to'g'ri, aniq, emostional nutq orqali etkaza olish;

d) avtoritar qobiliyatlar-bevosita o'quvchilarga emostional-irodaviy ta'sir ko'rsata olish va shu asosda hurmat, e'tiborga erishish:

j) kommunikativ qobiliyatlar-bolalar bilan muloqotga kirisha olish qobiliyati, pedagogik tajribaga ega bo'lish:

z) pedagogik hayol- bu maxsus qobiliyat turi bo'lib tashxis qo'ya olish qobiliyati asosida o'quvchi kelajagiga, uning rivojlanishini oldindan ko'ra olish orqali zamin yaratiladi.

i) diqqatni taqsimlay olish qobiliyati-bir vaqtning o'zida diqqatni turli faoliyatlar orasida taqsimlay olishdir.

Texnik qobiliyatlar muammosi bilan M.G. Davletshin shug'ullangan.

Texnik qobiliyatlar tizimida muallif yordamchi, tayanch va etakchi sifatida ajratadi.

Qiziqishlar-qiziqish biron-bir sohada to'g'ri yordam beradigan motivdir. Individ uchun qiziqish, sub'ektiv tarzda olganda, bilish jarayoni tusini kashf etadigan ijobiy xissiy ohangda, ob'ekt bilan chuqurroq tanishishga, u haqda ko'proq bilish, uni anglab etishga bo'lgan istakda namoyon bo'ladi. qiziqishlar bilishning doimiy qo'zg'atuvchi mexanizmi sifatida namoyon bo'ladi. qiziqishlar mazmuniga, maqsadlariga, miqyosiga va barqarorligiga ko'ra tasnif qilinishi mumkin. Qiziqishlarning mazmuni jihatidan farqi bilish ehtiyojlarining ob'ektlarini va ularning mazkur faoliyat maqsadlari uchun va kengroq qilib olganda, shaxs mansub bo'lgan jamiyat uchun real ahamiyatini ko'rsatadi. Kishidan ko'proq nimaga qiziqish paydo bo'lishi va uning bilish ehtiyojlari ob'ektning ijtimoiy qimmati psixologik jihatdan muhim ahamiyatga ega. Maktabning eng muhim vazifalaridan biri-o'smirlik yoki yoshlarning faol bilish va mehnat faoliyatiga rag'batlantiradigan va maktabdan tashqari ham saqlanib qolishi mumkin bo'lgan jiddiy va sermazmun qiziqishlarini uyg'otishdan iboratdir. qiziqishlarning maqsad jihatidan farqi bevosita va bilvosita namoyon bo'ladigan qiziqishlarning borligi aniqlaydi. Bilvosita qiziqishlar ahamiyatga molik ob'ektning hissiy jihatdan jozibaliligi tufayli yuzaga keladi ("Buni bilish, ko'rish, anglab etish men uchun qiziqarli"-deydi kishi). Bilvosita qiziqishlar biron bir narsa (masalan, ta'lim olish)ning real ijtimoiy ahamiyati bilan uning shaxs uchun sub'ektiv ahamiyati bir-biriga mos kelgan. (Bunday holda kishi: "Bu meni qiziqtirgani uchun ham qiziqamandir!"-deydi) taqdirda taydo bo'ladi. Mehnat va o'qish faoliyatida hamma odam ham bevosita hissiy jozibaga ega bo'lavermaydi.

Shuning uchun ham mehnat jarayonini ongli tashkil etishda etakchi rol o'ynaydigan bilvosita qiziqishlarni tarkib toptirish muhimdir. qiziqishlar o'zining kengligi bo'yicha ham farq qiladi. bir xil odamlarda qiziqishlar bir sohaga qaratilgan bo'lishi mumkin, boshqalarda esa barqaror ahamiyatga ega bo'lgan ko'plab ob'ektlarga bo'lingan bo'ladi. qiziqishlarning tarqoqligi ko'pincha shaxsning salbiy hislati sifatida yuzaga keladi, lekin ayni chog'da qiziqishlarning keng miqyosliligi kamchilik tariqasida talqin qilish noto'g'ri bo'lur edi.

Shaxsning ko'ngildagidek rivojlanishi, kuzatishlar ko'rsatilganidek, qiziqishlar miqyosining tor emas, aksincha keng bo'lishini taqozo etadi.

Qiziqishlar barqarorligi darajasiga ko'ra ham har xil bo'lishi mumkin. Qiziqishning barqarorligi uning nisbatan jadal tarzda namoyon bo'lishi uzoq davom etishi bilan ifodalanadi. Shaxsning asosiy ehtiyojlarini eng ko'proq darajada namoyon qiladigan va shu boisdan ham uning psixologik tuzilishiga xos hislatlarga aaylanib qoladigan qiziqishlari barqaror hisoblanadi.

Qobiliyat-bu, kishining biror faoliyatga yaroqliligi va shu faoliyatni muvaffaqiyatli amalga oshirishidir.

Pedagogik qobiliyat-bu qobiliyat turlaridan biri bo'lib, kishining pedagogik faoliyatga yaroqliligini va shu faoliyat bilan muvaffaqiyatli shug'ulana olishini oniqlab beradi. Pedagogik qobiliyatning tuzilishi qanday? quyida bu masalani ko'rib chiqamiz.

Pedagogik qobiliyat va ularning tuzilishi.

Uzoq yillar olib borilgan tadqiqotlar pedagogik qobiliyatlar murakkab va ko'pqirrali psixologik bilimlardan iboratliligini ko'rsatib beradi. Ana shu tadqiqot ma'lumotlaridan foydalanib, pedagogik qobiliyatlar tuzilishida muhim o'rin egallaydigan qator komponentlar (tarkibiy qisimlar)ni ajratib ko'rsatish mumkin:

Shaxs qobiliyatining mayllar va qiziqishlar bilan bog'liqligi. qobiliyat va bilim, malaka maxoratining o'zaro aloqadorligi. O'quvchilar qobiliyatini diagnostika qilish, qobiliyatni tarkib toptirishga individual yondoshish masalalari. qobiliyatlarning tarkib topib borishi va rivojlantirishning shart-sharoitlari. O'quvchi qobiliyatlarini rivojlantirishda o'qituvchining roli. O'qituvchining pedagogik qobiliyatlari.

Pedagogik qobiliyat tarkibi quyidagicha:

1. Didaktik qobiliyat (murakkab bilimlarni tinglovchilarga tushuntirishga uquvchanligi).
2. Akademik qobiliyat (barcha fanlar yuzasidan muayyan bilimga ega bo'lishligi)
3. Persteptiv qobiliyat (qisqa daqiqalarda auditori holatini idrok qila olish fazilati).
4. Nutqiy qobiliyat (ixcham, ma'noli, ohangdor, muayyan ritm, temp, chastotaga ega bo'lgan nutq, nutqning jarangdorligi, uning pauza mantiqiy urg'uga rioya qilishi).
5. Tashkilotchilik qobiliyati (sinf, guruh yoki kursni uyushtirish va uni boshqarish iste'dodi).
6. Obro'-nufuzga ega bo'lishlik qobiliyati. (o'zining shaxsiy xususiyati, bilimdonligi, aqlliligi, faxm-farosatliligi, mustaqil irodasi bilan obro' orttirishga uquvchanligi).
7. Muomala va muloqot o'rnata olish qobiliyati.
8. Psixologik tashxis (diagnoz) qilish qobiliyati (insonning kelajagini oqilona tasavvur qilishdan iborat bashorati).
9. Diqqatni taqsimlash qobiliyati (bir necha ob'ektlarga bir davrning o'zida o'z munosabatini bildirishga uquvchanligi).
10. Iymon-e'tiqodga, faol, hayotiy pozistiyaga yo'naltirish qobiliyati.
11. Tashabbusga, ijodga ilhomlantirish qobiliyati.
12. Aqli donishlik qobiliyati (bilimdonlik).
13. Konstruktiv qobiliyat (o'quv-tarbiya ishlarini
14. rejalashtirish va natijasini oldindan aytish qobiliyati).
15. Gnostik qobiliyat (Tadqiqotga layoqatlilik).

1. Didaktik qobiliyatlar-bu bolalarga o'quv materialini aniq va ravshan tushuntirib oson qilib etkazib berish, bolalarda fanga qiziqish uyg'otib, ularda mustaqil faol fikirlashni uyg'ota oladigan qobiliyatlaridir.

Didaktik qobiliyatga ega bo'lgan o'qituvchi zarurat tutilganda qiyin o'quv materialini-osonroq, murakkabrog'ini soddaroq, tushunish qiyin bo'lganini tushunarliroq qilib o'quvchilarga moslashtirib bora oladi. O'qituvchining mana shu hislatlarini bilib olgan o'quvchilar odatda: "O'qituvchining eng muhim tomoni ham uning hamma narsani aniq-ravshan va tushunarli qilib berishida-da. Bunday o'qituvchining qo'lida mazza qilib o'qiging keladi"; "Unisi esa hech narsaga yaramaydigan o'qituvchi, hech ham aniq tushuntirib bera olmas edi"; "O'quv materialini oldida tirik odamlar emas, balki qandaydir mexanizmlar bordek, zerikarli va noaniq-mujmal qilib tushuntiradi. Biz bunday o'qituvchilarni yoqtirmaymiz" - deydilar.

Hozirgi tushunchamizdagi kasbiy mahorat shunchaki bilimlarni osonroq, hammabop va tushunarli qilib o'quvchilar ongiga etkazib berish qobiliyatininigina emas balki, shu bilan birga o'quvchilarning mustaqil ishlarini, ularning bilish faoliyatini oqilona va mohirlik bilan boshqarib, ularni kerakli tomonga yo'naltirib turishdan iborat qobiliyatni ham o'z ichiga oladi.

Mana shu qobiliyatlar asosida o'quvchilar psixologiyasiga xos doimiy ustanovka (**yo'naltirish**). bo'lishi shart. Qobiliyatli pedagog o'quvchilarning tayyorlik darajasini, ularning taraqqiyoti darajasini hisobga olgan holda bolalarning nimani bilishi va nimani bilmasligini, nimalarni allaqachon esdan chiqarganliklarini tasavvur qila oladi.

Ko'pchilik o'qituvchilarga, ayniqsa xafsalasiz o'qituvchilarga, o'quv materiali oddiygina va hech qanday alohida tushuntirish hamda izoh berishni talab qilmaydigandek tuyuladi.

Bunday o'qituvchilarni emas, balki birinchi galda o'zlarini nazarda tutib ish olib barodilar. Shuning uchun ham o'quv materialini o'ziga qarab tanlaydilar. qobiliyatli, tajribali o'qituvchilar esa o'zlarini o'quvchi o'rniga qo'yib, kattalar uchun aniq-ravshan va tushunarli bo'lgan material o'quvchilar uchun noaniq va tushunarsiz bo'lishi mumkin degan nuqtai nazarda bo'ladilar. Shuning uchun ham bunday o'qituvchilar materialning xarakteri va uni bayon etish usullarini alohida o'ylab ko'rib rejalashtiradilar. Materialni bayon etish jarayonida qobiliyatli o'qituvchi turli o'quvchilarning qanday tushunayotganliglari va zarur dars bayonoiga alohida e'tibor berishga intilayotganliklari kabi qator belgilarga qarab to'g'ri tasavvur qilib, xulosa chiqara oladi.

Ana shunday pedagogik qobiliyatini aniqlash uchun psixolog N. Gonobolin juda qulay test tavsiya etadi. Bu testga ko'ra bilish xarakteridagi matnda o'qituvchining fikri bo'yicha ayrim sinf o'quvchilari uchun qiyin deb hisoblangan qismlarni alohida ko'rsatib, nima uchun bu qismlarning qiyinligini tushuntirib berish, shundan so'ng esa matnni o'quvchilarga engil va ularning o'zlashtirishlari uchun qulay qilib qaytatuzish tavsiya etiladi. Qobiliyatli o'qituvchi shu bilan bir qatorda materialni o'zlashtirish, o'quvchilarga bir oz nafas olib o'zlariga kelib olishlari va o'z diqqat-e'tiborlarini bir joyga qo'yib, ayrim qo'zg'alishlarni "so'ndirib", boshqalarini esa jadallashtirib, ularning bo'shashganligini, sustligini va loqaydligini engishlari uchun zamin tayyorlash zarurligini ham nazarda tutudi. Bunday o'qituvchi zarur sharoit yaratilmaguncha darsni boshlamaydi. Haddan tashqari shiddat bilan boshlangan dars o'quvchilarda himoya qiluvchi tormozlanishni vujudga keltirib, miya faoliyati tormozlanadi va o'qituvchining so'zlari etarlicha idrok qilinmaydi.

2. Akademik qobiliyatlar-matematika, fizika, biologiya, ona tili, adabiyot, tarix va boshqa shu kabi fanlar sohasiga xos qobiliyatlardir.

Qobiliyatli o'qituvchi o'z fanini kurs hajmidagini emas, balki atroflicha keng, chuqur bilib, bu sohada erishilgan yutuqlar va kashffiyotlarni doimiy ravishda kuzata borib, o'quv materialini mutlaqo erkin egallab, unga katta qiziqish bilan qaraydi hamda ozgina bo'lsada tadqiqot ishlarini olib boradi.

Ko'pchilik tajribali pedagoglarning aytishlaricha, o'qituvchi o'z fani bo'yicha bunday yuksak bilim saviyasiga erishish, boshqalarni qoyil qilib hayratda qoldirish, o'quvchilarda katta qiziqish uyg'ota olish uchun u yuksak madaniyatli, har tomonlama mazmunli, keng erudistiyali (bilimdon) odam bo'lmog'i lozim.

Bunday o'qituvchilar haqida o'quvchilar: "Mahmud aka huddi professorning o'zginasi-ya. Biz uning bilmagan birorta sohasi bormikan deb tez-tez o'ylab turamiz. Darslarga u burun vujudi bilan kirishib ketadi" deydilar. Ba'zan o'quvchilar o'z o'qituvchisi haqida "Baqir-chaqir qiladi-yu, ammo zarracha bilimi yo'q" deb butunlay teskarisini aytsalar juda alam qiladi.

3. Pretseptiv qobiliyatlar - bu o'quvchining, tarbiyalanuvchining ichki dunyosiga kira bilish, psixologik kuzatuvchanlik, o'quvchi shaxsning vaqtinchalik psixik holatlari bilan bog'liq nozik tomonlarini tushuna bilishdan iborat qobiliyatlardir.

Qobiliyatli o'quvchi bolalarning har qanday mayda-chuyda hatti-harakatlarida, yorqin ifodalanadigan ayrim tashqi holatlarida hamda ularning ichki dunyosida yuzaga keladigan o'zgarishlarni sezdirmasdan ilib oladi. Ana shunday hollarda o'quvchilar: "Muhabbat opa kimningdir kayfiyatida o'zgarishlar bo'lsa yoki kimdir dars tayyorlamasdan kelgan bo'lsa ko'ziga qaraboq bilib oladi", "Bizning o'qituvchimiz hech qayoqqa qaramasa ham, hamma narsani ko'rib turadi" deydilar.

4. Nutq qobilyat–kishining o'z tuyg'u-hislarini nutq yordamida, shu bilan birga mimika va pantomimika yordamida aniq va ravshan qilib ifodalab berish qobiliyatidir. Bu o'qituvchilik kasbidagi muhim qobiliyatlardandir. Chunki o'qituvchidan o'quvchilarga uzatiladigan axborot asosan ikkinchi signal tizimi-nutq orqali beriladi. Bunda mazmun jihatidan uning ichki va tashqi xususiyatlari nazarda tutiladi. ("Biz uchun adabiyot o'qituvchimiz-Nazira opaning darsini eshitishdan katta lazzat yo'q. Nazira opamlar shu qadar yaxshi va chiroylik qilib gapiradilarki, hatto tanaffusga chalingan qo'ng'iroq ham halaqit beradi").

Darsda qobiliyatli o'qituvchining nutqi hamma vaqt o'quvchilarga qaratilagn bo'ladi. O'qituvchi yangi materialni tushuntiradimi, o'quvchining javobini sharhlab beradimi, o'quvchilar javobini, ularning hatti-harakatlari yoki xulq-atvorini ma'qullaydimi yoki tanbeh beradimi, xullas, nima qilishidan qat'iyo nazar uning nutqi hamma vaqt o'zining ishonchliligi, jozibadorligi kabi ichki quvvat bilan alohida ajralib turishi lozim. O'qituvchi nutqi, uning talaffuzi aniq-ravshan, oddiy va o'quvchilar uchun tushunarli bo'lishi kerak. Beriladigan axborotlar shunday tuzilishi kerakki, bunda o'quvchilarning fikru-zikri va diqqat-e'tiborini yuqori darajada faollashtiradigan bo'lsin. Buning uchun esa o'qituvchi o'rtacha savol tashlab, asta-sekinlik bilan o'quvchilarni to'g'ri javobga olib keladi, o'quvchilarning diqqat-e'tiborini faollashtiruvchi ("Bunda ayniqsa ziyrak bo'ling!", "o'ylang, yana o'ylab ko'ring!") kabi so'z va iboralarni o'z me'yorida ishlatadi.

O'qituvchi uzun jumlalarni, murakkab og'zaki izohlarni, qiyin atamalarni va zarurati bo'lmasa, turli ta'riflarni ishlatmasligi lozim. Shu bilan birga o'qituvchi shuni ham hisobga olishi kerak-ki, o'qituvchining lo'nda-lo'nda bo'lib chiqqan qisqa nutqi ko'p hollarda o'quvchilarga tushunarsiz bo'lib qolar ekan.

O'qituvchining o'z o'rnida ishlatilgan hazil aralash va xayrihohlik bildiruvchi arzimagan kinoyali nutqi o'quvchilarni juda jonlantirib, o'quvchilar tomonidan o'ta yaxshi qabul qilinar ekan.

Qobiliyatli o'qituvchining nutqi jonli, obrazli, aniq-ravshan intonauiyali va ifodali, emostiyaga boy, dona-dona bo'lib, bunda stilistik va grammatik xatolar mutlaqo bo'lmasligi lozim. Bir xil ohangdagi ezma nutq o'quvchilarni juda tez toliqtirib, ularni zeriktiradi va behafsala qilib qo'yadi. Shu bilan birga bunday nutq I.P. Pavlovning fiziologik ta'limotiga ko'ra doimiy ta'sir etuvchan qo'zg'ovchiga aylanib, katta bosh miya yarim sharlar po'stida tormozlanish jarayonini yuzaga keltirib, o'quvchini ezma va uyquchan qilib qo'yadi. Nutq tezligi ko'p jihatdan o'qituvchining individual psixologik xususiyatiga bog'liq. Ayrim o'qituvchilar tez gapirsalar, boshqalari-sekin gapiradilar. Ammo o'qituvchi o'quvchilarning bilimlarini egallab olishlari uchun eng qulay tezlikdagi nutq-o'rtacha jonli nutq ekanligini esdan chiqarmasligi lozim.

Shoshqaloq nutq bilim o'zlashtirishga halaqit berib, bolalarni tez toliqtiradi va muhofaza qiluvchi tormozlanishni yuzaga keltiradi. O'ta sekin nutq lanjlik va zerikishga olib keladi. Nutqning balandligi-qattiq gapirish ham xuddi shu singari hollarga olib keladi. Haddan tashqari qattiq, keskin, baqirib gapirish o'quvchilarning asabiga tegib, ularni tez toliqtirib, muhofaza qiluvchi tormozlanishni yuzaga keltiradi. Mana shu erda Sharq mutafakkirlaridan Nosiriddin Tusiyning "... o'qituvchi nutqi hech qachon va hech qaerda zaharxandali, qo'pol yoki qattiq bo'lishi mumkin emas. Dars paytida o'qituvchining o'zini tuta olmasligi ishni buzishi mumkin..." degan nasihatini keltirishimiz juda o'rinli bo'lardi. O'qituvchining bo'sh, sekin ovozi yomon eshitiladi. Nutqi imo-ishoralar, turli keskin harakatlar o'quvchilarni jonlantiradi. Bu tariqa imo-ishora va harakatlar tajribali o'qituvchilarda o'z me'yorida ishlatiladi. Lekin bir xildagi tinimsiz harakatlarning xaddan tashqari ko'p bo'lishi kishining asabiga tegadi.

Tashkilotchilik qobiliyatli - bu birinchidan, o'quvchilar jamoasini uyushtira bilish, bunday jamoani jipslashtira olish va ikkinchidan, o'zining shaxsiy ishini to'g'ri tashkil qila olish qobiliyatidir.

O'quvchilar o'z o'qituvchilari haqida turlicha fikrda bo'ladilar. Jumladan, ayrim o'quvchilar: "... Biz Azim akani juda yaxshi ko'ramiz. Ular sinfimizda bir pastning ichida, juda tezlik bilan ishchanlik kayfiyatini uyushtirib, barchamizni o'zining puxtaligi, ozodaligi, epchilligi va tadbirkorligi bilan hayratda qoldiradilar" desalar, ayrim o'quvchilar: "Sobir akamlar bizning ixlosimizni qaytarib, hafsalamizni bir pul qiladilar. Ular ko'p ishga urinadilaru, ammo birortasini ham oxiriga etkazmaydi..." deydilar. Ba'zan ayrim o'quvchilarning o'z o'qituvchisi haqida: "... Nodira opamlar biz bilan xuddi ona tovuqdek ovora bo'ladilar. Agar biz sho'xlik qila boshlasak, ular o'zlarini ko'rmaslikka, payqamaslikka solardilar. Ajoyib ayol edi-yu, ammo uning darsida hech kim hech narsa qilmas edi-da..." degan fikrlarini ham eshitish mumkin.

O'qituvchining o'z ishini tashkil qila bilishi deganda uning o'z ishini to'g'ri rejalashtirib, uni nazorat qila olishi nazarda tutiladi. Tajribali o'qituvchilarda vaqtga nisbatan o'ziga xos sezuvchanlik-ishni vaqt bo'yicha to'g'ri taqsimlab, mo'ljallangan vaqtdan to'g'ri foydalana olish ko'nikmasi paydo bo'ladi. Dars davomida, albatta, ko'p hollarda vaqtni behuda yo'qotish ham mumkin. Lekin bu yo'qolgan vaqt dars rejasini tuzatish zaruriyati tug'ilgan hollarda bo'lishi mumkin. Tajribali o'qituvchilar vaqtni seza bilishni o'rganish uchun dars rejasi yoki matnda vaqtni nazorat qilish uchun belgilar olib borishni tavsiya etadilar. Jumladan: darsning 10, 20, 30 va boshqa daqiqalari davomida maboda ko'zda tutilmagan vaqt ortib qolgan taqdirda foydalanish uchun qanday qo'shimcha materiallarni tayyorlash yoki vaqt etmay qolgan taqdirda qanday materialni keyingi darsga qoldirish mumkinligi haqida maslahat beradilar.

Obro'-nufuzga ega bo'lish qobiliyatlari bu o'quvchilarga bevosita emotional-irodaviy ta'sir etib, ularda obro' orttira bilishdan iborat qobiliyatidir. (Garchan, obro'mana shu asnodagina qozonilmaydi, albatta, balki stqituvchining o'z fanini mukammal bilishi, sezgirligi va xushmuomalaligi asosida qozoniladi).

Avtoritar qobiliyat o'qituvchining rostgo'yligi, irodaviy uddaburonligi, o'zini tuta bilishi, farosatliligi, talabchanligi kabi irodaviy hislatlari hamda qator shaxsiy xislarga, shu bilan birga o'quvchilarning ta'lim-tarbiyasida javobgarlikni xis etishi, uning e'tiqodi, o'quvchilarga ma'naviy va ma'rifiy e'tiqodni singdira olganligiga ishonchi kabi hislatlariga ham bog'liqdir.

O'quvchilar (ayniqsa o'g'il bolalar, o'spirinlar, buni alohida ta'kidlab o'tish kerak) talab qilishni biladigan, o'quvchilarni majbur qilmagan va do'q-po'pisa qilmagan, shu bilan birga behuda rasmiyatchilikka yo'l qo'ymagan holda o'z aytganini qildira oladigan o'qituvchilarni juda hurmat qiladilar. Shu munosabat bilan o'quvchilarning o'qituvchilar haqida ayrim fikrlarini misol qilib keltiramiz.

"Uning ajoyib hislati bor–u hech qanday zoʻrlash va baqiriq-qichqiriqsiz ishlay oladi"; "Biz uni jiddiyligi, vazminligi va talabchanligi uchun juda yaxshi koʻramiz. U hamma vaqt shunchaki muloyimgina, sipogina talab qiladi, ammo uning talabi shu qadar taʼsirchanki, unga quloq solmaslik mumkmin emas"; "Bizning matematika oʻqituvchimiz hamma vaqt yuvosh, osoyishta, oʻzini tutgan va shu bilan bir qatorda butun sinfga ajoyib taʼsir eta oladi"; "Hamma oʻqituvchimizning obroʻsini eʼtibor etmay koʻrginchi, u har qanday sharoitda ham oʻz aytganiga erishadi"; "Nigmat aka bizga ustalik bilan taʼsir etadi. U hadeb talab qilavermaydi, agar talab qiladigan boʻlsalar undan boʻyin tovlab boʻlmaydi", yoki oʻquvchilarning oʻz oʻqituvchilari haqidagi mana bunday fikrlari: "Polvon akani maktabimizdan ketganiga biz xursand boʻldik. U bizni doʻq-poʻpisa, baqiriq qichqiriq, buyruqbozlik bilan qoʻlga olaman deb oʻylardi-yu, ammo bizni bardosh berishgagina majbur etardi, xolos".

Bunda Oʻzbekiston Respublikasi Prezidenti I.A.Karimovning maktab taʼlimi jarayonida olib borilayotgan ishlarning ahvoli toʻgʻrisida juda achinib aytgan ftkrlarini keltirish oʻrinli boʻlur edi: "Mabodo biror bir oʻquvchiga eʼtiroz bildirilsa, ertaga u hech kim havas qilmaydigan ahvolga tushib qoladi". Maktablardagi jarayonda oʻqituvchi hukmron. U boladan faqat oʻzi tushuntirayotgan narsani tushuni bolishni talab qiladi. Prinstip ham tayyor: "mening aytganim-aytgan, deganim-degan".

Shu bilan bir qatorda oʻquvchilar oʻqituvchining boʻshligi, landavurligi, soddalarga ishonuvchanligi, sustkashligi, ortiqcha rioyagarchiligi, irodasizligi kabi hislatlarini baralla qoralaydilar: "Tushunib boʻlmaydi: birda juda qattiqqoʻl, talabchan, baʼzan hech qanday talab degan narsa yoʻq"; "Juda boʻshang, lanj: uni koʻrishing bilan uyqing keladi"...

Muomala va muloqot oʻrnatish qobiliyati -bu bolalar bilan muloqotda boʻlishga, oʻquvchilarga yondashish uchun toʻgʻri yoʻl topa bilishga, oʻquvchilarga yondashish uchun toʻgʻri yoʻl topa bilishga, ular bilan pedagogik nuqtai-nazardan maqsadga muvofiq oʻzaro aloqa bogʻlashga pedagogik taktning mavjudligiga qaratilgan qobiliyatdir.

Pedagogik takt psixologiyasini oʻrganishda psixolog I.V.Straxov benihoyat katta hissa qoʻshgan. Uning bunda muhimi-oʻquvchilarga taʼsir etishning eng qulay usullarini topa bilish, tarbiyaviy taʼsirni qoʻllashda maqsadga muvofiq pedagogik choralarga eʼtibor berish, aniq pedagogik vazifalarni hisobga olish, oʻquvchi shaxsining psixologik xususiyatlari va uning imkoniyatlari hamda mazkur pedagogik holatlarning hisobga olish zarurdir.

Pedagogik taktning yaqqol ifodalaridan biri-har qanday pedagogik taʼsirga nisbatan qoʻllaniladigan chora-tadbirlarni (ragʻbatlantirish, jazolash, pand-nasihat) xis eta bilishdan iboratdir. Farosatli oʻqituvchi bolalarga eʼtibor berib, ziyraklik bilan qaraydi, ularning individual psixologik xususiyatlari bilan hisoblashadi. "U biz bilan hayron qolarli darajada ajoyib yaqin do'stlarcha yaxshi munosabatda bo'ladi"; "Bizning tarix o'qituvchimizning kuchli tomoni- har kimga qanday yondashishni bilar edi"; "Eng yomoni-o'qituvchining o'quvchilar oldida xushomadgo'ylik qilishdir. Bizning zoologiya o'qituvchimiz Farida opamlar shundaylardan edi: ular nimaiki qilmasin, u bolalarni o'ziga qaratish uchun xushomadgo'ylik qilardi! Nega ular o'zini shunchalik kamsitib erga uradi? Deb o'ylar edim. Axir ular o'z fanini yaxshi biladiku"; "Ibrohim aka esa, qarabsanki, hech narsadan-hech narsa yo'q kishi diliga ozor berar, tushirib qolar yoki behudaga urushib, koyib berar edi".

Pedagogik taktning yo'qligi ko'pincha og'ir oqibatlarga olib keladi. Toshkent maktablaridan birida ona tili va adabiyot o'qituvchisi o'quvchilarga juda ko'p talablarni qo'yganu, ammo hech qanday izchillik bo'lmagan: bir vazifa bera turib, shu zahotiyoq boshqa talablarni qo'ya boshlagan. Arzimagan xatolar, tartib buzishlar ro'y bersa, shu zahotiyoq mazmuni va shakli jihatidan o'ta qo'pol va alam qiladigan keskin gaplarni qilib, "2" qo'yardi. Masalan, daftarning chetida qoldirilgan joyning xatoligi yoki intizom buzganlik kabi va arzimagan narsalar uchun yopishgani-yopishgan edi. O'qituvchining bu hatti-harakatlari uchun o'quvchilarda dard-alam to'lib toshgandi. Ko'p o'tmay o'quvchilarning noroziligi va qat'iy e'tirozi ochiq-oydin namoyishkorona bildirilib, o'qituvchiga quloq solmaydigan, ataylab intizom buzadigan va o'qituvchini keskin tanqid qiladigan bo'lib qoldilar. Bunday achinarli ahvol faqat o'sha o'qituvchi maktabdan ketganidan keyingina tuzatildi.

O'qituvchining pedagogik takti masalasi munosabat bilan shuni ham aytish joizki, qachonki o'quvchilar o'qituvchining ijobiy hislatlari to'g'risida gapirar ekanlar, ular hamisha o'qituvchining adolatligi kabi hislatini birinchi o'ringa qo'yadilar.

"Ko'p hollarda nohaq ish qiladilar-biror masalani yaxshilab tekshirib ko'rmasdan ish tutadilar". O'qituvchining bunday hislatiga o'quvchilar nechukdir achinishli talabchanlik munosabatida bo'ladilar. O'qituvchining adolatsizligi yomon oqibatlarga olib kelishi mumkin. Bu to'g'rida har qaysimiz maktab amaliyotidan qandaydir tasavvurga egamiz.

Pedagogik hayol-bu kishining o'quvchilar shaxsini tarbiyaviy tomondan loyihalashtirishda o'z ish-harakatlarining natijasini oldindan ko'ra bilishida namoyon bo'ladigan maxsus qobiliyatidir. Bu qobiliyat o'qituvchi ma'lum o'quvchidan kelgusida kim chiqishni ko'z oldiga keltirishida, tarbiyalanuvchilarda u yoki bu xildagi hislatlarning o'sib rivojlanishini oldindan ko'ra bilishida namoyon bo'ladi. Bu qobiliyat pedagogik optimizm, tarbiyaning kuchiga, o'quvchiga bo'lgan ishonch bilan bog'liqdir. Shuning uchun ham o'quvchilar ayrim o'qituvchilar to'g'risida "Ahmad akamlar, chamasi, ichimizdagi eng yaramaslarga ham ishonchlarini yo'qotmasdilar, shuning uchun ham biz ularni hurmat qilardik" degan fikrlarni izhor qiladilar.

1. **Diqqatni taqsimlay olish qobiliyati** bu qobiliyat bir vaqtning o'zida diqqatni bir qancha faoliyatga qarata olishda namoyon bo'lib, o'qituvchi ishida g'oyat muhim ahamiyatga egadir.

Qobiliyatli, tajribali o'qituvchi o'zining diqqat-e'tiborini o'quv materialining qanday bayon etilishiga, uning mazmuniga, o'z fikrlarini atroflicha qilib qanday ochib berishga yoki o'quvchi fikriga baralla qaratadi va shu bilan bir vaqtning o'zida barcha o'quvchilarni kuzatib, ularning toliqqan-toliqmaganligiga, e'tiborli yoki e'tiborsizligiga, darsni tushunish-tushunmasligiga e'tibor berib, o'quvchilarning intizomini kuzatadi hamda, oqibat natijada o'zining shaxsiy hulq-atvoriga (yurish-turishiga, o'zini tutishiga, mimika va pontamimikasiga) e'tibor beradi. Tajribasiz o'qituvchi, ko'pincha o'quv mateiralini bayon etishga berilib ketib, o'quvchilarning nima qilayotganliklarini sezmay qoladi va nazoratdan chiqarib qo'yadi. Agar, bordiyu, o'quvchilarni diqqat-e'tibor bilan kuzatishga harakat qilsa, bunday hollarda o'z bayonatining izchilligini yo'qotib qo'yadi.

Yuqorida ko'rsatib o'tilgan qobiliyatlardan tashqari, o'qituvchi inson shaxsining maqsad sari intilishi, uddaburonlik, mehnatsevarlik, kamtarinlik kabi qator ijobiy xislariga ega bo'lishi lozim.

O'quvchilarni tarbiyalar ekan, o'zining hulq-atvori, yurish-turishi, xullas, butun o'qituvchilik shaxsi bilan o'quvchilarga o'rnak bo'lishi kerak.

O'qituvchining o'zini qo'lga ola bilishi, o'z his-tuyg'ularini, kayfiyatini boshqara olish hislatlari muhim ahamiyatga egadir.

Xulosa qilib shuni aytish joizki, o'qituvchining barcha ijobiy umuminsoniy ahloq me'yorlariga mos keluvchi hislatlari katta ahamiyatga ega. Agar biz quyidagi hislatlarni olib qaraydigan bo'lsak, bularning barchasi ham o'ta muhim omillardir. Jumladan, o'qituvchining tashqi qiyofasi uning obro'si shakllanishiga ta'sir etadi. O'qituvchining ozodaligi, ixchamligi, uning pokizaligi, saranjom-sarishtaligi, sipoyagarchiligi, uning qiliqlari, o'zini chiroylik tutishi, qaddi-qomati va yurish-turishlari o'quvchilarda juda yaxshi taassurot qoldiradi. Jumladan, o'quvchilarning "Farida opani nechuk yaxshi ko'rmaysan, ular har doim shu qadar xushchaqchaq, ozoda, sarishta-saranjomlar-ku!?" yoki "Noila opa maktabda emas, balki teatrda ishlab, tomosha ko'rsatishi kerak.-chunki, ularning turqi-qiyofasi, yurish-turishi yasama, soxta" degan fikrlarini olishimiz mumkin.

Nazorat savollari

1. Qobiliyat haqida tushuncha.
2. Shaxs qobiliyatining talant, iste'dod, talant, mayllar va qiziqishlar bilan bog'liqligi haqida.
3. O'quvchilar qobiliyatini tashxis qilish haqida
4. Pedagogik qobiliyat va uning tarkibi haqida tushuncha.
5. Qobiliyatni tarkib toptirishga individual yondoshish masalalari haqida.

6. Pedagogik qobiliyatlarni rivojlantiruvishda psixotreningni o'rni.
7. Diqqatni taqsimlay olish qobiliyati haqida tushuncha.
8. Muomala va muloqot o'rnatish qobiliyati.
9. Persteptiv qobiliyatlarga misollar keltiring va tushuntirib bering.
10. Pedagogik qobiliyatning asosiy sifatlari va xususiyatlariga ta'rif bering.

3-Ma'ruza
O'qituvchining kommunikativ qobiliyati.

Reja:
1. O'qituvchi shaxsining fikr almashuv bilan bog'liq xususiyatlari.
2. Pedagogik ta'sir ko'rsatish - kommunikativ qobiliyatning asosiy usuli sifatida.
3. O'qituvchining kommunikativ qobiliyatida so'z bilan og'zaki ta'sir o'tkazish.

Tayanch so'z va iboralar: Ongli intizom; fikr almashish; kommunikativ qobiliyat; ongli intizom; o'quvchini ishontirish; ongga ta'sir taqlid qilish; psixik ta'sir g'oyalar va mafkuralar; ed a gogik ta 'sir ko'rsatish; g'oya va mafkura komil inson tarbiyasi; talab; istiqbol; rag'batlantirish va jazolash ; jamoatch ilik fik ri; so'z bilan og'zaki ta'sir o'tkazish; intonatsiya; ekspressi holat; kasbiy mahorat; xushmuomalalik; axborot hajmi; pedagogik qobiliyat texnikasi.

O'qituvchi shaxsining fikr almashuv bilan bog'liq xususiyatlari

O'qituvchi faoliyatida tarbiyalanuvchilar bilan pedagogik aloqalarning uzluksizligi tarbiyaning asosiy qonuniyatlaridan biridir. O'quvchilar bilan ta'lim-tarbiyaviy jarayonda ijobiy aloqalar o'matish, ijoby iqlim yarata olish, o'ziga ishontira olish va jalb qilish - o'qituvchi kommunikativ qobiliyatining asosiy mohiyati bo'lib, bunda bevosita o'qituvchi bilan bog'liq bo'lgan minglarcha ruhiy jarayonlar, ma'lum bir qolipdan chiqishi mumkin bo'lmagan muomala turlari va shartlari mavjud. Tarbiyaning samaradorligi, pirovard natijada o'quvchilar bilan aloq o'rnatishning shakl va uslublariga qat'iy rioya qilgan holda amalga oshirilishi bilan belgilanadi. Asosiy maqsad, o'qituvchi va o'quvch munosabatida majburiy itoatkorlik o'rnini ongli intizom egallashi, o'quvchilarda mustaqil fikr yuritish ko'nikmalarini hosil qilishdan ibora**i** o'qituvchi tarbiya usullari tizimini belgilab olgandan keyin bir qator aloqa o'matish vazifalarini rejalashtirishi kerak. Albatta, bu nihoyatda qiyin jarayon, zero tarbiyaning har bir usuli, tarkibiy qismi va tashkil etuvchi usullari muomala orqali aloqa o'rnatishning samaradorligiga bog'liq. Ushbu jarayon bevosita o'qituvchining fikr almashuvi (refleksiya) bilan bog'liq xususiyatlariga, o'quvchi ruhiy holatini fikr tezligi bilan uqib olish san'atiga va pedagogik ta'sir ko'rsatishning turi usullarini bir-biri bilan o'zaro aloqadorlikda qo'llay bilishiga taalluqli bo'lib, ular uzluksiz shakllanadi.

O'qituvchining fikr almashuvi bilan bog'liq kommunikativ qobiliyatini shakllantiruvchi asosiy xususiyatlari o'quvchi ongiga qaratilgan faoliyat bo'lib, nihoyatda murakkab jarayonda takomillashadi. O'zaro fikr almashish omillari bilan bevosita bog'liq bo'lgan kommunikativ qobiliyatning quyidagi yo'nalishlari mavjud:

- o'quvchilarni ishontirish;
- o'quvchilar ongiga ta'sir etish;
- o'zgalarga taqlid qilish.

O'quvchilarni ishontirish tarbiyalanuvchining ongiga qaratilgan bo'lib, o'qituvchi fikr-mulohazalarini ta'sirchan nutq orqali o'quvchining bilimlar tizimiga, dunyoqarashiga, xulq-atvoriga, xatti-h arakatiga ta'sir etadi va uni qisman o'zgartiradi. Ishontirish o'qituvchining kasb faoliya tig a taalluqli bo'lgan murakkab faoliyatida asosiy ta'sir ko'rsatish vositasi bo'lib, ta'lim-tarbiya jarayonida ishlatiladigan usullardan biri hisoblanadi. O'quvchi ongiga ta'sir ko'rsatish bilan bog'liq bo'lgan ishontirish usuli o'qituvchidan bahs, munozara asosida dalillar keltirishni, isbot va mantiqqa tayanishni talab qiladi. Ayniqsa, o'qituvchi bilan o'quvchilar orasida o'rganilayotgan mavzuga taalluqli muqobillik mavjud bo'lganda, tanqid va fikrlar kurashiga tayanilganda samarali bo'ladi.

Ishontirish tarbiyalanuvchining ongiga qaratilgan ekan, o'qituvchining his-tuyg'usi, nutqi va ishontira olish san'ati bunda muhim ahamiyatga ega. U pedagogik ta'sir ko'rsatish usuli sifatida darslarda yangi mavzuni tushuntirishda, o'quv-tarbiyaviy soatlarda, turli uchrashuvlar va ijodiy suhbatlarda munozaralar shaklida qo'llaniladi. Tarbiyaviy tadbirlarda ishontirish usuli sinf jamoasi bilan hamda alohida o'quvchi bilan individual suhbatlar o'tkazish, siyosiy mavzulardagi darslarda keng qo'llaniladi. Ishontirish usuli yordamida o'quvchilarning dunyoqarashi shakllantiriladi. Bu ayniqsa o'quvchi ongini begona mafkuraviy g'oyalardan himoya qilishda muhim ahamiyatga ega, ishontirish asosida o'quvchiga ideal va mustaqil fikrlar qayta quriladi, ularni ba'zi psixik ta'sirlar tufayli sodir boiadigan tushkunlik holatidan asraydi, ularda erkinlikni hamda mustaqil fikrlash qobiliyatini o'stiradi, o'ziga va kelajagiga ishonch uyg'otadi, o'z-o'zini tarbiyalashda, mustahkam irodani shakllantirishga undaydi.

O'quvchilar ongiga ta'sir o 'zaro fikr almashish jarayonida shakllanadigan murakkab psixologik xususiyat bo'lib, o'qituvchi kommunikativ qobiliyatining universal omili hisoblanadi. O 'qituvchilarning 'zaro suhbati va faoliyati jarayonida tarbiyalanuvchi ongiga ta'sir etishning o'ziga xos xususiyati shundan iboratki, u o'quvchilarning psixikasi va xulq-atvoriga sezilarsiz ravishda ta'sir ko'rsatadi. Ta'sir o'quvchilar ongiga, psixikasiga nazoratsiz kirib borishi bilan alohida ahamiyatga ega, o'quvchilarning ijodiy faoliyatida, xatti-harakatlarida, intilishlarida yo'1-yo'riqlar ko'rsatish tarzida amalga oshiriladi.

Ongga ta'sir - shunday bir psixik jarayonki, o'quvchilar O'qituvchining yoki biror shaxsning ta'siri ostida, o'z ongining yetarli nazoratsiz voqelikni idrok etadi. Agar o'qituvchi bunda pedagogik mahoratga psixologik tajriba va bilimlarga ega bo'lmasa, o'quvchilar ongiga ta'sir qila olmaydi, natijada ta'lim-tarbiya jarayoni ijobiy natijalar bermaydi o'qituvchi o'quvchilarning hurmat-e'tiboriga sazovor bo'la olmaydi o'qituvchi o'z tarbiyalanuvchilari ongini tashqi muhitning salbiy ta'sirlaridan, sinf jamoasi norasmiy yetakchilarining turli yashirin buzg'unchi g'oyalaridan himoya qilishga mas'ul shaxsdir. O'quvchi ongiga ta'sir o'tkazishda o'qituvchi yetakchilikni o'z qo'liga kiritishi uchun;

— o'quvchilarning salbiy xatti-harakatiari tufayli sodir bo'ladigan emotsional his-tuyg'ularga berilmasligi;

— har bir o'quvchining psixologik va ruhiy holatini puxta o'rganmasdan uning ongiga tarbiyaviy ta'sir o'tkazishga harakat qilmasligi;

— har bir o'quvchiga alohida shaxs sifatida hurmat e'tibor bilar munosabatda bo'lishi;

— sinf jamoasining norasmiy yetakchisini sezdirmasdan aniqlat olishi va uning xatti-harakatidan doimo ogoh bo'lishi;

— pedagogik mahoratning muhim jihatlarini uzluksiz o'zida takomillashtirib borishi;

— o'ylanmay aytilgan har bir so'z, noo'rin fikr-mulohazaning oqibatini hech qachon tuzatib bo'lmasligini o'qituvchi doimo his etishi lozim.

Shuni alohida ta'kidlash lozimki, hozirgi kunda axborot texnologiyalari maydonining nihoyatda kengligi tufayli o'quvchilar ongi tarbiyaga salbiy ta'sir o'tkazuvchi g'oya va mafkuralar bilan band bo'lishi tabiiy hol. O'qituvchilar yosh avlodni tarbiyalashda ongga ta'sii qilishning keng imkoniyatlarini o'z o'rnida qo'llay olsalar, o'quvchilar ongini turli keraksiz g'oyalar va mafkuralardan himoya qila oladilar Shuni unutmaslik kerakki, o'quvchilar o'zlarining yosh xususiyatlari va psixologik ta'sirga moyilligi tufayli har qanday ta'sirga nihoyatda beriluvchan bo'ladilar.

Taqlid qilish shaxsning psixologik xususiyati bo'lib, o'zi sevgan biror inson harakatiga, namunasiga, ibratiga am al qilishidir. O 'quvchi o 'zi uchun ideal deb bilgan kishining xulq-atvor namunalariga ongsiz ravishda taqlid qiladi.O'quvchilar o'zgalar xulq-atvoridan andoza olib, taqlid qilish yo'li bilan ulardan o'zining muhitida foydalanadi. Taqlid qilishning o'ziga xos xususiyati shundan iboratki, o'quvchilar o'z xatti-harakati va muomalasi jarayonida o'zi ko'rgan, kattalar bajargan harakatlami takrorlashga intiladi. Taqlid qilishning yana bir xususiyati o'quvchi badiiy asarlarda o'qigan, kinofilmlarda ko'rgan sevimli idealidagi qahramon obraziga, xarakteriga, jasoratiga, imo-ishora, nutq, kiyinish uslublariga beixtiyor taqlid qiladi, o'z faoliyatida takrorlaydi.

Beixtiyor taqlid qilish o'quvchi shaxsi shakllanishining ilk bosqichlarida muhim ahamiyatga ega. O'quvchi taqlid qilish yo'li bilan nutqni, buyumlami, turli harakatlarni o'rganadi, xulq-atvori shakllanadi, ruhiyatidagi ushbu jarayon asta-sekin va ko'r-ko'rona davom etadi.

O'qituvchi kommunikativ qobiliyati bilan pedagogik faoliyat olib borish jarayonida o'zaro fikr almashish yo'li bilan ta'sir ko'rsatishning ko'rib chiqilgan asosiy turlari - o'quvchini ishontirish, o'quvchi ongiga ta'sir etish, taqlid qilish - bir-biri bilan chambarchas bog'liq bo'lgan psixologik xususiyatlardir va ayni vaqtda, o'ziga xos farqlarga ega. Ishontirish va ongga ta'siming o'zaro bog'liqligi shundan iboratki, biz ta'sir ko'rsatish usulining unisidan ham, bunisidan ham foydalanganda ko' pincha notiqlik san'atini namoyish etamiz. O'qituvchining so'z boyligi va notiqlik malakasi ishontirish va o'quvchi ongiga ta'sir etishning muhim manbalaridir.

Pedagogik ta'sir ko'rsatish - kommunikativ qobiliyatning asosiy usuli sifatida

O'zbekiston Respublikasida ijtimoiy-siyosiy mustaqillik qo'lga kiritilgach, hayotning barcha sohalarida, shu jumladan, ta'lim sohasida ham tub islohotlar olib borilib ulkan o'zgarishlar ro'y bermoqda. Islohotlar respublikaning rivojlanish va taraqqiyot yo'li deb e'tirof etilgan demokratik, insonparvar, huquqiv jamiyatni barpo etish uchun xizmat qiladi. Demokratik, insonparvar, huquqiy jamiyatni barpo etish vazifasi o'sib kelayotgan yosh avlod zimmasiga yuklanadi. O'zbekiston Respublikasining «Ta'lim to'g'risida»gi Qonuni, «Kadrlar tayyorlash milliy dasturi» hamda O'zbekiston Respublikasi Prezidenti I.A. Karimovmng nutqlari v qator asarlarida ta'lim va tarbiya 0 'zbekiston Respublikasi ijtimoiy; taraqqiyoti sohasida ustuvor deb e'lon qilinib, uning maqsad va vazifalai belgilab berilgan.

Pedagogik ta'sir ko'rsatish o'qituvchining muhim kommunikati qobilivatlaridan biri bo'lib, awalo. o'qituvchining tashqi qiyofasini ifodalovchi madaniyati, munosabatga kirishishi va nutq madaniyati asosida o'quvchilar bilan muntazam tarbiyaviy faoliyat olib borish jarayonid namoyon bo'ladi.

Pedagogik ta'sir ko'rsatish - tarbiyalanuvchiga ongli intizom va mustaqil fikr yuritish ko'nikmalarini hosil qilish, tarbiyani ma'lum bir maqsadg muvofiq takomillashtirish uchun shaxsga muntazam va tizimli ta'sir ko'rsatish, jamiyatning ijtimoiy-tarixiy tajribalariga yondashib shaxsni har tomonlama kamol toptirish, uning xulq-atvori va dunyoqarashini takomillashtirish, yosh avlodni muayyan maqsad asosida tarbiyalash, ijtimoiy ong va xulq-atvorni xalqimizning boy mafkuralari asosida shakllantirishg yo'naltirilgan faoliyat jarayonidir. Pedagogik ta'sir ko'rsatish asosida tarb: yalanuvchining ongi shakllanadi, ma'naviy boyligi va his-tuyg'ulari rivojlanadi, unda ijtimoiy hayot uchun zarur bo'lgan ijtimoiy aloqalarni tashkil etishga xizmat qiladigan xulqiy odatlar hosil bo'ladi.

Pedagogik ta'sir ko'rsatish bilan jamiyatning shaxsga qo'yadiga axloqiy talablariga muvofiq keladigan xulqiy malaka va odatlari hos qilinadi. Bunga erishish uchun o'quvchining ongi, hissiyoti va irodasig ta'sir etib boriladi. Agar bularning birortasi e'tibordan chetda qolsa, o'qituvchining ta'lim va tarbiyaviy maqsadlarga erishishi qiyinlashadi. Tarbiya jarayoniga o'qituvchi rahbarlik qiladi. U o'quvchilar faoliyatini begilaydi, ularning pedagogik jarayonda ishtirok etishlari uchun shar sharoitlar yaratadi. Pedagogik ta'sir ko'rsatish mazmunida tarbiya mohiyati ifodalanga bo'lib, uning mazmuni mamlakatning ijtimoiy maqsadlaridan kelib chiqib asoslanadi. Tarbiya mohiyati turli davrlarda har xil ifodalangan bo'lsa ham, ammo yo'naltiruvchanlik xususiyatiga ko'ra bir-biriga o'xshash g'oyalarni ifodalaydi. Zero, har bir xalqning taraqqiy etishi, davlatlarning qudratli bo'lishi avlodlar tarbiyasiga ko'p jihatdan bog'liqligi qadimdan o'z isbotini topgan.

Har qanday ijtimoiy jamiyatda yosh avlod tarbiyasi muayyan maqsad asosida tashkil etiladi. Tarbiyaning maqsadi ijtimoiy jamiyat taraqqiyoti, uning rivojlanish yo'nalishi, ijtimoiy munosabatlar mazmunidan kelib chiqib belgilanadi. Bugungi kunda O'zbekiston Respublikasida tashkil etilayotgan tarbiyaning asosiy maqsadi komil insonni tarbiyalab kamolotga yetkazishdan iborat.

Pedagogik ta'sir ko'rsatishning asosiy tarbiyaviy usullari hayotdan, millatning yashash tarzidan, milliy an'ana va urf-odatlardan kelib chiqib tanlanadi. Ular o'quvchilar tarbiyasini pedagogik jihatdan maqsadga muvofiq tarzda tashkil etish nuqtai nazaridan tanlab oladi.

Pedagogik ta'sir ko'rsatish o'quvchilaming ijtimoiy foydali mehnat faoliyatini pedagogik jihatdan ma'lum bir maqsadga muvofiq tarzda tashkil etish uchun foydalaniladigan vositalar tizimidan iborat. Ushbu vositalar tarbiyalanuvchi shaxsiga qaratilgan bo'lib, o'quvchilaming xulq-atvorini shakllantiradi.

Ta'lim va tarbiya jarayonida o'qituvchi tomonidan pedagogik ta'sir ko'rsatishning asosiy usullari: talab, istiqbol, rag'batlantirish va jazolash, jamoatchilik fikri.

Talab - ta'lim va tarbiya jarayonida o'qituvchining tarbiyalanuvchiga nisbatan shaxsiy munosabatlarida namoyon bo'ladi. O'quv chining u yoki bu xatti-harakati o'qituvchi nazoraJda bo'lib, ijobiy jihatlari rag'batlantirib boriladi yoki, aksincha, nojo'ya xatti-harakati to'xtatib qo'yiladi.

Istiqbol - ta'sirchan pedagogik usul bo'lib, o'quvchilarda mustaqil fikr yuritishni, ma'lum bir maqsadga, orzuga erkin intilish hissini takomillashtiradi. Bu maqsadlar ularning shaxsiy intilishlarida, qiziqish va muddaolarida namoyon bo'ladi. Ushbu usul maktab o'quvchilarini shaxs sifatida eng muhim insoniy fazilatlaridan biri bo'lgan maqsadga intiluvchanlikni rivojlandradi.

Rag'batlantirish va jazolash - tarbiyaviy ta'siming eng an'anaviy usuli bo'lib, o'quvchilar xulq-atvoriga ijobiy ta'sir etishdan iborat. Yaxshi xulq, foydali mehnat va xatti-harakat, axloqiy hislat, topshiriqlarning so'zsiz bajarilishi uchun o'quvchi rag'batlantiriladi. Nomaqbul xattiharakat, tartibbuzarlik, o'z burchini bajarmaslik jazolash orqali bartaraf etiladi. Ushbu usul axloqiy ta'sir ko'rsatishni ta'minlaydi, uni qoilash jarayonida oʻqituvchidan nihoyatda ehtiyotkorlik, sezgirlik va hushyorlik talab etiladi.

Jamoatchilik fikri - tarbiyaviy taʼsir koʻrsatishning eng muhim usuli boʻlib, oʻquvchilarning ijtimoiy foydali faoliyatini bajarilish natijalariga qarab muntazam ragʻbatlantirib borishda namoyon boʻladi. Jamoaning tarbiyaviy vazifalarini maʼlum bir yoʻnalishda amalga oshirilishii taʼminlaydi, oʻquvchilarning bir-birlariga doʻstona munosabatini shakllantiradi.

Pedagogik taʼsir koʻrsatish usullaridan samarali foydalanishning eng muhim sharti oʻqituvchining insonparvarlik nuqtai nazaridan yondoshishini talab etadi. Ushbu usullar kasbiy masʼuliyatni his etadigan yagona intilishga qaratilgan jonli kishilarning jonli munosabatidir. Pedagog taʼsir qilish oʻquvchilar psixikasining anglanmaydigan sohasiga qaratilgan boʻlib, tarbiyachi bilan tarbiyalanuvchilarning yaqindan aloqada boʻlishini, ularning oʻzaro bir-birlariga ishonishini, oʻzaro tushunishir taʼsir qilish mazmuni, shaxsning bir butun holatiga amaliy taʼsir qilishi nazarda tutadi. Shunday qilib, taʼsir qilish taʼlim-tarbiya samaradorligi hozirgi zamon talablari darajasida takomillashtirib borishda yoʻl-yoʻriq yaratib, oʻquvchilarning faolligini ragʻbatlantiradi.

Oʻqituvchi tarbiyalanuvchilaming oʻzaro tarbiyaviy taʼsirga ega ekanliklarini, ularning oʻzaro kommunikativ munosabatlari hamda faoliyat koʻrsatshidagi bogʻlanishning mavjudligi, uning samaradorligini belgilashini unutmasligi shart. Oʻqituvchi sinf jamoasiga va alohida tarbiyalanuvchi; pedagogik taʼsir koʻrsatishida muvaffaqiyatlarga erishishi uchun, oʻquvchilar orasida oʻzaro pedagogik munosabatlar tizimini oqilona rejalashtirishi va psixologik muhitni ijobiy tomonga oʻzgartirishi lozim. Toʻgʻri tashkil etilgan va har jihatdan mukammal boʻlgan, yosh avlodning qalbi1 ongini asrashga, ularni milliy va umumbashariy qadriyatlar ruhida tarbiy lashga qaratilgan pedagogik munosabatlar tizimini tashkil etish uchun oʻqituvchi har bir oʻquvchi ruhiyatini chuqur bilib olishi, ularning ichki imkoniyatlaridan xabardor boʻlishi, axborot berishi, fikr almashishi, ular qaygʻusini, tuygʻularini tushunishi va hamdard boʻlishi zarur. Pedagogik munosbatda muvaffaqiyatlarga erishish uchun oʻqituvchi:

• oʻquvchilar bilan boʻlajak munosabatni modellashtira olishi;

• mimosabatda boʻladigan sinf jamoasi xususiyatlarini oldindan bilishi;

• bevosita samimiy va hamjihatlikka asoslangan munosabat oʻmatish

• munosabatda ustunlikka ega boʻlib, uni demokratik talablar asosida oqilona boshqarish;

• munosabatning ijobiy va salbiy jihatlarini uzluksiz tahlil etib borishi lozim.

Oʻqituvchi tarbiyachi sifatida tarbiyalanuvchi oʻquvchilarni oʻzi uchun hamisha tarbiya obyekti deb hisoblashi kerak. Biroq tarbiyalanuvchi oʻqituvchi-tarbiyachi bilan erkin va ongli munosabatda boʻlishga erishsagina, tarbiyaviy munosabatlar samarali xarakter kasb etadi. Tarbiyaviy faoiiyatning kommunikativ munosabatlar jarayonida o'ziga xos qator qoidalari ham mavjud bo'lib, o'qituvchi o'quvchilarga pedagogik ta'sir ko'rsatishda ushbu qoidalarni mukammal bilishi lozim:

O'QUVCHILARGA PEDAGOGIK TA'SIR KO'RSATISHDA O'QITUVCHI AMAL QILADIGAN QOIDALAR

- Tarbiyaning aniq bir maqsadga qaralilganligi
- Tarbiyaning hayotiy faoliyat bilan bog'liq hodisa ekanligi
- Shaxsni jamoada tarbiyalanishida o'ziga xos xususiyatiarini e'tiborga olish
- Tarbiyalanuvchi shaxsga nisbatan talabchan bo'lish va uning sh&xsini hurmat qilish
- Tarbiyalanuvchining yosh va o' ziga xos xususiyatlarini hisobga olishi
- Tarbiyaviy ishlarning izchilligi va muntazam olib borilshini ta'minlash

O'qituvchining kommunikativ qobiliyatida so'z bilan og'zaki ta'sir o'tkazish

So'z bilan og'zaki ta'sir o'tkazish o'qituvchining madaniy saviyasida va o'quvchi muloqotida muhim ahamiyat kasb etadi. Chunki insonning "aql-zakovati, fikr-tuyg'ulari, bilimi va madaniyat saviyasi, tafakkun ma'lum darajada so'zda ifoda etiladi. Muomala madaniyatida so'z aqldan kuch, tildan ixtiyor oladi" (Aziz Yunusov). So'z bilan og'zaki ta'sir o'tkazishni amalda o'z pedagogik faoliyatida qo'llovchi o'qituvchi o'z hissiyotlarir ijodiy ta'sirlanishini boshqarish ko'nikmalariga ega bo'lishi va o'z his-tuyg'ularini faqat ta'lim-tarbiyaviy maqsadni amalga oshirish uchun ifodalashi hamda o'quvchi qalbini noo'rin so'zlar bilan jarohatlab qo'ymaslig so'zlarni aniq ifodalashda pedagogik takt normalaridan chiqib ketmasligi lozim. So'z qudrati haqida R. Dekartning quyidagi fikrlari o'qituvchilarga ham bevosita taalluqlidir: "So'zlarning ma'nolarini, qudratini odamlarga aniq ifodalab tushuntirib bering, shunda siz insoniyat olamini barcha anglashilmovchiliklarning yarmidan xalos qilgan bo'lasiz".

Bunda o'qituvchining shirinsuxanligi mujassamlashgan notiql: san'ati hamda aktyorlik qobiliyatini namoyon qila olishini alohida e'tin etish kerak. O'qituvchi aktyordek tayyor tekstni yod olmaydi, biroq u har gal takrorlanmas vaziyatda ijod qiladi. So'z bilan og'zaki ta'sir o'tkazish o'qituvchidan fikrlarini, pedagogik qobiliyat texnikasini, ijodkorlik talab qiladi.

O'qituvchining imo-ishoralari va yuz harakatlari so'z bilan og'za ta'sir qilishni kuchaytiradi. Yuz harakatlari va imo-ishoralar nutq (ovozning baland-pastligi bilan mos kelishi kerak. Ogohlantiruvchi, so'zlar, notiqlik san'ati asosida ta'sir etish, vazifani ijro etishga undovchi buyruqlar, ta'qiqlangan iboralarni ishlatmaslik, hazil orqali fikri, anglatish, o'quvchining erkin mulohazalarini ma'qullash yoki nojo'ya harakatlari uchun ayblash so'zning og'zaki ta'sir etuvchi komponentlaridir. So'z bilan imo-ishoraning va yuz harakatlarining birligi ma'lum qilinayotgan axborot hajmdorligi va ta'sirchanligini kuchaytirishi lozim. Har qanday sharoitda o'qituvchi o'quvchilar bilan sinfda uchrashishga maxsus hozirlik ko'rishi lozim.

O'qituvchining sinf jamoasi bilan bo'lg'usi muloqotga tayyorgarlikka doir ibratli misol F. Samuylenkovning "Masterstvo, pedagogiche kiy takt - eto avtoritet uchitelya" ("O'qituvchining mahorati va takti uning obro'sidir") kitobida keltiriladi: *"Men VIII "B" sinfga kirishga otlanayotgan vaqtimda o'qituvchilar xonasidayoq yuzimdagi tabassumni, quvaman. Sinfga kirishdan oldin ongli ravishda bir lahza to'xtab o'zimni, to g'rilab olaman, o'zimga jiddiy, deyarli ifodasiz tus beram va o'quvchilar bilan kam, jud aaniq, keskin gaplashaman. Hech qanday hazilga yo'l qo'ymayman. Dars berayotgan vaqtimda o'tirmayma, bolalar bilan rasm n xushmuomalada bo'laman. Bunday marom, saqlash menga oson emas, lekin shunga o'rganganman, chunki hozircha bu sinfda o'zimni boshqacha tutishim mumkin emas: sinf tez ta'sirlanuvchan, tezda "qirg'oqdan chiqib ketadi va yana qaytib oqimga tushishi qiyin".* Olimning bu mulohazalari hozirgi kunda ham o'z qudratini yo'qotgan emas. U o'qituvchining deyarli har bir harakatda jiddiy fikr yuritishga undaydi. Darhaqiqat, o'qituvchining har qanday hazili yoki bachkana qilig'i darhol teskari reaksiya berishi mumkin. Hatto yengil hazilga ham sinf o'quvchilari qizg'in javob beradi, ularning fikrini qaytadan "jamlab" diqqatini jalb etish va ish kayfiyatini yaratish keyin juda qiyin bo'lishi mumkin.

So'z bilan og'zaki ta'sir qilishda o'qituvchi nutqi nihoyatda muxtasar, ravon va muloyim bo'lishi, intonatsiyalar o'z o'rnida ishlatilishi kerak. So'z bilan og'zaki ta'sir o'tkazish qudrati Sharq xalqlarida azaldan ma'lum bo'lgan. Chunki, o'qituvchining *"Ma'noli va bejirim gapira bilishi, nutq daryosidagi maqbul va nomaqbul to'lqinlarni ilg'ay olishi, so'zning orqa-o'ngini, munosib o'rnini farqlay bilishi, nutqiy fahm u farosat, tahrli so'z odobi kabi fazilatlar Turonda inson umumiy axloqining, ma'naviy rasoligining tayanch ustunlaridan sanalgan"*, deb ta'kidlaydi tilshunos olim N. Mahmudov.

Hozirgi davrda o'qituvchi faoliyatida uchraydigan kommunikativ munosabatlarda so'z bilan og'zaki ta'sir etish nihoyatda xilma xil bo'lib, bevosita pedagogik ta'sir ko'rsatishning nisbatan mustaqil ko'rinishini o'zida mujassamlashtiradi. Bilish, anglash, ekspressiv (his-tuyg'uga berilish holati), ijtimoiy an'anaviy muloqot, inson holatini so'zsiz tushunish, dilkashlik o'qituvchining pedagogik faoliyatida uchraydigan doimiy takrorlanib turadigan kommunikativ munosabatlaming turlaridir. Tarbiyaviy jarayonni tashkil etishda ulami nazarda tutish lozim.

Ayniqsa, pedagogik ta'sir ko'rsatishni tashkil etishda so'zning ahamiyati bilan bog'liq bo'lgan pedagogik muomala madaniyatiga va tarbiyachining shirin so'zligiga alohida talablar qo'yiladi. So'zlashganda odob va ehtirom o'qituvchining pedagogik mahoratida uchraydigan muhim insoniy fazilati sifatida namoyon bo'ladi. Xushmuomalalik - o'qituvchi va tarbiyachilaming sinfda individual ish olib borish jarayonida ota-onalar hamda o'quvchilar bilan muloqotni aniq bir tarbiyaviy maqsadni ko'zlagan holda tashkil eta olishi va ta'lim-tarbiyaviy faoliyalni to'g'ri boshqara bilishidir.

O'qituvchi kasbiy mahoratida muhim ahamiyatga ega bo'lgan insoniy fazilat hamda xushmuomalalikni o'zida shakllantirishi uchi muntazam faoliyat olib borishi zarur. O'qituvchi pedagogik faoliyatiga oid shaxsiy o'z-o'zini tarbiyalashning o'zaro fikr almashish va aloqadorlikka doir quyidagi tizimlarini tavsiya etish mumkin.

1. Kasbiy faoliyat jihatidan o'z-o:zini anglashni (muomalada o'za fikr almashishga doir sifatlami, ijobiy va zaif tomonlarini aniqlashi amalga oshirish va shu asosda o'zaro fikr almashish asosida o'z-o'zi tarbiyalash dasturini ishlab chiqish.
2. O'z kasbiy faoliyatiga quyidagi yo'nalishlarda baho berish maqsadga muvofiq: kishilar bilan bo'lgan muomaladan so'ng olingan taass rotlarni tahlil qilish, o'quvchilar bilan muomalaning so'nggi holatlari o'rganib, muomala haqida o'zining yutuq va kamchiliklarini tahlil qilis muomaladagi imkoniyatlaringizni atrofdagilar (o'qituvchilar jamoa ota-onalar, o'quvchilar) qanday baholashi haqidagi tasawurlarga ega bo'lish.
3. O'zida insonparvarlikning asosiy xususiyatlarini rivojlantirish yuzasidan ixtisoslashtirilgan o'z-o'ziga ta'sir o'tkazuvchi "autogen" mashqlar asosida ishlash.
4. O'quvchilar va ota-onalar bilan turli jamoat ishlarini olib borish, bundan o'zaro fikr almashish faoliyatida ko'nikma va malakalar (ma'ruzalar, suhbatlar, kamolot voshlar uyushmalari) hosil bo'ladi.
5. So'z bilan og'zaki ta'sir o'tkazishda salbiy kayfiyatlami engish tajribasini shakllantiradigan va xushmuomalalikni rivojlantiradigan vaziyatlar tizimini yaratish.
6. Xushmuomalalikka milliy an'ana va urf-odatlarimiz, o'zbekona muomala madaniyati, milliy ma'naviyatimiz nuqtai nazaridan yondashish.
7. O'z ona tilida puxta, lo'nda va jarangdor so'zlar tuza olish va uni nutqiy mahorat bilan ifodalash ta'lim muassasalarida o'rganilayotgan har bir fan o'qituvchisi uchun eng zarur kommunikativ qobiliyatlardan biridir.

O'qituvchining kasbiy faoliyatida xushmuomalalikning yosh o'qituvchi amal qiladigan quyidagi mezonlarini alohida ta'kidlab o'tamiz:

YOSH O'QITUVCHI AMAL QILISHI LOZM BO'LGAN XUSHMUOMALALIK MEZONLARI

- O'quvchilarga og'zaki ta'sir qilishda shirinsuxanlik va insonivlik tuyg'ularini namoyish etish
- So'z bilan og'zaki ta'sir etishning barcha bosqichlarida hissiy osoyishtalikning namoyon bo'lishi
- O'zaro fikr almashishga doir sifatlar, ko'nikmalar va malakalarning mavjudligi
- O'quvchilarning ta'lim va bilim olishga bolgan ishtiyoqini kuchaytirish
- Mustaqil fikr yuritish o'z fikrini erkin bayon eta olish, insoniy qadr-qimmat tuyg'usini shakllantirish

Taklif etilgan ushbu tizim asosida pedagogik faoliyat olib borish o'qituvchi kasbiga oid shaxsiy fazilatlardan biri boigan insonparvarlik va xushmuomalalikni shakllantiradi. O'qituvchi kasbiy faoliyati davomida nutqidagi so'z qudratini takomillashtirib boradi. U o'zbek tilining boy imkoniyatlaridan unumli foydalanish orqali so'z boyligini go'zal, ravon, ifodali, ta'sirchan bo'lishiga intiladi. Zero, go'zal va ta'sirchan so'zlay bilish ham san'at. Bu san'atdan bebahra bo'lgan o'qituvchining kasbiy mahorati shakllanmaydi. Qaysi fanni o'qitishdan qat'iy nazar, o'qituvchining asosiy quroli so'z boyligidir, u so'z qudrati asosida kommunikativ qobiliyatini namoyish etadi.

Nazorat savollari

1. O'qituvchining kommunikativ qobiliyati deganda nimani tushunasiz?
2. O'qituvchining fikr almashuvi bilan bog'liq xususiyatlarini ta'riflang?
3. Tarbiyaviy jarayonda taqlid qilishning ahamiyati haqida fikringiz?
4. O'quvchi ongiga ta'sir etishning asosiy manbalarini belgilang?
5. "Pedagogik ta'sir ko'rsatish" iborasini izohlab bering?
6. O'zbekiston Respublikasida yosh avlod tarbiyasidan asosiy maqsad nimada?
7. Pedagogik ta'sir ko'rsatishning asosiy usullariga ta'rif bering?
8. Sinf jamoasi bilan bo'lg'usi muloqotga tayyorgarlik shartmi?
9. Pedagogik munosabatda muvaffaqiyat garovi nimalardan iborat?
10. Xushmuomalalikda yosh o'qituvchi amal qiladigan mezonlan ta'riflang?

11. So'z bilan og'zaki ta'sir o'tkazish komponentlari haqida mulohazalaringizni bildiring?

4-Ma'ruza
O'qituvchi faoliyatida muloqot madaniyati va psixologiyasi. O'qituvchi va o'quvchi o'rtasidagi muloqot

Reja:
1. O'qituvchi kasbiy faoliyatida muloqot madaniyatining shakllanishi
2. Pedagogik muloqotda muomala madaniyati
3. Sharqona tarbiya va muosharat odobining muloqotga ta'siri
4. Muloqot asosida ma'naviy madaniyatni shakllantirish mezonlari va omillari.

Tayanch so'z va iboralar: *sharqona tarbiya, muloqot, madaniyat, pedagog, etnopsixologik fazilarlar, kasbiy mahorat, kommunikativ iqtidor.*

O'qituvchi kasbiy faoliyatida muloqot madaniyatini shakllantirish muammosi kishilik jamiyatining ehtiyojlari va talablaridan kelib chiqqan holda hal qilinadi. Shu boisdan hozirgi davrda O'zbekiston Respublikasining "Ta'lim to'g'risida"gi Qonuni, "Kadrlar tayyorlash milliy dasturi"da kasb tanlash motivlari, kasbiy tayyorgarlik, kasbiy layoqat va kasbiy mahorat bilan cheklanib qolmaslikni, balki bo'lg'usi pedagog kadrlar shaxsiy faoliyatida kasbiy madaniyatni tarkib toptirish mutlaqo zarur ekanligi ta'kidlanadi. Respublikamizda o'qituvchilik kasbining o'ziga xos etnopsixologik fazilatlari, hislatlari, qobiliyatlari ish uslublari, pedagogik mahorat sirlarini egallash yo'llari, shaxslararo muloqot madaniyati yuzasidan turli davrlarda har xil ilmiy izlanishlar olib borilgan. Muloqot madaniyatining tarbiyalovchi imkoniyatlarini ro'yobga chiqarish ko'p jihatdan o'qituvchining shaxsiy sifatlari bilan belgilanishini ta'kidlab o'tish lozim. Pedagogik muloqot madaniyatining har jihatdan to'g'ri tanlangan, o'qituvchining ma'naviy saviyasi, betakror xususiyatlariga muvofiq keluvchi uslubi quyidagi vazifalar majmuini hal qilishga yordam beradi: birinchidan, muloqotda har bir o'quvchiga alohida e'tibor va dilkashlik, sinf jamoasi bilan umumiy muloqot jarayonini soddalashtiradi, o'qituvchining erkin pedagogik faoliyati uchun zamin tayyorlaydi, ziddiyatli vaziyatlarni oson hal qiladi; ikkinchidan, har bir o'quvchi bilan o'zaro munosabatni erkin muloqot asosida tashkil qilish, ularning yosh xususiyatlariga monand pedagogik va psixologik muloqot uslublarini tanlash, uning ruhiyatini bilishga, ichki dunyosiga "kirib borish"ga yo'l ochadi; uchinchidan, pedagogik muloqotda o'qituvchining ma'naviy-axloqiy normalari muvaffaqiyatlar kaliti bo'lib, ta'lim-tarbiya samaradorligini oshiradi, muloqotning barcha bosqichlarida o'qituvchining o'z faoliyatidan qoniqish hissini xotirjamligini ta'minlaydi. O'qituvchining o'quvchilar bilan muloqot madaniyati individual uslublarini shakllantirish metodikasi quyidagi bosqichlarni o'z ichiga oladi:

1. O'quvchilar bilan muloqot qilish madaniyatining individual shaxsiy xususiyatlarini o'rganishi. O'quvchilar shaxsiy xususiyatlarini mustaqil tahlil qilish, har tomonlama tavsif berish, o'qituvchining muloqotni to'g'ri tashkil etishi asosida amalga oshadi.

2. Shaxsiy muloqotda ro'y beradigan kamchiliklarni aniqlash va darhol ularga barham berish choralarini izlab topish: muloqotda qo'pollik, mensimaslik va boshqa salbiy holatlarni engish.

3. O'qituvchi o'zi uchun muloqot madaniyatining qulay bo'lgan uslublarini ishlab chiqishga doir faoliyatni ishlab chiqishi va o'z-o'zini kuzatish bilan yutuq va kamchiliklarni taqqoslash.

4. O'zining muloqot madaniyati uslublariga muvofiq keluvchi milliy an'ana va ma'naviyatimizga xos jihatlardan unumli foydalanish.

5. Muloqot madaniyatida pedagogik faoliyat qonuniyatlaridan chetga chiqmaslik, bu uslubni mustahkamlash (pedagogik amaliyot va malaka oshirish jarayonida).

Pedagogik faoliyatni endigina boshlayotgan yosh o'qituvchilar o'z kasbiy mahoratlarini oshirish maqsadida o'quvchilar bilan muloqot madaniyatini shakllantirish ustida muntazam ish olib borishlari zarur.

Ta'lim-tarbiyaviy jarayonni tashkil etishda pedagogik muloqot madaniyati o'qituvchi va o'quvchilarning bevosita o'zaro munosabatini ma'lum bir maqsad sari hamjihatlikka yo'naltiruvchi kuchdir.

Bu o'rinda o'qituvchi quyidagi vaziyatlarni e'tiborga olishini alohida ta'kidlash lozim:

- o'qituvchining ilk tarbiyaviy faoliyatidan boshlab muloqot madaniyatiga rioya qilishi, bu jarayonda o'qituvchi va o'quvchilar jamoasi bilan har kungi muomalani vaziyatga qarab rejalashtirishi, har bir harakat, so'z ohangiga e'tibor, an'anaviy muloqotning eng yaxshi xususiyatlarini o'zlashtirishi;

- muloqot asosida sinf jamoasidagi turli vaziyatlarni qayd etish, o'quvchilar hatti-harakatining oldingi holati bilan, tarbiyaviy faoliyatdan keyingi holatini qiyoslab chiqib baho berish;

- o'z muloqot uslubi natijalarini tanqidiy nuqtai nazardan tahlil qilib, kamchiliklarni uzluksiz bartaraf etib borish. Zarur so'z, ovozdagi yoqimli ohang, hulq-atvorni vujudga keltirish;

- pedagogik muloqot madaniyatining samarali kechishi uchun uning shart-sharoitlarini bilib olishning o'zi kifoya qilmaydi, o'quvchilar bilan o'zaro muomalaning "ustoz-shogird" an'analariga xos boshlanishi va o'zaro fikr almashish asosida muhim vazifalarni hal qilish bilan muomala ob'ektining diqqatini o'ziga jalb qilish;

- muloqot ob'ekti, ya'ni o'quvchining diqqatini o'ziga jalb qilish deganda nimani anglash kerak? Buning ma'nosi o'qituvchi o'zining xushmuomalaligi, madaniyati, go'zal xulqi, muloqotda o'quvchilar qalbiga yo'l topa olishi bilan o'z mahoratini namoyish qilib, muloqot madaniyatining tashkiliy shakllariga ijtimoiy-psixologik negizni asos qilib olishidir.

Ko'rsatib o'tilgan vaziyatlar asosida pedagogik ta'sir ko'rsatish uchun o'qituvchining pedagogik muloqot madaniyatiga, etikasi va odob-axloqiga, dilkashligiga, muosharat odobiga alohida talablar qo'yiladi. Ushbu fazilatlar o'qituvchining sinf jamoasida, ota-onalar bilan muloqot qila bilishida, o'quvchilar bilan aniq maqsadni ko'zlagan holda tarbiyaviy faoliyatni tashkil etishida va ularni boshqara olishida muvaffaqiyatlar garovidir. Kasbiy faoliyatning noyob fazilati

bo'lmish pedagogik muloqot madaniyatiga amal qiladigan yosh o'qituvchi quyidagi xususiyatlarni o'zida mujassamlashtirishi lozim:
• mamlakatimizning ijtimoiy-siyosiy talablari va ehtiyojlariga mos bo'lgan yuksak ma'naviyat darajasidagi qarashlar, kuchli va barqaror e'tiqod, davlatimiz ideallari, milliy g'oya va mafkurasiga sodiqlik, vatanparvarlik, fidoyilik tuyg'ulari shakllangan ijtimoiy-siyosiy faol shaxs;
• o'quvchilarga samimiy mehr–muhabbat, ularning har qanday ehtiyojlari, qiziqishlari, hatti-harakatlari motivlarini, xulq-atvorlarini tushunish ko'nikmasi va malakasining shakllanganligi;
• jamiyatda ro'y berayotgan hodisalar, jahonda ro'y berayotgan voqealar, tabiatga, borliqqa, shaxslararo, guruhlararo, millatlararo munosabatlarga nisbatan pedagogik kuzatuvchanlik, yangilikka, ijodiy izlanishga nisbatan intilish qobiliyatining mavjudligi;
• pedagogik faoliyatning barcha jabhalarida odamlarning hatti-harakatlari, munosabatlaridagi xususiyatlarni oqilona tushunish, o'z faoliyatiga nisbatan refleksiv munosabatni tarkib toptirish;
• har qanday favqulotda vaziyatlarga, jamiyatda ro'y berayotgan yangiliklarga nisbatan hamda ijtimoiy – iqtisodiy o'zgarishlarga omilkorlik va aql idrok bilan munosabatda bo'lish, o'z oldiga to'g'ri maqsad qo'ya olish, reja tuzish, bevosita nazorat qilish, boshqarish va o'z imkoniyatlarini namoyon eta olish;
• pedagogik faoliyatlarda, jamoatchilik tizimida muvaqqat guruhiy munosabatlarda, ommaviy harakatlarda tashkilotchilik va boshqaruvchanlik qobiliyatini namoyish etishi;
• dunyoqarashi va tafakkur ko'lamining kengligi, dunyoviy bilimlarni bilishga nisbatan qiziqishining serqirraligi, ilmiy muayyan ilmiy salohiyat va pedagogik mahorat darajasini muntazam oshirib borishi;
• o'quvchilar bilan muloqotda layoqatliligi, nutq madaniyatining mantiqan ixcham, ma'noli, ta'sirchan kuchga egaligi, psixologik ta'sir o'tkazish bilan qurollanganligi.

Har bir o'qituvchi uchun o'quvchilarga to'g'ri, omilkor axborot uzatish va unga suhbatdoshini ishontira olishi kasbiy zaruriyat hisoblanadi. Bunda o'qituvchining muloqot madaniyati, ma'naviy olamining kengligi muhim ahamiyatga ega.

O'qituvchining pedagogik faoliyati uzluksizdir, shu sababli u muloqot madaniyatini ham muntazam shakllantirib borishida quyidagi yo'nalishlarga e'tibor berishi lozim:

1. Yuksak pedagogik faoliyat nuqtai nazaridan o'z-o'zini anglashi, (muomalada o'zining o'zaro fikr almashishga doir sifatlarini, ijobiy va zaif tomonlarini bilishi) va shu asosda o'zaro fikr almashish yo'li bilan o'z-o'zini tarbiyalashi.

2. Kishilar bilan o'zaro munosabatda kommunikativ iqtidorini shakllantirib borishi, muloqot asosida to'g'ri bashorat qilish sezgilarini mashq qildirishi, muloqotda o'zining ideal tasavvurlarini, imkoniyatlarini boshqalar (o'qituvchilar jamoasi, o'quvchilar, ota-onalar) qanday baholashi haqidagi refleksiv tasavvurlarini tahlil qilishi.

3. O'zida muosharat odobining muhim xususiyatlarini rivojlantirish yuzasidan ixtisoslashtirilgan mashqlar asosida ishlashi.

4. O'quvchilar va ota-onalar bilan tarbiyaviy maqsadlarga qaratilgan turli jamoat ishlarini olib borishi, bunda o'zaro fikr almashish asosida pedagogik tashkilotchilik qobiliyatini takomillashtirib borishi.

5. Muloqot jarayonida paydo bo'ladigan salbiy holatlarni engish ko'nikmalarini shakllantirishi, dilkashlik va xushmuomalalikni rivojlantiradigan vaziyatlar tizimini yaratishi.

O'qituvchi muloqot madaniyati asosida faoliyat olib borgan taqdirda ham, o'quvchilar jamoasi orasida turli tushunmovchiliklar, ziddiyatlar paydo bo'lishi tabiiy hol. Har qanday tajribali o'qituvchining pedagogik muloqoti jarayonida o'ziga xos qiyinchiliklar yuzaga keladi. Sinfda sodir bo'ladigan har qanday pedagogik vaziyatga javobgar shaxs o'qituvchidir. Bu barcha davrlar pedagogik faoliyatida namoyon bo'ladigan tipik hodisa.

Ayniqsa, ushbu holat endigina o'z faoliyatini boshlagan yosh o'qituvchilarning pedagogik faoliyatida muammoli vaziyatlarni paydo qiladi. YOsh o'qituvchilarning o'quvchilar bilan olib boradigan ta'lim-tarbiyaviy faoliyatini doimiy nazorat qilish, ularga to'g'ri yo'nalish berish, barcha o'quv muassasalari pedagogik jamoatchiligiga, ustoz o'qituvchilar zimmasiga yuklatilishi lozim. Pedagogik faoliyatda xato va kamchiliklarga yo'l qo'yadigan o'qituvchining yoshiga va ish tajribasi ko'lamiga odatda o'quvchilar hech qachon e'tibor bermaydilar. CHunki, o'quvchilar yoshidan va tajribasidan qat'iy nazar barcha o'qituvchilarni ustoz deb ataydilar. O'zbekistonda ta'lim-tarbiya va pedagogik muloqotning o'ziga xos an'analari, milliyligimizga mos shakl va metodlari mavjud.

Zero, I.A.Karimov asarlarida ta'kidlanganidek, "Mamlakatimizning istiqlol yo'lidagi birinchi qadamlaridanoq, buyuk ma'naviyatimizni tiklash va yanada yuksaltirish, milliy ta'lim-tarbiya tizimini takomillashtirish, uning milliy zaminini mustahkamlash, zamon talablari bilan uyg'unlashtirish asosida jahon andozalari va ko'nikmalari darajasiga chiqarish maqsadiga katta ahamiyat berib kelinmoqda". Bu ulkan mashaqqatlar evaziga amalga oshirilib kelinayotgan ta'lim-tarbiya sohasidagi islohotlarning asosiy yo'nalishidir. Hozirgi zamon o'qituvchisidan hayot sinovlariga bardoshli bo'lish, millat qadriyatlarini anglash, jamiyatda o'zining munosib o'rnini topish, yuksak ma'rifatli va ulkan salohiyatli bo'lish, eng so'nggi zamonaviy texnologiyalarni mukammal bilish talab etiladi.

O'qituvchi o'quvchilar bilan muloqot jarayonida yuz berishi mumkin bo'lgan turli ziddiyatli vaziyatlarni tezda bartaraf etishi uchun, avvalo o'z iqtidoriga, pedagogik mahoratiga tayanishi kerak. Pedagogik muloqot asosida erishiladigan yutuqlar o'qituvchining ijodiy mehnati mahsulidir. Bu mehnatning salbiy va ijobiy tomonlari bo'lishi shubhasiz. Faqat har bir vaziyatni oqilona baholash, uni to'g'ri rejalashtirish, tarbiyaviy jarayonlarda aql-idrok bilan muloqotni tashkil etishning o'zi kifoya.

O'qituvchi bilan o'quvchining muloqotda bir-birlarini o'zaro tushunmasliklari, muloqot vositalarining qashshoqligi, har bir o'quvchining ruhiyatiga qarab muomala qilinmasligi, barchaga bir xil majburiy itoatkorlik munosabati, o'quvchilarni tor doiradagi intizomga chaqiruvchi emotsional jihatdan salbiy tus berilgan buyruq shaklidagi muloqot doimiy ziddiyatlarni keltirib chiqaradi. Pedagogik muloqot usullari ustida ishlashning asoslangan tizimini tuzish uchun, har bir oʻqituvchi oʻzining muammolaridan, yoʻl qoʻyilgan kamchiliklaridan kelib chiqib, qiyinchiliklarni tahlil qilish bilan bartaraf etishi lozim.

Pedagogik muloqotga doir barcha mashqlarning umumiy yoʻnalishini mavjud pedagogik vaziyatlarda malaka hosil qilish uchun, har bir muloqot ishtirokchilarining imkoniyatlarini ochishga koʻmaklashuvchi uning shaxsiy hislatlarini rivojlantirib borishni taʼminlovchi vositalardan foydalanish taklif qilinadi. Muloqotga baʼzi oʻquvchilarning subʼektiv qarashlarini aniqlash, shu oʻquvchi bilan muloqotni oqilona hal qilinishi zarur boʻlgan vazifalarni belgilash, uning xulqini tuzatish yoki unda shunchaki ishonch kayfiyatini yaratish kerak.

Mazkur vaziyatlarda oʻzaro harakatlarning tizimli vositalari majmuasi quyidagicha belgilanishi mumkin:

- muloqot jarayonida tarbiyalanuvchi obʼektning javob harakati imkoniyatlarini oldindan koʻra bilish;
- obʼektda psixologik toʻsiq va salbiy qarashlarni keltirib chiqaruvchi vositalarni qoʻlga kiritish;
- vaziyatning oʻzgarishiga qarab foydalanish mumkin muloqotlarning bir nechta modeliga ega boʻlish;
- oʻquvchilar jamoasi fikrlarini tinglash, ularning mulohazalariga qoʻshilish, ularga hamdardlik koʻnikmasini rivojlantirib borish;
- oʻzaro muloqot natijalarini baholash va erishilgan yutuqlar hamda kamchiliklarni pedagogik-psixologik vositalar asosida taqqoslash.

Pedagogik faoliyat va pedagogik muloqot xarakteri oʻqituvchining shaxsi, uning qarashlari nuqtai nazarlarida va xulqida namoyon boʻladigan gʻoyaviy siyosiy saviyasi, professional tayyorgarligi va bilishga intilishi bilan uzviy bogʻliq. Bu asosiy hislatlardan tashqari oʻqituvchining umumiy va boshqa qobiliyati, uning moyilligi xarakteri, muvaqqat psixik holatlari, shuningdek, toʻplangan tajribasi muhim ahamiyatga ega. Oʻqituvchi shaxsining professional jihatlarini oʻz-oʻzini tarbiyalash yoʻllaridan biri oʻzining sifat va hislatlarini, shuningdek pedagogik faoliyat va muloqotlarining barqaror xususiyatlariga, oʻqituvchi bilimining saviyasi va tarbiyalanganligi natijasida erishilgan natijalarini tahlil qilishga doir mashqlarda ham namoyon boʻladi.

Pedagogik muloqotda muomala madaniyati

Mustaqillikdan keyin amalga oshirilayotgan taʼlim tizimidagi islohotlar tufayli ulkan oʻzgarishlar roʻy bermoqda. Odamlarning ongi, dunyoqarashi oʻzgardi. Kadrlar tayyorlash sohasidagi davlat siyosati insonni intellektual va maʼnaviy-axloqiy jihatdan tarbiyalash, uning har tomonlama rivojlangan shaxs sifatida namoyon boʻlishiga erishishni nazarda tutadi. Mazkur ijtimoiy talabning amalga oshirilishida, har bir fuqaroning bilim olishida, ijodiy qobiliyatini shakllantirishda, intellektual jihatdan rivojlantirishda oʻqituvchining muloqot madaniyati va muomalasi muhim ahamiyatga ega. SHuning uchun taʼkidlash joizki, oʻqituvchi kasbiga nisbatan talab va javobgarlik ham kuchaydi, ularning jamiyat oldidagi vazifalari yanada oshdi. Buyuk maʼnaviyatimizni tiklash va yanada yuksaltirish, milliy taʼlim-tarbiya tizimini takomillashtirish, uning milliy zaminini mustahkamlash, zamon talablari bilan uyg'unlashtirish, uni jahon andozalari darajasiga chiqarish, o'quvchilarda mustaqil va erkin fikr yuritish ko'nikmalarini hosil qilish kabi dolzarb vazifalarga javobgarlik o'qituvchilar zimmasiga yuklatildi.

Birinchi Prezidentimiz I.A.Karimov ta'kidlaganidek: «Yosh avlodimizning qalbi va ongini asrash, ularni milliy va umumbashariy qadriyatlar ruhida tarbiyalash, farzandlarimizning dunyoda ro'y berayotgan siyosiy jarayonlarning ma'no-mazmuni va asl sabablarini chuqur anglashi, o'z atrofida sodir bo'layotgan voqealar haqida haqqoniy ma'lumotlarga, eng muhimi, o'z mustaqil fikriga ega, sodda qilib aytganda, oqni qoradan ajratishga qodir bo'lishiga erishish ta'lim-tarbiya va ma'naviy-ma'rifiy ishlarimizning asosiy sharti va mezoni bo'lishi kerak... bugungi vaziyatda mustaqil ong va mustaqil fikrga ega bo'lgan shaxsni tarbiyalash masalasi nafaqat ma'naviy, kerak bo'lsa, muhim siyosiy ahamiyat kasb etadi». Bu vazifalarning bajarilishiga, ta'lim-tarbiya sohasidagi islohotlarning asosiy amalga oshiruvchisi bo'lgan o'qituvchining o'quvchilar bilan o'zaro muomalaga kirishish madaniyati orqali erishiladi. O'quvchi ma'naviy muhitining shakllanishi o'qituvchining yuksak axloq namunasi orqali namoyon bo'ladi. Bu o'rinda o'qituvchining shaxsiy va ijtimoiy harakati pedagogik muloqot madaniyati zamirida shakllanib, takomillashadi.

Pedagogik muloqotda o'qituvchining eng yaxshi fazilatlari va hatti-harakatlari o'quvchining ideali sifatida namoyon bo'ladi. O'quvchining o'qituvchi shaxsi haqidagi qarashlari, uning hatti-harakati, pedagogik mahorati ma'naviy madaniyatiga mos kelmasa, yaxlit pedagogik jarayonni mukammal tashkil etish ham ijobiy natijalar bermaydi. O'qituvchi sub'ekti bilan, o'quvchi ob'ekti o'rtasidagi qattiq avtoritar intizom ham o'zaro muloqot madaniyatiga salbiy ta'sir etadi, natijada o'quvchining ichki hissiyoti hamda shaxsiy fazilatlari rivojlanmaydi.

Pedagogik muloqot madaniyati o'qituvchi faoliyatini muvaffaqiyatga yo'naltiruvchi eng muhim vosita, bunda o'qituvchining muhim fazilati, uning muloqot madaniyatiga asoslangan muomalasidir. Muomala barcha falsafiy va psixologik fanlarda o'ziga xos ta'rifga ega. Pedagogikaning kategoriyasi sifatida muomala o'quvchilar qalbiga yo'l topa olish, ularga yondashish uchun mehrini qozonish, pedagogik nuqtai nazardan ta'lim-tarbiya jarayonida o'quvchilar bilan o'zaro aloqa bog'lashga qaratilgan o'qituvchining pedagogik qobiliyatidir.

O'qituvchi o'quvchilar bilan muomalaga kirishish asosida:

1. O'z ijodkorligini va pedagogik mahoratini namoyish qiladi.
2. Yosh avlodni milliy mafkuramiz va milliy madaniyatimiz ruhida tarbiyalaydi.
3. Sharqona udum va urf-odatlarimiz asosida barkamol shaxsni shakllantiradi.
4. O'zining ta'lim-tarbiyaviy imkoniyatlarini namoyish etgan holda, har bir o'quvchi qalbiga yo'l topadi.

Muomala o'qituvchi faoliyatining muhim tarkibiy qismi bo'lib, o'zida ulkan pedagogik imkoniyatlarni mujassamlashtiradi. Pedagogik muomalada o'qituvchi quyidagilarga qat'iy amal qilishi lozim:

- o'qituvchida tarbiyalash mahoratining shakllanganligi. Uning tarbiyaviy jarayonga oid so'z va ohangni tanlay bilishi va ta'sir o'tkaza olishi;
- muomala ob'ekti bo'lmish o'quvchi diqqatini jalb qiluvchi nutq, pauza, harakat, imo-ishoralarni o'z o'rnida ishlatishi, tarbiyaviy ta'sirni bilishi;

- o'quvchining ichki ruhiyatini, psixologik xususiyatlarini bilgan holda muomalaga jalb etishi, darsni boshlashdan oldin o'quvchilarni ta'lim va tarbiyaviy muloqotga tayyorlashi;
- o'quvchiga og'zaki, o'zaro ta'sir ko'rsatishning tarbiyaviy usullarini bilishi. O'qituvchining nutqi ravon, o'quvchi ongiga ijobiy ta'sir qiladigan bo'lishi.

Nihoyat, o'qituvchining o'quvchilar bilan kundalik muomalasi shunga olib keladiki, u o'quvchilarning hatti-harakatlaridagi chuqur ma'no va haqiqiy sabablarni turli vaziyatlarda payqab oladi, buning uchun namuna sifatida uning o'zi tez-tez qayd qilgan dalillardan va o'quvchilarning xulq-atvop usullaridan foydalanadi. O'qituvchining o'quvchilar bilan muomalasi tarbiyani boshqarish vositasi sifatida qaralib, birlashtiruvchi hamda o'rnini to'ldiruvchi vazifasini bajaradi. Muomala o'zaro munosabatlar doirasida sodir bo'ladi. Boshqarish vositasi bo'lgan muomala pedagogik faoliyatdan oldin sodir bo'ladi.

Pedagogik muloqot o'qituvchining pedagogik faoliyatida o'zaro axborot almashish jarayoni vazifasini bajaradi. O'qituvchi o'quvchilar bilan muloqot jarayonida bevosita o'z tarbiyalanuvchilari, umuman o'quvchilar jamoasi haqida, unda ro'y berayotgan turli ichki hodisalar haqida g'oyat xilma-xil axborotlarga ega bo'ladi va o'zining kelgusi ta'lim-tarbiyaviy rejalarini hamda pedagogik faoliyatini belgilaydi. Shu bilan birga, o'qituvchi muloqot asosida o'z tarbiyalanuvchilariga ma'lum bir maqsadga qaratilgan axborotlar tizimini ma'lum qiladi. Bunda o'qituvchi tomonidan yo'l qo'yiladigan arzimas bir xatolik, adolatsizlik, qo'pollik o'quvchilar bilan o'zaro muloqot madaniyatining buzilishiga sabab bo'ladi va tuzatib bo'lmaydigan og'ir oqibatlarga olib kelishi mumkin. O'qituvchining o'quvchilar bilan o'zaro muloqot madaniyatiga erishishi natijasida quyidagi holatlar paydo bo'ladi:

- pedagogik muloqot orqali o'qituvchi tarbiyalanuvchi ob'ekt bilan o'ziga xos muomala muhitini yaratadi. Bunday muhitda o'qituvchi o'zining psixologik, mimik, pantomimik, notiqlik san'ati, ta'sir o'tkazish kabi qobiliyatlar tizimini namoyish etadi;
- o'qituvchining shirinsuxanligi, ochiq chehrali bo'lishi, samimiy muomalasi muloqotda ijobiy natijalarga erishish kalitidir;
- o'quvchilar jamoasi bilan muomalada o'qituvchining doimo psixologik bilimlarga tayanishi ta'lim-tarbiyaviy faoliyatda bir xil muvozanatni saqlaydi;
- o'qituvchi o'quvchilar jamoasi bilan o'zaro muloqotga kirishar ekan, yaxshi muomalasi bilan ular hissiyotida yashiringan eng nozik qatlamlarni ham anglab olishga qodir bo'ladi.

Mukammal shakllangan pedagogik muloqot madaniyati asosida ob'ekt va sub'ektning ichki hissiyoti bilan ular harakatlarining uyg'unlashuvi sodir bo'ladi. Ushbu o'zaro uyg'unlashuvni yuzaga keltiradigan muloqotning asosiy bog'lovchisi so'zdir. So'z – mazmunan o'qituvchining nutqida, ma'ruzasida, dialog, monolog va deklamatsiyalarida o'z ifodasini topadi.

Pedagogik muloqot madaniyati vositasida o'qituvchi har qanday axborotni qarab chiqar ekan, o'quvchining shaxsi va psixologik xususiyati haqidagi axborotlarning muhimligini alohida e'tiborga olishi lozim. Pedagogik muloqot madaniyati, o'qituvchini g'oyat xilma-xil sharoit va ko'rinishlarga moslashishiga imkoniyat yaratadi. Bular sirtdan qaraganda unchalik ahamiyatli bo'lmasada, o'quvchi ichki dunyosida sodir bo'layotgan, uni tushunish uchun juda muhim bo'lgan zarur ichki jarayonlar ko'rinishlarining alomatlarini bilib, ta'lim-tarbiyaviy faoliyat olib boradi.

O'qituvchi o'quvchining ichki dunyosini tushunib, muloqotga kirishishi lozim. O'qituvchining muloqot madaniyati asosida gapiradigan har bir so'zi, fikri, turli hodisa va jarayonlar o'quvchilar tomonidan har xil ko'rinishda tushuniladi, bu o'quvchining fikr-mulohazasiga, ichki dunyosining teranligiga, tafakkuri va dunyoqarashining kengligi bilan izohlanadi, bunda o'qituvchi mahoratining uchta jihatiga alohida e'tibor qaratiladi: hayotiy tajribasi; pedagogik faoliyat jarayonida egallagan ko'nikma va malakasi; muayyan o'quvchilar jamoasi bilan muomalada bo'lish tajribasi.

Sharqona tarbiya va muosharat odobining muloqotga ta'siri

Odamlarning mehr-oqibati, bir-birlariga nisbatan o'zaro hurmat e'tiborda bo'lishlari muloqot jarayonida namoyon bo'ladi. Xalqimizda azaldan muloqot salomlashish madaniyatidan boshlanadi. Salomlashish turli xalqlarda har xil amalga oshiriladi. Xalqimizda salomlashish axloqlilikning yuksak namunasi sifatida e'tirof etilib, uning negizida umuminsoniy qadriyatlarning ustuvorligi, shu millatning ruhiy xususiyatlari, o'zaro munosabatlarining ma'naviy asoslari, bo'lajak muloqotning xarakteri, o'zaro hamkorligi aks etadi. "Qur'oni karim"da salomlashish odobi musulmon ahlining qat'iy majburiy burchi tarzida bayon etiladi: "Ey mo'minlar, o'z uylaringizdan boshqa uylarga to izn so'ramaguningizcha va egalariga salom bermaguningizcha kirmangiz. Mana shu sizlar uchun yaxshiroqdir. SHoyad ushbu eslatmadan ibrat olsangizlar".

Ajdodlarimiz madaniy va ma'naviy merosi, ular yaratgan so'z, xalq tilining tuganmas boyligi yosh avlodni tarbiyalashda muhim ahamiyat kasb etadi. Bu o'rinda Abu Nasr Forobiy, Abu Abdulloh al-Xorazmiy, Yusuf Xos Hojib, Ahmad Yugnakiy, Xisrav Dehlaviy, Abu Hamid G'azzoliy, Kaykovus, Shayx Sa'diy, Alisher Navoiy, Zahiriddin Muhammad Bobur va boshqa Sharq va g'arb donishmandlarining boy meroslarida farzandlarni tarbiyalash va kamolotga etkazish asosiy muammo sifatida targ'ib qilingan.

Ular so'zni va nutqni ta'lim-tarbiyada ilohiy ne'mat va hikmat deb bilishgan hamda har bir so'zning o'z o'rni va ahamiyati borligini, tarbiyada so'zdan kuchliroq va qudratliroq narsa yo'qligini, tilga e'tibor – elga e'tibor ekanligini, so'z sehri mo''jizalar yarata olishini ta'kidlab kelganlar. Bularning barchasi mudarris va shogirdlarning samimiy muloqoti jarayonida amalga oshirilgan. Mudarrislar barkamol va tarbiyalangan insonning o'nta nishonasi borligini alohida ta'kidlashgan:

- birinchisi: xalq to'g'ri deb topgan narsaga noto'g'ri deb qaramaslik;
- ikkinchisi: yoshlikdan o'z nafsiga erk bermaslik;
- uchinchisi: birovlardan aslo ayb qidirmaslik;
- to'rtinchisi: yomonlik va omadsizlikni yaxshilikka yo'yish;
- beshinchisi: agar gunohkor uzr so'rasa, uzrini qabul qilish va
- kechirimli bo'lish;
- oltinchisi: muhojirlar hojatini chiqarish;

- ettinchisi: doimo el g'amini eyish;
- sakkizinchisi: aybini tan olish;
- to'qqizinchisi: el bilan ochiq chehrali bo'lish;
- o'ninchisi: odamlar bilan doimo shirin muomalada bo'lish.

Muloqot Sharqona tarbiyada axloq ko'rki sanalgan. Muallim har bir o'quvchining qanday dunyoqarashga egaligi, tafakkuri, bilim saviyasi, hayotga nisbatan munosabati odamlar bilan o'zaro muloqotida namoyon bo'lishini uqtirgan. Sharq mutafakkirlari merosida muloqot – azaldan insonlar o'rtasidagi o'zaro aloqa vositasi bo'lgan. Muloqotning asosiy quroli til hisoblangan. SHuning uchun ham til – aloqa quroli sifatida ta'riflanadi.

Insonning tili shirin, muomala madaniyatiga ega bo'lsa, qisqa vaqt ichida xalq orasida obro'-e'tibor topadi. Ko'p gapirish hech qachon kishiga obro' keltirmaydi. SHuning uchun ham o'tmishda yashab o'tgan mutafakkirlarimiz tilga, aytiladigan har bir so'zga hurmat bilan, o'ylab yondashish lozimligini uqtirib o'tganlar. O'qituvchi "so'z aytishdan avval, har daqiqada so'z ortidan keladigan oqibatlarni o'yla"shi (I.P.Pavlov) kerak. Alisher Navoiy adabiy meroslarida muomala madaniyati, xushmuomalalik, tilning ahamiyati to'g'risida, shirinso'zlik haqida noyob fikrlarni bayon qilgan. Bygungi kunda ham bu fikrlar o'z ahamiyatini yo'qotgan emas. «Til shirinligi – ko'ngilga yoqimlidir, muloyimligi esa foydali. Shirin so'z sof ko'ngillar uchun acal kabi totlidir», - deydi Alisher Navoiy.

O'quvchilar nutqini o'stirishda o'qituvchining til boyligi muhim ahamiyatga ega: bir tomondan, shirin tillilik o'quvchini o'qitish va tafakkurini rivojlantirishning muhim omili bo'lib hisoblanadi. Bundan shunday xulosa kelib chiqadiki, o'qituvchining til boyligi nutqining obrazli, chiroyli, jarangdor, namunali bo'lishini ta'minlaydi, natijada o'quvchi diqqatini o'ziga jalb etadi. Zotan, til va nutqning teranligi, o'qituvchining mahoratini, ma'naviy boyligini, o'qituvchilik qobiliyatining qay darajada ekanligini ifodalaydigan o'lchov, ko'rsatkich hisoblanadi. Amerika shoiri Rolf Emerson: "Nutq qudratli kuch: u ishontiradi, undaydi, majbur qiladi", deydi. SHarq mutafakkirlari ijodida til va nutq vositalari orqali notiq, voiz, badihago'y, qissaxon kabi maxsus san'at ahillari va mudarrislar diniy, ta'lim-tarbiyaviy, islomiy aqidalarni ommaga singdirishgani, pand-nasihatlar qilishgani bayon etiladi. Ushbu nutq sohiblari keng qamrovli bilimga, boy axborotga ega bo'lishgan.

Alisher Navoiy "Voiz olimning o'zi avvalo halol ish ko'ruvchi bo'lishini, uning nasihatidan chiqmaslikni" asarlarida bayon etgan. Shuning uchun til shirinligi va notiqlik san'ati ustida ishlash, nutq madaniyatini takomillashtirib borish har bir o'qituvchining eng asosiy ijtimoiy burchi va mas'uliyati xicoblanadi. Ta'lim-tarbiya jarayonida nutqning ta'sir kuchi nihoyatda beqiyosdir. O'qituvchining tili nutqiy qobiliyati o'quvchilarning o'zlarini tuta bilishlariga, xulq-avtori va fikr yuritishlariga ulkan ta'sir etuvchi kuchli vositalardir. O'qituvchining "til boyligi va notiqlik san'ati barcha zamonlarda yonma-yon yashab kelgan" (A.P.Chexov). Uning his tuyg'usi, intilishlari, iroda va e'tiqodi nutqida aks etadi. O'qituvchi til boyligi bilan o'quvchilarda xursandchilik, ruhlanish, muhabbat, Vatanga sadoqat, g'azablanish, nafratlanish hissiyotlarini uyg'otadi, bilim olishga undaydi. SHuning uchun o'qituvchi "tilning xalq o'tmishi, hozirgi va kelajak avlodni buyuk bir yaxlitlikka, tarixiy, jonli bir jipslikka aylantiruvchi eng hayotiy, eng boy va eng mustahkam vosita" (K.D. Ushinskiy) ekanligini unutmasligi kerak.

Kishilarning bir-birlari bilan o'zaro munosabatlarida shirinsuxanlik, go'zallik, so'zlashuv ohangidagi muloyimlik "Muosharat odobi" deyiladi. Muosharat odobi insonning go'dakligida ota-ona bag'rida, oilada shakllantirilishi kerak. "Qush uyasida ko'rganini qiladi", deyiladi xalq maqollarida. Oilada o'rganilgan muosharat odobining poydevori mustahkam bo'ladi. Bola maktabda, ulg'aygach esa, ijtimoiy muhitda ko'nikma hosil qilish jarayonida oilasida o'rganilgan muosharat odobining kuch-qudratini doimo his qiladi.

O'quvchilarga muosharat odobini shakllantirish uchun o'qituvchining o'zi avvalo xushmuomalaligini namoyish etib, o'quvchilar qalbiga yo'l topa olishi, mehribonligi, ular bilan hamdard, hamfikr bo'lib, o'rnak bo'lishi muhim ahamiyatga ega. Sharq mutafakkirlari asarlarida muosharat odobi turli ko'rinish va nomlarda bayon etiladi. Jumladan, Al Forobiyning "Fozil odamlar shahri" asarida asosiy g'oya – fozil kishilar obrazi. U kim bo'lishidan qat'iy nazar shohmi, gadomi, oddiy fuqaromi fozil kishidir. SHaharning fozil kishilari bir-birlariga nisbatan hurmat va izzatda bo'ladilar. Ota-ona va farzand, ustoz va shogird, do'stlar, qarindoshlar o'rtasida sharqona nazokat, mehr va ehtirom mavjud. Forobiy asarida bundan bir necha asr ilgari ham ota-bobolarimizning ma'naviyati naqadar yuksak bo'lganligi va bu avlodlarga o'rnak bo'lishi ta'kidlanadi. Onore de Balzak "Xushmuomalalik va kamtarlik kishining chinakam ma'rifatli ekanligidan dalolat beradi", deydi. Ingliz donishmandi Jon Libbok: "Odamlar boodoblilik yordamida hattoki kuch bilan erishish mumkin bo'lmagan g'alabalarga erishishi mumkin"ligini aytadi. Demak, muosharat odobi nafaqat milliy an'analarimiz va urf-odatlarimizning ko'zgusi bo'lgan, balki dunyodagi barcha xalqlarning noyob insoniy fazilati sifatida e'tirof etilgan.

Insonning eng ulug', lekin murakkab va mashaqqatli faoliyatlaridan biri odamlar orasida, ya'ni jamiyatda o'z o'rnini topib yashashidir. By faoliyatning murakkabligi shundaki, ko'pchilikka qo'shilish, ular bilan ahil bo'lib yashash uchun insonda shunga yarasha muomala va munosabat bo'lishi kerak. Muomala va munosabatda o'quvchilarning diliga to'g'ri kelmaydigan qo'pol va dilozor munosabat olib boruvchi o'qituvchilarni hech kim yoqtirmaydi. O'quvchilar xushfe'l, shirinsuxan, adolatparvar, muomalasi shirin o'qituvchi va tarbiyachilarni dildan yoqtirishadilar va hurmat-e'tibor qilishadi. Insonlar orasida munosib o'rinini topish, inoq va hamjihat bo'lib yashash shartlaridan biri odamning kamtarligidir. Kamtarin inson hech qachon o'zining yutug'i bilan, badavlatligi bilan, ilm-hunari bilan maqtanmaydi, hamma vaqt kamgap, sodda bo'ladi. Ammo insondagi kamtarlik samimiy bo'lmog'i zarur .Shirin so'z muloqotga kirishishning asosiy qurolidir. U inson qalbini ilitadi, qo'pol co'z inson kalbini jarohatlaydi. O'qituvchining "aql-zakovati, fikri, his-tuyg'ulari, bilimi va madaniy saviyasi, tafakkuri ma'lum darajada so'zda ifoda etiladi. Muomala madaniyatida so'z aqldan kuch, tildan ixtiyor oladi" (Aziz Yunusov). Chunki so'zning qudrati katta. O'qituvchi o'z so'ziga, tiliga nihoyatda ehtiyotkor bo'lmog'i lozim. Eng avvalo, o'quvchilarga muomala madaniyatini, kattalar oldida o'zini tuta bilishi, gapini bo'lmasligi, yoshi ulug'larga gap qaytarmaslikni o'rgatish zarur.

Muloqot madaniyati hamma joyda kerak. Ish joyida, transportda, uyda biz kim bilan qanday muomala qilishni bilishimiz zarur. O'qituvchining qanchalik bilimli, aql-zakovatli ekanligi o'quvchilar va ularning ota-onalari bilan olib boradigan muloqoti orqali namoyon bo'ladi.

Odamlar butun ichki dunyosini, maqsadini, muomala va munosabatlarini bir-birlariga so'z yordamida etkazadilar, amalga oshiradilar. SHu tufayli so'zlashuv munosabatlari nihoyatda go'zal va muloyim bo'lishini hayot taqozo etadi. So'zga boy, shirinsuxan kishilarning muomalalari yoqimli, ishi ham yurishgan bo'ladi. Bunday kishilarni yoqtiradilar, hurmat qiladilar. So'zlashuv ham o'ziga xos san'atdir. Bu san'atning ildizi muosharat odobi bo'lib, uni mukammal o'rganish har bir inson uchun zarur. SHy bilan birga, ona tilini mukammal o'rganmoq va sof adabiy tilda o'quvchilar bilan muloqot qilish o'qituvchining notiqlik qobiliyatidir.

Muloqot asosida ma'naviy madaniyatni shakllantirish mezonlari va omillari

O'zbekiston Respublikasining birinchi Prezidenti I.A.Karimov mustaqillikning dastlabki yillaridayoq mamlakatimizni rivojlantirishning ma'naviy-axloqiy negizlari haqida o'z fikrlarini bayon etgan: "Mustaqil O'zbekistonning kuch-qudrat manbai – xalqimizning umuminsoniy qadriyatlarga sodiqligidir. Xalqimiz adolat, tenglik, ahil qo'shnichilik va insonparvarlikning nozik kurtaklarini asrlar osha avaylab asrab kelmoqda. O'zbekistonni yangilashning oliy maqsadi ana shu an'analarni qayta tiklash, ularga yangi mazmun bag'ishlash, zaminimizda tinchlik va demokratiya, farovonlik, madaniyat, vijdon erkinligi va har bir kishini kamol toptirishga erishish uchun zarur shart-sharoit yaratishdir".

Darhaqiqat, O'zbekiston zaminida Sharq ma'naviy madaniyatining muhim jihatlari uyg'onish davrida rivojlangan bo'lib, bu davrda yashab ijod etgan al-Xorazmiy, al-Kindiy, Abu Nasr Forobiy, Abu Ali ibn Sino, Abu Rayhon Beruniy, Firdavsiy, Umar Xayyom, Yusuf Xos Hojib, Ahmad Yassaviy, Shayx Sa'diy, Tusiy, Mahmud Qoshg'ariy, Ahmad Yugnakiy, Lutfiy, Mirzo Ulug'bek, Abdurahmon Jomiy, Alisher Navoiy kabi ko'plab mutafakkirlarning ijodlari pedagogik tafakkur taraqqiyotida, insonning ma'naviy-axloqiy kamolotida, umumbashariy ma'naviy qadriyatlarning yuksalishida muhim bosqich bo'ldi. Ular Sharqona axloq-odob talablari asosida komil insonni tarbiyalashning ma'naviy asosini yaratishga muvaffaq bo'ldilar.

Ushbu davr ma'naviy qadriyatlari mazmunida avvalo, insonning ichki va tashqi holati, hissiyoti, mehnatga, turmushga munosabati, mehr-oqibati, muhabbati, sadoqati, bilim o'rganishga intilishi, ma'naviy kayfiyati, aql idroki, erki, insonni tabiatning eng buyuk mahsuli sifatida kuylash, tasvirlash, oliy axloqli, yuksak insoniy fazilatlarga ega bo'lgan adolatli jamoa vakilini tarbiyalash g'oyasi ilgari surilgan. Ularning yosh avlod ma'naviy madaniyatini tarbiyalashdagi ahamiyati ham naqadar bebaho ekanligini ta'kidlab, birinchi Prezidentimiz I.A.Karimov "Yuksak ma'naviyat – engilmas kuch" nomli asarida ma'naviyat tushunchasiga shunday ta'rif beradi: "...Ma'naviyat – insonni ruhan poklanish, qalban ulg'ayishga chorlaydigan, odamning ichki dunyosi, irodasini baquvvat, iymon-e'tiqodini butun qiladigan, vijdonini uyg'otadigan beqiyos kuch, uning barcha qarashlarining mezonidir, desak menimcha tariximiz va bugungi hayotimizda har tomonlama o'z tasdig'ini topib borayotgan haqiqatni yaqqol ifoda etgan bo'lamiz". Demak, ma'naviy madaniyat manbalarida ilgari surilgan g'oyalarga amal qilish, ularni yosh avlodga o'rgatish va ongiga singdirish o'qituvchining jamiyat va Vatan oldidagi yuksak burchidir.

Inson o'z qadr-qimmatini va o'zligini umumta'lim maktablarida ta'lim-tarbiya jarayonida anglay boshlaydi. Ta'lim muassasalarida o'qituvchi tomonidan o'zaro muloqot asosida olib boriladigan quyidagi xususiyatlar negizida o'quvchilarda muloqot orqali ma'naviy madaniyatni shakllantirish mezonlari (O.Musurmonova) ifodalangan:

• har bir insonning qiziqishlarini ko'ra bilish, his etish va hurmat qilish;
• milliy-ma'naviy madaniyat manbalarini o'rganish, o'zligini anglashga ehtiyoj;
• inson hayotida mehnatning o'rnini to'g'ri tushunish;
• insonparvarlik, mehr-oqibat, iymon, e'tiqod, milliy qadriyatlarni e'zozlash;
• Vatanga muhabbat, sadoqat, o'z manfaatlarini jamiyat, xalq manfaatlaridan yuqori qo'ymaslik;
• ota-ona, qarindoshlar va boshqa atrof-muhitidagi kishilarga nisbatan muruvvatli, saxovatli bo'lish.

O'qituvchi ta'lim-tarbiyaviy jarayonda o'quvchilar ma'naviy madaniyatini shakllantirishda muloqotning cheksiz imkoniyatlaridan foydalanib ong va faoliyat birligini ta'minlashi taqozo etiladi. Ma'naviy ong o'quvchining dunyoqarashi, bilimi, his-tuyg'usi, idroki, irodasi va diqqatining majmuasi bo'lib, u o'qituvchining pedagogik mahorati negizida ta'lim-tarbiyaviy faoliyat asosida shakllantiriladi. O'z navbatida ong ham faoliyatga ta'sir ko'rsatadi va uni tartibga soladi.

O'quvchi tarbiyaviy muhitda uyushtirilgan ma'naviy faoliyatda ma'naviy madaniyat muammolarini erkin, ongli va adolatli echa olishga intilishi ta'minlanishi kerak. O'qituvchi bilan o'zaro muloqot jarayonida o'quvchi ongli ravishda o'z munosabatlarini bildirishga, to'g'ri xulosa chiqara olishga, milliy g'urur asosida ularni avaylashga, asrashga, sevishga, umrboqiyligini ta'minlashi ma'naviy burchi ekanligiga o'rgatiladi.

O'zbekiston Respublikasining birinchi Prezidenti I.A.Karimov o'zining "Yuksak ma'naviyat – yengilmas kuch" nomli asarida: "Ma'naviyatni shakllantirishga bevosita ta'sir qiladigan yana bir muhim hayotiy omil – bu ta'lim-tarbiya tizimi bilan chambarchas bog'liqligidir. Ta'limni tarbiyadan, tarbiyani esa ta'limdan ajratib bo'lmaydi – bu sharqona qarash, sharqona hayot falsafasi.

Ma'naviyatni tushunish, anglash uchun avvalo insonni tushunish, anglash kerak. Shuning uchun ham o'zligini, insoniy qadr-qimmatini anglab etgan har qanday odam bu haqda o'ylamasdan yashashini tasavvur qilish qiyin", – deb ta'kidlaydi.

Ma'naviy madaniyatning muhim belgilarini shakllantirishda, ta'lim-tarbiya tizimini ma'naviy muhit, ma'naviy faoliyat va ma'naviy anglash bosqichlaridan iborat andozalar asosida tashkil etishda ushbu mezonlar talablariga rioya qilish belgilangan maqsadni samarali amalga oshirish imkoniyatini beradi. Bunda o'qituvchining muloqoti asosida o'quvchilar ma'naviy madaniyatini shakllantirish jarayoniga ta'sir etuvchi quyidagi omillar ham muhim ahamiyatga ega:

1. O'quvchi ma'naviy faoliyat asosida o'zligini anglashni shakllantirish uchun ma'lum bir muhitda ma'naviy qadriyatlar bilan harakat orqali muloqotga kirishadi. Harakatsiz muhit va faoliyat bo'lishi mumkin emas. SHuning uchun o'quvchilar ma'naviy madaniyatini shakllantirish samaradorligini ma'naviy harakat omili ta'minlaydi.

2. Ma'naviy qadriyatlarning mohiyati, ma'naviy-axloqiy tajriba, o'qituvchining ta'sirchan nutqiy muloqoti vositasida o'quvchi ongiga singdiriladi. Nutqiy aloqalar tarbiya jarayoni ob'ektlari va sub'ektlari orasida kechadi va o'quvchi ma'naviy madaniyatini shakllantiruvchi omil bo'lib xizmat qiladi. O'quvchining xulq namunasi, ma'naviy harakati, nutqiy aloqalar samaradorligi o'qituvchi va o'quvchining muloqoti asosidagi faoliyat munosabatlari bilan belgilanadi.

3. Ma'naviy qadriyatlarning tarbiyaviy mohiyatidan ta'sirlanish va amaliy faoliyatda ularga tayanish, umuminsoniy qadriyatlar darajasiga ko'tarilishini ta'minlab, o'quvchi ma'naviy madaniyatini tarbiyalashdagi ahamiyatini takomillashtirish ta'lim-tarbiya jarayonining ishtirokchilaridan (o'qituvchi va o'quvchi) doimiy ijodkorlikni talab qiladi. Ijodkorlik – milliy-ma'naviy qadriyatlar asosida o'quvchi ma'naviy madaniyatini shakllantirishda muhim omil hisoblanadi. O'qituvchi ta'lim-tarbiya jarayonida uning imkoniyatlaridan keng va samarali foydalanadi.

4. O'quvchi ma'naviy madaniyatini shakllantirishning muvaffaqiyati o'qituvchining muloqot olib borish psixologik taktikasi omillariga ham bog'liq.

Ushbu omilni harakatlantiruvchi sharoitlar:

– o'qituvchining pedagogik-psixologik bilimlar va maxsus fanlar integratsiyasi bo'yicha chuqur bilimga ega bo'lishi;

– mutaxassisligi bo'yicha kasbiy mahorati;

– o'quvchilar bilan o'zaro do'stona muloqot madaniyati;

– o'quvchilarning ruhiy holatini tez bilib olishi;

– o'qituvchi ma'naviy madaniyatining shakllanganlik darajasi;

– ta'lim-tarbiyaning zamonaviy usul va metodlarini tanlay bilishi;

–zamonaviy pedagogik va axborot texnologiyalari to'g'risida chuqur ma'lumotlarga ega bo'lishi;

– o'qituvchining pedagogik jamoa orasidagi hurmat – e'tibori.

5. O'qituvchi muloqot asosida o'quvchilarda ham ijodkorlik omilini takomillashtirib boradi. O'quvchida uning sifatlari quyidagi belgilar bilan namoyon bo'ladi:

• ma'naviy qadriyatlarni, an'analarni o'zlashtirishga qiziqishda ehtiyoj va talabning kuchliligi;

• o'rganilayotgan fanlar asoslarini egallashga ijobiy munosabat;

• ma'naviy madaniyat saviyasi, dunyoqarashi;

• o'z-o'ziga nisbatan talabchanlik;

• tabiatga, atrof-muhitga ongli munosabat;

• yangiliklarni va axborot texnologiyalarini o'rganishga qiziqish;

• ijtimoiy va shaxsiy faolligi;

• nazariy bilimlarni amaliyotda qo'llay olish ko'nikmasi;

- tashabbuskorligi va ijodkorligi.

O'quvchilarda ma'naviy madaniyatni shakllantirish jarayonining muvaffaqiyatli borishi ta'lim mazmuniga asoslanib, o'qituvchi va o'quvchining o'zaro hamkorlikdagi faoliyatini to'g'ri tashkil etish saviyasiga bog'liq.

Nazorat savollari

1. Muomila madaniyati deganda nimani tushunasiz?
2. O'qituvchining o'quvchilar bilan muloqot madaniyati individual uslublarini shakllantirish metodikasi qaysi bosqichlarni o'z ichiga oladi?
3. O'qituvchi muloqot madaniyati asosida faoliyat olib borgan taqdirda ham, o'quvchilar jamoasi orasida turli tushunmovchiliklar, ziddiyatlar paydo bo'lishi tabiiy hol. Bunday vaziyatda o'qituvchi qanday yo'l tutushi kerak?
4. O'zbekistonda ta'lim-tarbiya va pedagogik muloqotning o'ziga xos an'analari, milliyligimizga mos shakl va metodlari mavjudligi to'g'risida I.A.Karimov asarlarida qanday fikrlar bildirilgan?
5. O'qituvchi bilan o'quvchining muloqotda ziddiyatlarni keltirib chiqaruvchi omillarga nimalar kiradi?
6. O'qituvchi faoliyatini muvaffaqiyatga yo'naltiruvchi eng muhim vosita nima?
7. Buyuk ajdodlarimizdan kimlarning boy meroslaridan va boshqa Sharq va g'arb donishmandlarining boy meroslarida farzandlarni tarbiyalash va kamolotga yetkazish asosiy muammo sifatida targ'ib qilingan?
8. Mudarrislar barkamol va tarbiyalangan insonning o'nta nishonasi borligini alohida ta'kidlashgan. Ularni sanab bering.
9. O'qituvchi "so'z aytishdan avval, har daqiqada so'z ortidan keladigan oqibatlarni o'ylashi kerak". Ushbu fikr kimga tegishli?
10. Alisher Navoiy adabiy meroslarida muomala madaniyati, xushmuomalalik, tilning ahamiyati to'g'risida, shirinso'zlik haqida qanday fikrlarni bayon qilgan?

5-Ma'ruza
Pedagogik nazokat va odob-axloq.

Reja:

1. Pedagogik nazokat haqida tushuncha.
2. Pedagogik nazokatning mohiyati va xususiyatlari.
3. O'qituvchi nazokatida dilkashlik va pedagogik takt.

4. Yosh o'qituvchilarning kasbiy-pedagogik dilkashligini o'rganish dasturi.

Tayanch so'z va iboralar: Pedagogik nazokat, bir qolipdagi fikrlar, dialog, dilkashlik, ekstravert shaxslar, introvert shaxslar, tafakkur, xushmomlalik.

Pedagog o'quvchilar oldida nihoyatda odobli xatti-harakatlarni qilishi, noto'g'ri harakatlardan saqlanishi lozim, aks holda o'qituvchi hurmati keta boshlaydi.

Pedagogik nazokat me'yori tuyg'usi o'z o'quvchilari bilan to'g'ri munosabat qoidalariga amal qilishdir.

Pedagogik nazokatning asoslari deb, bir qolipdagi fikrlar (barqaror tasavvurlar) ijtimoiy yo'l-yo'riqlar va shaxsiy xislatlar jamini aytish mumkin, ular o'qituvchinnng o'quvchilar bilan muomalasi sohasidagi xulq-atvorini belgilab beradi. O'qituvchining pedagogik nazokati mazmuni va uni namoyon bo'lishi shakllarini belgilab beradigan ayrim ijtimoiy yo'l-yo'riqlarni ko'rib chiqamiz.

O'qituvchi o'z o'quvchilari bilan munosabatlarini (dialog) muloqot tarzida bo'lishini tushunishi lozim, ya'ni muhimdir.

Agarda o'qituvchilarning o'quvchilar bilan munosabatlari ishonch asosida qurilgan bo'lsa, bunday muloqot ijobiy bo'ladi.

Agar bolalar bilan o'qituvchi o'rtasida ishonch munosabatlari o'rnatilgan bo'lsa, ular hayotning og'ir damlarida uning huzuriga yordam so'rab keladilar, o'z quvonchlarini baham ko'radilar. Pedagogik nazokat me'yorda bo'lgani ijobiy namoyon bo'ladi. Agarda haddan tashqari chegaradan chiqib ketsa, zerikishlar paydo bo'ladi, ishonchsizlik yuzaga kela boshlaydi.

Pedagogda adolat bo'lishi, bolani o'qituvchiga bo'lgan ishonch-muhabbatiga olib keladi. Albatta pedagogda vijdon bo'lishi kerak. Pedagog hech qachon o'z fikrini o'quvchilarga majburan o'rgatishga va majburan javob olishga harakat qilmasligi kerak, aks holda o'quvchi o'qituvchi o'rtasidagi munosabatlar keskinlasha boshlaydi, adolat buziladi. Izzat-nafsni boy bermaslik kerak. Pedagogning o'quvchilar bilan bo'ladigan barcha munosabatlari adolatli, vijdonan hal qilinishi lozim, tushunmovchiliklar sodir etilgan paytda ularni ijobiy xal etishga harakat qilinmog'i zarurdir.

Bir qolipdagi fikrlar umuman pedagogik faoliyatda va xususan o'quvchilar bilan munosabatlar sohasida ijobiy rol o'ynashi mumkin. Ular pedagogning g'ayratini tejaydi, ancha tez pedagogik ta'sir etishga yordamlashadi.

Lekin bir qolipdagi fikrlar ham salbiy holatlarni yuzaga keltirishi mumkin. Masalan: dars jarayonida kulgili holat sodir bo'lsa, bu holatga mos kulgili vaziyat qilmasdan, balki unga jiddiy tus berish, qatiy javob berilsa, vaziyat murakkablashadi, xolos.

Bunday misollarni ko'plab keltirishimiz mumkin, Bular haqida o'tmish mutafakkirlarimiz fikrlarini keltiramiz:

«O'zga odamning dahlsizligi, nozikligi, hamiyatini ehtiyot qil, odamlarga yomonlik qilma, ranjitma, dilini og'ritma, tashvish va notinchlikka yo'l qo'yma»,- degan edi V. A. Suxomlinskiy.

«Kimki insoniylikni o'zida sinab ko'rmagan ekan, u hech qachon odamlarni chuqur bilmaydi». N. G. Chernishevskiy.

«Birovni erga ursang, u bilan oʻzing ham yerga urilasan». B. Vashington.

«Sening har bir xulq-atvoring boshqa kishilarga taʼsir etadi, yoningda inson borligini unutma». B. A. Suxomlinskny.

«Kishini erkalash hech qachon ziyon keltirmaydi».

«Oʻzgalar aybiga tetik nazar sol,

«Oʻz aybing koʻrgandek, undan ibrat ol». Nizomiy Ganjaviy.

«Yaxshi kishi koʻrmagay yomoshlik hargiz,

«Har kimki yomon boʻlsa, jazo topqusidir». Bobur.

Oʻqituvchida pedagogik nufuz boʻlishi oʻkuvchilarning estetik didini oʻstirishga yordam beradi. Oʻqituvchida nazokat boʻlishi, oʻquvchilarni bir-biriga sadoqatli, odobli boʻlishga, shirinsuxanlikka boshlaydi. Mutafakkirlarning aytishicha, pedagog bolalar va ayniqsa katta yoshdagi oʻsmirlar oʻrtasidagi ziddiyatlarga juda ehtiyotkorlik bilan aralashishi lozim. Shuningdek ziddiyatlarning shunday sohasi borki, unda pedagoglarning aralashuvi nihoyatda cheklanadi.

Baʼzi bir ziddiyatlarni ham butun bir jamoada muhokama qilish oʻz natijasini bermasligi mumkin, bunday vaziyatlarda yirik pedagoglar fikri va mulohazalari bilan maslahatlashgan holatda amalga oshirilsa foydadan holi boʻlmaydi. Oʻqituvchilarning muhim ijobiy xususiyatlaridan biri dilkashlikdir. Anʼanaviy dilkashlik yoki odamlarga aralashmaslik shaxsning oʻziga xos xususiyatlari deb qaraladi, bu butunlay qonuniy holdir. Lekin bunday yondashuv bir tomonlamadir. Dilkashlik odamlarga aralashmaslik shaxsni oʻziga xos xususiyatlari boʻlibgina qolmay, shu bilan birga odamning u yoki bu vaziyatdagi muayyan xulq-atvori hamdir. Shaxsning xususiyati boʻlgan dilkashlikni atrofdagilar bilan barqaror, kuchli rivojlangan aloqalarga intilish sifatida taʼriflash mumkin. Bu intilish odamlar bilan tez aloqa oʻrnatishni birga qoʻshib olib boradi.

Oʻqituvchining dilkashlik xususiyati va uning ahamiyati.

Pedagogikada axloq va odobning muhim xususiyatlaridan biri boʻlmish dilkashlik insonning atrofdagi odamlar bilan barqaror, yaqin munosabatda boʻlishga intilishi deb taʼriflanadi. Bu intilish oʻqituvchining oʻquvchilar va atrofidagi kishilar bilan tez aloqa oʻrnata olishi va belgilangan maqsadga erishishini taʼminlaydi. Albatta bu jarayon birdaniga sodir

boʻlmaydi, ayniqsa yosh oʻqituvchilardan psixologik bilim, kishilar bilan muloqotda xushmuomalalik, ehtiyotkorlik talab qilinadi.

Psixologlar oʻqituvchilaming dilkashlik xususiyat ikki toifadagi odamlar xarakterida mujassamlashgan deb taʼkidlaydilar:

Birinchisi. ekstravert shaxslar: Ular barcha ishlarda faol, jiddiy va vazmin, osoyishtalikka va tashqi taʼsirchanlikka moyil kishilardir.

Ikkinchisi. introvert shaxslar: Ular faqat oʻz ichki olamiga beriluvchan, atrofidagi odamlarga aralashmaydigan, oʻz-oʻzini nazorat qilishga, doimo ichki xavotirga moyil kishilardir.

Pedagog olimlar oʻqituvchining dilkashligi ekstravert yoki introvert xususiyatlarga ega boʻlgan shaxslar xarakterining birlashuvida paydo boʻlishini taʼkidlaydilar. Biroq, koʻpincha, pedagogikada ekstravert tipdagi shaxslar dilkash insonlar sifatida eʼtirof yetilganlar. Oʻqituvchida ushbu hislatlarning mavjudligi, uning pedagogik nazokat qoidalariga rioya qilib dilkashlik xususiyatlarini rivojlantirishi pedagogik mahorat sirlarini takomillashtirish zamini va shartidir.

Dilkashlik munosabatini doimiy ravishda o'z kasbiy faoliyatida mujassamlashtirgan o'qituvchi quyidagilani unutmasligi kerak:

• sinf jamoasiga nisbatan bir qolipdagi fikrlarning muayyan tizimiga ega bo'lishi;

• o'quvchilar bilan doimo erkin muloqot qila olishi, har bir o'quvchisiga individual shaxs sifatida yondashishi;

• birorta ham o'quvchisining yompn bo'lishiga, ularning hurmat e'tiborini qozonmasligi mumkin emasligiga ishonch hosil qilishi;

• biror o'quvchiga nisbatan ishonchsizlik, salbiy munosabat sinf jamoasi bilan o'zaro yaxshi munosabatni yo'lga qo'yilishiga xalaqit qilishini bilishi;

• o'quvchilar bilan muloqotda haddan tashqari masofani (subardinatsiya) saqlash mumkin emasligi;

• sinf jamoasida sodir boladigan kulgili vaziyatlarda o'qituvchining o'ta jiddiy va qat'iy bo'lishi jamoadagi qaltis ahvolni murakkablashtirib yuborishini unutmasligi;

• har bir o'quvchiga beriladigan xolisona va adolatli baho (ijobiy yoki salbiy) o'qituvchi va o'quvchi orasidagi munosabatni mustahkamlaydigan ko'prik ekanligini unutmaslik.

O'qituvchining kasbiy pedagogik faoliyatida dilkashlik fazilati o'quvchilar jamoasi bilan qizg'in, muvaffaqiyatli muloqotga kirishib ketishida namoyon bo'ladi. Avvalo, o'qituvchi o'zining kasbiy-pedagogik dilkashlik fazilati haqida va uning nima ekanligini va tarkibiy qismlari nimalardan iboratlig to'g'risida aniq ma'lumotga ega bo'lishi lozim.

Shu bilan birga, o'qituvchi o'zining kasbiga xos bo'lgan shaxsiy fazilatlari nuqtai nazaridan be'tibor berib, dilkashlikning qanday jihatlarmi o'zida shakllantirish lozimligini aniqlashi va o'z-o'zida kommunikativ hislatlarni tarbiyalashning shaxsiy rejasini tuzishi kerak.

Pedagogik kommunikatsiyaning o'qituvchi kasbiy faoliyatidagi ahamiyati shundan iboratki, unda o'qitovchining yuksak kommunikativ madaniyati qay darajada ekanligi namoyon bo'ladi. O'qituvchining kommunikativ madaniyati o'z navbatida turli pedagogik vaziyatlarda paydo bo'ladigan oddiy insoniy dilkashlik xususiyatiga tayanadi. Har birimizda, o'z shaxsiy muloqotimizning va o'zgalaming biz bilan olib boradigan shirin xushmuomalali muloqotidan ko'plab ajoyib taassurotlar xotiramizda saqlanadi. O'zaro muomala dadilkashlik fazilatlarini namoyish yetadigan ko'plab pedagog ustozlarni bilamiz. Ular har qanday vaziyatlarda kishilar bilan bemalol muloqotga kirishib keta oladilar.

Biroq, muloqotda butun suhbat jarayonini faqat o'ziga qaratib, kommunikatsiyaning qoq markazida faoliyat ko'rsatishni istovchi o'qituvchilar ham bor. Hayotda ana shunday o'qituvchilar uchraydiki, ular muloqotda kamgap, suhbatda istar istamas ishtirok etishadi, muttaqo faol kommunikativ rolni bajarishmaydi. Faqat kommunikativ xulqi bilan suhbatdoshini qo'llab turadi. Ba'zan hech kim bilan umuman muloqotga kirisha olmaydigan tund toifali o'qituvchilar ham uchraydi. Ammo, pedagogik faoliyatda muloqotdagi xushmuomalalilik nafaqat insoniy fazilat sifatida, balki oʻqituvchilik kasbini tanlagan har bir kishining kasbidagi yuksak shaxsiy fazilati sifatida namoyon boʻladi. Xushmuomalalilik, Sharq mutafakkirlari ijodida yuksak odob namunasi sifatida tasvirlangan. Dilkashlik, oʻqituvchi uchun ajoyib bezak hisoblanadi va munosabat odobi sifatida talqin qilinib, oʻquvchilar ongiga singdirilgan.

Oʻqituvchining xushmuomalaligi va dilkashligi oʻzida butun bir global insonparvarlik jarayonini qamrab oluvchi, koʻplab tarkibiy qismlardan iborat boʻlgan ajoyib fazilatlaridan biridir. Oʻz pedagogik kasbidan voz kechgan sobiq oʻqituvchilar bilan suhbat jarayonida shu narsa ma'him boʻldiki, ulaming koʻpchiligi qoʻpol, muloqotda nazokatsiz kishilar. Odamlar bilan muloqotga kirishish, ular uchun qiziqarli emas.

Shu sababli oʻqituvchi sifatida kasbiy hislatlari ham shakllanmagan.

Muloqot jarayoni-doimiy, uzoq vaqt davomida shakllanuvchi, keng qamrovli jarayon. Zero, shuning uchun pedagogik faoliyat - muomalada qoʻpol, nazokatsiz oʻqituvchilarni charchatadi, ish jarayoni uning gʻashiga va asabiga tegadi, ta'lim muassasasidagi faotiyatiga putur yetkazadi.

Xushmuomalalilik va dilkashlik shaxsning insoniy fazilati sifatida oʻqituvchilarning ham kasbiy faoliyatidagi yuksak fazilatlaridan biriga aylanib, oʻqituvchining pedagogik muloqoti unumdorligni ta'minlaydi.

Pedagogika oliy ta'lim muassasalarida boʻlajak oʻqituvchilarni kasbga yoʻnaltirishda, xushmuomalalilik va dilkashlikni shakllantirish uchun maxsus tayyorgarlikdan oʻtishni taqozo etadi.

Oʻqituvchining dilkashligi -uchta tarkibiy qismni birlashtiruvchi jarayondir:
- muloqotda zarariyatning mavjudiigi;
- muloqotdan keyin, muloqot paytida, muloqotgacha yaxshi kayfiyat
- kommunikativ koʻnikma va malakalarga ega boʻlish.

Ushbu ta'rifda muloqotning oʻqituvchi kasbiy faoliyatidagi ijodiy jihatlari koʻrsatilgan. Biroq, muloqot uchun zaruriyat harmisha mavjudiigi - umuminsoniy xususiyat boʻlib, u barcha kasb egalariga taalluqlidir.

Rus olimi A.V.Mudrik oʻz ilmiy tadqiqotlarida oʻqituvchining xushmuomalalilik bilan muloqotga kirishishi va unga koʻnikma hosil qilishga nisbatan qobiliyatini aniqlaydigan quyidagi mezonlarni ajratib koʻrsatadi:

Inson tafakkurining oʻziga xos xususiyatlarga muvofiqligi;
- notiqlik san'atini mukammal egallaganlik yoki nutqda erkinlik;
- xushmuomalalilik va shirinsuxanlik;
- empatiya va oʻz-oʻzidan paydo boʻladigan oʻtkir zehnga ega boʻlish;
- ma'lum bir maqsadga qaratilgan aniq ijtimoiy munosabat (masalan, muloqot jarayonining natijalariga emas, balki oʻziga nisbatan qiziquvchanlik);
- kommunikativ mahoratda-vaqtni, suhbatdosh ichki dunyosini, munosabatni, vaziyatni aniq moʻljalga olish.

Ushbu nuqtai nazardan ta'kidlash joizki, oʻqituvchining kasbiy faoliyatida mavjud boʻlgan pedagogik dilkashlik ham oʻziga xos mazmunga ega va uning quyidagi tarkibiy qismlarini ajratib koʻrsatish munikin: "
- ta'lim va tarbiyaning turli sharoitlarida oʻquvchilar bilan doimiy muloqotda

bo'lish uchun barqaror zaruriyatning mavjudiigi;

• o'qituvchining shaxsiy va kasbiy jihatdan dilkashlik va xushmuomalalik fazilatlarini namoyon qilishda uzviylikning doimiyligi;

• dilkashlik va xushmuomalalikning barcha bosqichlarida ruhiy xotirjamlikni his etish:

• muloqotning samaradorligi va pedagogik faoliyatning turli tarkibiy qismlariga ijobiy ta'sir etishi;

• pedagogik kommunikatsiya jarayonini amalga oshirishda qobiliyatning mavjudiigi;

• o'qituvchining pedagogik kommunikativ ko'nikma va malakalarni doimiy egallab borishi.

Hozirgi kunda ta'lim-tarbiyaning insonparvar, demokratik xarakterda ekanligi, o'quvchilarni erkin, mustaqil fikr yuritishga va ongli intizomga o'rgatish, intellektual va ma'naviy-axloqiy jihatdan tarbiyalash, o'qituvchidan chuqur bilimga, kasbiy malaka va ko'nikmalarga, yuksak axloqiy fazilatlarga ega bo'lishni talab qiladi.

Dilkashlik va aralashmaslikni shaxs xususiyatlari sifatida qarab chiqish ekstravert va intravert tushunchalari bilan bog'liq ravishda samarali bo'ladi.

Ekstravert shaxslarga umumiy faolik, osoyishtalik, ta'sirlarga moyillik xosdir.

Iitrovert shaxslar ichki olamga berilgan, odamlarga aralashmaydigan, o'z-o'zini nazorat qilishga, refleksga ichki xavotirlikka moyil bo'ladi.

Dilkashlik - ko'proq ekstravert tiplariga oiddir.

Introvert tipiga odamlarga aralashmaydiganlar kiradi.

Pedagogik vaziyatlar tez-tez o'zgarib turadigan sharoitda o'qituvchining vazifasi ro'y bergan vaziyatda tez mo'ljal olib, unga to'g'ri baho bera bilish, zarur tarbiyaviy ahamiyatga ega bo'lgan to'g'ri qarorga kelishdan iboratdir. Agar o'qituvchi bolalarining xatti-harakatlarini to'g'ri idrok etib, baho bera bilsa, ularni vujudga keltirgan sabablarini chukur ko'ra olsagina, shu bilan birga o'zida sabot, o'zini tuta bilish, sabr-toqat, sezgirlik kabi fe'l-atvor xususiyatlarini rivojlantira olsagina, yuqoridagi vazifaga erishishi mumkin.

Bu pedagogik nazokatga rioya qilishning zarur shartidir. Nazokat me'yor tuyg'usi yoki odob qoidalariga rioya qilishni, o'z o'quvchilari bilan tug'ri munosabatga amal qilishni bildiradi. Agar o'qituvchi o'quvchilar bilan munosabatlarning ishonch asosiga qurilishiga erishishga yo'l-yo'riq bo'lsagina bunday muloqot ro'y beradi. Tarbiya tajribasida bunday yo'l-yo'riqni amalga oshirish qiyin ishdir, lekin unga butunlay erishish mumkin. Pedagogda bolalar bilan o'zaro ishonch va do'stlik munosabatlari vujudga kelgandagina bunga erishish mumkin. Bunga shuning uchun ham erishish mumkinki, bolalardagi katta yoshdagi do'stga ega bo'lish va u bilan muomala qilishga qat'iy ehtiyoj mavjud bo'ladi.

Pedagogik nazokatning uzluksizligini ta'minlovchi omillar:

• pedagogik nazokat o'qituvchining butun pedagogik faoliyatida sayqallanib takomillashib boruvchi jarayon;

• pedagogik nazokat odatda tugallangan shaklga ega bo'lmay, insoniy fazilatlar evaziga uzluksiz boyib boradi;

• o'qituvchi pedagogik nazokatning tarkibiy qismlarini ijtimoiy muhitga va odamlarning yashash tarziga, urf-odatiga qarab o'zgartirishi mumkin;

• pedagogik nazokatni o'qituvchi har bir o'quvchi bilan o'zaro munosabatda o'zi uchun eng qulay shaklga keltirib, ma'lum bir muvozanatda saqlaydi

• o'z kasbini sidqidildan sevishi, halolligi, rostgo'yligi, axloqiy pokligi, odamiyligi, kamtarligi, samimiy muomalasi pedagogik nazokatning zarur talablaridir;

• pedagogik nazokat asosida o'qituvchining mehribonligida tarbiyada talabchanlik va qattiqqo'llik hislatlari mujassamlashgan bo'ladi;

• pedagogik nazokat asosida o'qituvchi pedagogik odob va axloq normalarini o'zining dunyoqarashi va axloqiy tajribasi bilan boyitib boradi;

O'qituvchi pedagogik nazokatga ta'lim va tarbiya jarayonidagi har bir vaziyatga adolatli baho berishi, o'quvchilarning xatti-harakatini to'g'ri idrok etishi, sabot va matonat, o'zini tuta bilish, sabr-toqat, sezgirlik, vijdon, oriyat kabi xususiyatlarni o'zida mujassamlashtirishi bilan erishadi. Pedagogik faoliyatda o'z kasbini sevgan o'qituvchigina butun kuch g'ayratini, qalb nuri va dil haroratini shu ishga bag'ishlaydi va o'z faoliyatida yaxshi natijalarga erishadi. Bolalarni sevish, ularga mehr-muhabbatli bo'lish o'qituvchi axloqiy qiyofasini namoyon etuvchi muhim fazilatlardir.

O'qituvchi deyarli har kuni o'quvchilar bilan uchrashadi, savol-javob qiladi, ularning yaxshi xulq va ezgu ishlarini ma'qullaydi, bilimlarini baholaydi, nojo'ya xatti-harakatlari uchun tanbeh berib, lozim bo'lganda tarbiyaviy metodlarni qo'llaydi.

Pedagogik nazokat doimiy izlanishni, ijodkorlikni talab qiladi. Doimiy ijodiy izlanishda bo'lgan o'qituvchi tadqiqotchilik ko'nikma va malakalariga ega bo'ladi, ilm-fan muammolani, tarbiya etikasi va psixologiyasi yuzasidan erkin fikr yurita oladi.

O'qituvchi o'quvchilarning kattalar bilan muloqotga kirishish tizimiga ma'lum darajada kirib borib, ularning ichki qoidalarini o'rganishga harakat qilishi kerak. Bu narsa o'quvchilar bilan suhbatlashish orqali, fe'l-atvorini o'rganish, tengdoshlari va kattalar bilan munosabatlarini kuzatish, o'quvchilar hayotidagi turli voqealar va muammolarni birgalikda tahlil qilish, ular muhitida ro'y berayotgan hodisalarga nisbatan fikr-mulohazalarini bilish asosida amalga oshiriladi. Bunda u o'quvchilar jamoasida ro'y berib turadigan, tashqi tomondan kuzatganda aslo bilib bo'lmaydigan yasbirin hodisalar va voqealarni o'rganish imkoniyatiga ega bo'ladi.

Natijada o'qituvchi ta'lim-tarbiyaviy jarayonda o'z oldida turgan vazifalarni hal etishda o'quvchilarning o'zlarini ham jalb qila oladi.

Ijobiy natijalarga erishish uchun, o'qituvchi o'quvchilarning ishonchini qozona olishi shart. Yosh o'quvchi "do'stlar" ishonchini qozonish yoki ishonchiga kirishi uchun o'qituvchi pedagogik nazokat imkoniyatlarini o'z o'mida qo'llay olishi lozim. O'zaro ishonch munosabatlan o'rnatilgach, o'quvchilar og'ir damlarda o'qituvchidan yordam so'rab murojaat qiladilar, o'z mulohazalarini u bilan baham ko'radilar. O'zaro ishonch norasmiy munosabatlarda ham o'qituvchiga o'quvchilarning ba'zan anglab bo'lmaydigan ichki dunyosini ko'rish imkoniyatini beradi.

O'quvchilar bilan munosabatlarda pedagogik nazokatni qo'llash natijasida:

• o'qituvchi o'quvchilarning xarakterini, ichki dunyosini yaxshi bilib oladi, o'quvchilar bilan munosabatda do'stona muloqot qilish imkoniyatlari paydo bo'ladi;

• o'qituvchi o'quvchilar bilan chin ko'ngildan bir-biriga yaqin bo'ladi, ba'zan eshitmasligi kerak bo'lgan o'quvchilarning o'zaro sirli gaplarini eshitmasdan o'tib ketishi mumkin, negaki o'zgalar gapini tinglash odobsizlikdir;

• o'qituvchi ba'zan o'quvchilar jamoasining kundalik ishlariga aralashmasligi, jamoada ro'yberadigan ba'zi ko'ngilsiz hodisalarni ijobiy hal etishni jamoa faollari zimmasiga havola etishi mumkin.

Bularning hammasi o'qituvchining o'quvchilar bilan bo'ladigan ixtiloflariga, kelishmovchilik vaziddiyatlariga barham beradi.

Mamlakatimizda har qanday kasb egasi avvalo odob va axloq namunalariga ega bo'lishi tabiiy, lekin pedagogik nazokat va odoblilik mutlaqo o'zgacha harakatni va muomalani talab qiladigan o'qituvchilar uchun chinakam mahoratdir. Chunki bu hislatlar faqatgina pedagogik qobiliyat va iste'dodga ega bo'lgan o'qituvchida yillar davomida shakllanadi. O'qituvchining pedagogik nazokati mohiyatida avvalo etnopedagogik tuyg'ular, milliy qadriyatlar, urf-odat va an'analar, o'zbekona tavoze va muomala madaniyati, o'quvchilar jamoasiga singib keta oladigan har qanday ijtimoiy muhitga moslashuvchi individual qobiliyatlar, kasbiy bilim, ko'nikma va malakalar mujassamlashgan bo'ladi.

Hozirgi kunda informatsion jarayorming jadal rivojlanishi o'quvchi ruhiyatiga keskin ta'sir qiladi. Ularning psixologik xususiyatlarini, ruhiy holatini bir maromda ushlab turish uchun o'qituvchidan kuchli iroda, muomala madaniyati va bosiqlik, pedagogik mahoratning keng imkoniyatlaridan foydalanish talab qilinadi. Yosh avlod tarbiyasida o'qituvchi eng qiyin vaziyatlarda ham pedagogik nazokatning quyidagi holatlariga rioya qilishi va ushbu vaziyatga o'zini moslashtirishi lozim:

• emotsional his-tuyg'ular va kechinmalarda, stress va affekt holatlarida o'zini boshqara olish qoidalariga rioya qilish;

• o'zining xulq-atvor xususiyatlarini doimiy bir muvozanatda saqlagan holda qo'llash;

• bachkana qiliqlar, ortiqcha xatti-harakatlar, pedagogik etikaga to'g'ri kelmaydigan bema'nii so'zlardan o'zini qat'iy tiyish;

• o'qituvchiga xos notiqlik san'ati sirlarini puxta egallash, o'quvchi shaxsiga to'g'ri ta'sir etadigan, uning rubiyatini jarohatlaydigan iboralarni ishlatmaslik, muomalada, jazo metodlaridan foydalanishda qo'pol va dag'al so'zlar qo'llamaslik;

• dars jarayonida hissiy, aqliy bilim berishda belgilangan muayan psixologik va fiziologik me'yorlarga asoslanish, manmanlikka yo'l qo'ymaslik, o'z holatidan boshqa holatga o'tishdan saqlanish;

• o'qituvchilar jamoasi va o'quvchilar bilan, ota-onalar hamda notanish kishilar bilan munosabatda kommunikativ qobiliyatning rasmiy va qat'iy muomala hamda ishbilarmonlik uslublariga asoslanish.

Pedagogik nazokat pedagogik mahorat bilan birga yillar davomida ustozlar tajribasini o'rgangan holda va o'z hayotiy hamda kasbiy faoliyati tajribalaridan kelib chiqib shakllantirilib boriladi. O'qituvchining ma'naviy yetuklik darajasi, nazokat sirlarini o'rganishda o'quvchilar bilan muloqot qilish ko'nikma va malakalarini egallashi, maxsus psixologik bilimiarga ega bo'lishida, o'z ustida tinimsiz mehnat qilishi natijasida erishiladi. Avvalo bu bilimlar o'quvchilar yosh xususiyati psixologiyasini va bolalaming individual xarakterini bilish bilan bog'liq.

Axloq asoslarini bilish, xatti-harakatlarda axloqiy ma'noni kasb ettirish ham katta ahamiyatga ega. Shu bilan birga o'quvchi ruhiyatiga ijobiy-tarbiyayiy.ta'sir etish yo'llarini bilish o'qituvchilarning kundalik faoliyatiga aylanishi lozim:

- o'quvchilarni chin ko'ngildan sevish, o'z muhabbatini o'zaro munosabatda ko'rsata olish;
- o'quvchilar xulqi va ruhiyatidagi yashirin ichki tuyg'ularini anglashga harakat qilish, ko'rish va kuzatish;
- sinf jamoasidagi har qanday sharoit va muhitga moslashish;
-sinf jamoasi bilan o'zaro hamkorlikni ta'lim-tarbiyaviy maqsadga muvofiq yo'lini tanlash;
- o'quvchilar bilan norasmiy suhbatlarda o'z ichki hissiyotini sezdirmaslik, aksincha ular ishonchini qozonish.

Pedagogik nazokatning asosiy xususiyati shundan iboratki, o'qituvchiga muloqotni ijobiy hissiyotlar asosida qurishga, o'quvchilar bilan psixologik kontaktga kirishish uslublarini saqlashga yordam beradi.

Pedagogik nazokatning quyidagi xususiyatlari hozirgi kunda muvaffaqiyat poydevori hisoblanadi:

• o'qituvchi pedagogik nazokat talablariga amal qilib, o'zida muloqotning erkin demokratik asosini shakllantiradi;

• sinf jamoasida ongli intizonim vujudga keltiradi; o'quvchilar bilan haqiqiy muloqot madaniyatiga erishadi:

• o'qituvchi sinfda yakka (avtoritar) hukmronlikdan, erkin muloqotga o'tib, demokratik prinsiplar asosida pedagogik faoliyatga kirishish shaklini qo'llaydi;

• o'quvchilarni ongli ravishda tartib-intizomga muloqot asosida o'rgatadi.

Pedagogik nazokat asosida o'qituvchi o'quvchilar bilan muloqotda qarama-qarshilikka yo'l qo'ymasligi o'zaro munosabatni to'g'ri tashkil etishga yordam beradi. Bizga ma'lumki, o'qituvchining fikr-mulohazalarida nisbiylik va subyetivlik alomatlari ham mavjud. U hammaga birdek, to'g'ri munosabatda bo'la olmasligi tabiiy holdir, lekin u mohiyatan barcha o'quvchilarga holis niyatli, yaxshilik qilishga intiluvchi, adolatli kishi ekanligiga ishonch uyg'otishi kerak. Bu holat pedagogik nazokatning muhim xususiyatlaridan biridir.

Pedagogik takt - o' qituvchi kasbiy mahoratining asosi.

Pedagogik takt - o'qituvchi kasbiy mahoratining asosi. Takt ahloqiy tushuncha bo'lib, u insonlarning o'zaro munosabatlarini muvofiqlashtirish, tartibga solish, insonparvarlik g'oyalariga asoslangan bo'lib, andishali xulq, har qanday ziddiyatli vaziyatlarda ham inson hurmati saqlanib qolishini talab qiladi. Har bir insondan, ayniqsa o'qituvchidan andishali bo'lish talab qilinadi.

Boshqacha qilib aytganda, pedagogik takt bu o'qituvchining talabalar oldida o'zini tutishni bilishi, bolaning holatini, intilishlari, qiziqishlarini tushuna olishi va eng samarali ta'sir yo'lini topa olishidir.

Shunday qilib, pedagogik takt bu o'qituvchining talabalarga nisbatan amalga oshiradigan ta'sirining mezonidir.

Takt va taktika

Taktika tanlash turli vaziyatlarda turli rollarni bajarish bilan bog'liq. Bu haqida ma'lumotni psixolog A. B. Dobrovich kitoblaridan olish mumkin.

Bu to'rtta pozisiya bo'lib, ular quyidagicha:

«yuqoridan pastga», «pastdan yuqoriga», «yonma-yon» va «aralashmaslik pozisiyasi».

«Yuqoridan pastga» pozisiyasi o'qituvchi mustaqilligini, barcha mas'uliyatni o'z bo'yniga olishini namoyish etadi. Bu pozisiya "ota" pozisiyasi ham deb ataladi.

«Pastdan yuqoriga» pozisiyasida o'ziga ishonmaydigan, tobe' shaxs bo'ladi. A. B. Dobrovich so'zi bilan aytganda, bu "bola" pozisiyasi.

«Yonma-yon» pozisiyasida farosatlilik va vazminlik, vaziyatga qarab ish tutish, boshqalaming ham manfaatini o'ylash, o'zi va ular o'rtasida mas'uliyatni to'g'ri taqsimlash ifoda etiladi. Bu "katta odam" pozisiyasi.

MS: Sizningcha, pedagog qanday pozisiyani qo'llagani ma'qul?

Har bir pozisiyaning qo'llanishi vaziyat talabiga mos tanlanadi. Muloqot ikki tomonlama jarayon bo'lganligi uchun o'qituvchi talaba rolini ham inobatga olishi shart. O'qituvchining odatiy pozisiyasi bu hamkorlikda ish olib borayotgan katta odamning, ishga aloqador (rasmiy) darajani talab qiluvchi pozisiyasi. Bu pozisiya talabada teng huquqli sherikni shakllantiradi, o'zaro ishonch muhitini yaratadi. Bunda shunday uslublarni qo'llash mumkin: «Sizlar bilan maslahatlashmoqchi edim», «Kelinglar, o'ylab ko'raylik...» va ho kazo.

Pedagogik ta'sirning etakchi usullaridan bin - pedagogik talabdir. Pedagogik talab iltimos, rag'batlantirish, ma'qullash, faoliyatga undash, talabaga nisbatan ishonchni namoyish qilish va boshqa shakllarda ifodalanadi.

Nazorat savollari

1. Pedagogik nazokat deganda nimani tushunasiz?
2. Pedagogik nazokatning hozirgi kunda muvaffaqiyat poydevori hisoblangan xususiyatlariga nimalar kiradi?
3. Pedagogik nazokatning uzluksizligini ta'minlovchi omillarga nimalar kiradi?
4. Dilkashlikka tarif bering.
5. Pedagogik nazokatning asosiy xususiyatiga nimalar kiradi?
6. Ekstravert shaxslarga tarif bering.
7. Pedagogik takt deganda nimani tushunasiz?
8. Introvert shaxslar deb qanday insonlarga tarif beriladi?
9. Yosh avlod tarbiyasida o'qituvchi eng qiyin vaziyatlarda o'zini qanday tuta bilishi kerak?

6-Ma'ruza
Pedagogik texnika haqida tushuncha. pedagogik texnikani shakllantirish uslublari.

Reja:
1. Pedagogik texnika haqida ma'lumot.
2. Pedagogik texnika xususiyatlari.
3. Pedagogik texnikani namoyon etishda o'qituvchining tashqi ko'rinishi.
4. Pedagogik texnikani egallash mahorati.

Tayanch so'z va iboralar: Pedagogik texnika, pantomimika, aktyorlik san'atiga, mimika, didaktik, tashkilotchilik, konstruktiv, kommunikativ qobiliyatlari;

Pedagogik texnika haqida tushuncha -bu avvalo, o'qituvchining mahoratini belgilovchi *kasbiy ko'nikmalar* hisoblanadi , ya'ni uning savodli va ifodali so'zlay olishi , o'z fikr-mulohazasini va bilimini tushunarli tilda ta'sirchan bayon qilishi , his-tuyg'usini jilovlay olishi , o'zining shaxsiy xususiyatlariga xos mimik va pantomimik qobiliyatlarga ega bo'lishi , aniq imo-ishora , ma'noli qarash rag'batlantiruvchi yoki istehzoli tabassum , so'zning cheksiz qudrati orqali o'quvchilar ongiga va tafakkuriga ta'sir o'tkazishi , hozirjavoblik psixologik bilimlarga ega bo'lishi kabilardir.

O'qituvchining pedagogik texnikasi qanday ko'nikma va malakalardan iborat ekanligi , pedagogik texnika vositasida o'qituvchi ta'lim muassasalarida ta'lim-tarbiyaviy faoliyatni zamonaviy talablar asosida qanday tashkil qilishi , o'quvchilarga tarbiyaviy ta'sir ko'rsatishida qanday ahamiyatga ega ekanligi kabi muammolar hozirgi kungacha dunyo olimlarining diqqatini o'ziga jalb etib kelmoqda.

O'qituvchining tarbiyalanuvchi obyektlar oldida o'z harakatlarini boshqarishida *aktyorlik san'atiga xos bo'lgan xususiyatlari*, ya'ni mimik va pantomimik qobiliyatlari muhim rol o'ynaydi. Aktyor bir obrazni ma'lum bir muddatda tayyorlab, bir yoki bir necha marotaba bir xil ko'rinishda sahnada namoyish etsa , o'qituvchi butun o'quv yili davomida, har bir darsda yangi mavzuni o'tilgan mavzular bilan bog'lab , zamonaviy innovatsion usullar vositasida o'quvchilar ongiga yetkazish uchun chuqur tayyorgarlik ko'radi , sinf jamoasidagi o'ziga xos pedagogik va psixologik muhitni , har bir o'quvchining shaxsiy xususiyatlarini e'tiborga olib pedagogik faoliyat ko'rsatishga majbur . Bunday ulkan mas'uliyatni yuqori saviyada bajarish uchun o'qituvchidan yuksak pedagogik texnik tayyorgarlikka ega bo'lish talab etiladi.

Hozirgi zamon o'qituvchisi pedagogik mahorat tizimida pedagogik texnikaning rolini beqiyos deb biladi. Chunki u o'qituvchiga *o'z gavdasini tuta bilishi* (mimika, pantomimika), *his-tuyg'ularini (emotsiyasini) boshqara olishi , ishtiyoq, qobiliyatla*r, *nutq texnikasini egallashi* va ularni o'quv faoliyatida, o'qishdan tashqari ta'lim va tarbiyaviy faoliyatlar jarayonida qo'llash yo'llarini tushuntiradi. Demak, *pedagogik texnika* o'qituvchi kasbiy faoliyatida shunday *kasbiy va shaxsiy malakalar yig'indisi*ki, u o'qituvchining pedagogik faoliyatiga ta'sir ko'rsatishi , ta'lim-tarbiya jarayonini tashkil qilish va boshqarish ishlarida asosiy yo'l ko'rsatuvchi bo`lib xizmat qiladi.

Ilg'or va novator o'qituvchilarning texnik mahorati pedagogik faoliyat olib borishlarida mimik va pantomimik harakatlarida, ovozini idora qila olish xususiyatlarida kuzatiladi. Bu shundan dalolat beradiki, o'qituvchilar pedagogik texnika san'atini mukammal egallaganlar , uning ko'nikma va malakalarini o'zlarida aniq shakllantirishgan va turli pedagogik vaziyatlarda qo'llay olish qobiliyatlariga egadirlar.

Pedagogikada o'qituvchi *chuqur hissiyotga berilishi*ni, shaxsiy hayotidagi turli ruhiy vaziyatlar tufayli *kayfiyatining o'zgarib turishini o'zi qattiq nazorat qilish* talab qilinadi.

Ushbu nazoratni o'qituvchining o'zi boshqarishi lozim. Bu jarayonning ijobiy natijalari o'qituvchining refleksiv qobiliyatlarida namoyon bo'ladi.

Pedagogik texnikaning yana bir muhim xususiyati pedagogik ta'sir ko'rstishdagi o'qituvchining ma'naviy va estetik qiyofasi. Bu tarbiyalanuvchilarga yaqqol namoyon bo'ladigan xususiyatdir. Agar o'qituvchi ma'naviy qashshoq bo'lsa, nutqi tartibsiz va muloqotda no'noq bo'ladi, didi past, o'z hissiyodarini jilovlay olmaydigan qo'pol bo'lsa, uning ta'lim-tarbiya berishi haqida gap bolishi mumkin emas.

Pedagogik texnikaning sirlarini egallash yo'llari o'qituvchi rahbarligida olib boriladigan mashg'ulotlar va mustaqil pedagogik faoliyat jarayonida shakllanib boradi. Pedagogik texnika sirlarini mukammal egallashda va uni takomillashtirishda kasbiy jihatdan o'qituvchi o'z - o'zini doimiy shakllantirib borishi, ya'ni o'z oldiga qo'yilgan talablar nuqtai nazaridan mohir o'qituvchi shaxsiy fazilatlarini va kasbiy malakalarini shakllantinshga qaratilgan faoliyati muhim rol o'ynaydi.

Pedagogik texnika xususiyatlari.

Pedagogik texnikaning muhim xususiyatlaridan biri o'qituvchining o'quvchilar bilan bevosita muloqoti jarayonida shakllanadigan kasbiy texnik ko'nikma va malakalaridir. Bunda pedagogik texnikaning ko'nikma va malakalari o'qituvchining pedagogik mahorati bilan aloqadorlikda shakllanib boradi.

Rivojlangan pedagogik texnika xususiyatlari o'qituvchiga o'quvchilar bilan muloqot jarayonida zarur so'z va gap ohangi, qarash, imo ishorani tez va aniq topish, kutilmagan pedagogik v aziyatlarda bosiqlik va osoyishtalik. aniq fikr yuritish, vaziyatni fikran va tez tahlil qilish kabiqobiliyatiarini namoyish etish bilan ifodalanadi. Pedagogik texnikaning ushbu xususiyatlari o'qituvchj kasbiy mahoratida aniq ifodalangan individual shaxsiy shakl oladi, ya'ni o'qituvchining psixologik-fiziologik xususiyatlari asosida uning shaxsiy pedagogik texnikasini tarkib toptiradi.

Mimika, Pantomimika. O'qtuvchining pedagogik texnikasining shakillantirish yo'llari.

Hozirgi kunda pedagogik texnika tushunchasi ikkita guruhga bo'lib o'rganiladi .

Birinchi guruh komponentlari: o'qituvchining *shaxsiy axloqiy fazilatlari va xulqi* bilan bog'liq bo'lib, ta'lim-tarbiya jarayonida o'z o'zini boshqarish malakalarida (refleksiya) namoyon bo'ladi:

• ta 'lim-tarbiya jarayonida *o'z xatti-harakatlarini boshqarishi*, (mimika, pantomimika);

• ta 'lim-tarbiya jarayonida *o'z hissiyotini va kayfiyatini ji- lovlay olishi va turli nojo'ya ta'sirlarga berilmaslik;*

• *mukammal ijtimoiy perseptiv qobiliyatlar*ga (diqqat, kuzatuvchanlik,xayol) egaligi;

• *nutq texnikasi*ni (nafas olish, ovozni boshqarish, nutq tempi) bilishi va o'z o'rida qo'Ilay olishi.

• Pedagogik texnikaning ikkinchi guruh komponentlari o'qituvchining *shaxs va jamoaga ta'sir ko'rsatish malakalari* bilan bog'liq bo'lib, bu guruh ta'lim-tarbiya jarayonining texnologik tomonini qamrab oladi:

- o'qituvchining *didaktik, tashkilotchilik, konstruktiv, kommunikativ qobiliyatlari;*
- ma'lum bir reja asosida o'z oldiga qo'yilgan *talablarining bajarilishi*ni nazorat qilishi;
- ta'lim muassasasida va o'quvchilar jamoasida ta'lim-tarbiya bi- lan bog'liq bo'lgan *ijodiy faoliyatni tashkil eta olishi*;
- o'quvchilar bilan *pedagogik muloqot* jarayonini bir muvozanatda saqlab boshqara olishi.

O'qituvchilarda individual shaxsiy pedagogik texnika malakalarini shakllantirish muammolari, ayniqsa, psixolog olimlaming tadqiqot markazidan o'rin olgan. Psixolog olimlar R.Z. Gaynutdinov, M.G.Davletshin, S.Jalilova, M.Abdullajonova kabilar o'qituvchilarning individual kasbiy faoliyatini batafsil o'rganishib, o'qituvchining shaxsiy "Mehnat professiograimnasi"ni ishlab chiqdilar. Olimlaming fikrlariga ko'ra o'qituvchi professiogrammasi o'qituvchilarga qo'yiladigan maxsus talablarni o'z ichiga oladi hamda har bir fan o'qituvchisining alohida ixtisoslashgan xarakteristikasini belgilab beradi. Jumladan, ular ta'lim muassasalarida pedagogik faoliyat olib boradigan "o'qituvchi-murabbiy professiogrammasi"da quyidagi hislatlar, ya'ni "Pedagogik texnika" malakalari mujassamlashgan bo'lishini ta'kidlaydilar.

1) O'qituvchining shaxsiy hislatlari: bolalarni sevishi, kamtarligi, dilkashligi, mehnatsevarligi.

2) Kasbiga xos bilimlari: ta'lim va tarbiya jarayoni mohiyatini bilishi, pedagogik va psixologik bilim asoslarini egallashi, o'quvchilarning yosh xususiyatlariga asosan psixologik imkoniyatlarini anglashi, tarbiyaviy ta'sir etishning samarali usullaridan oqilona foydalana olishi, otaonalar va jamoatchilik bilan olib boriladigan faoliyat mazmunini puxta bilishi.

3) Kasbiga xos hislatlari: milliy mqfkura, umuminsoniy qadriyatlar, milliy an'ana va urf-odatlarning asl mohiyatini tushunishi, kuzatuvchanligi, pedagogik qobiliyatga egaligi, o'zini qo'lga ola bilishi, o'zini anglay olishi, pedagogik takt, nutq madaniyati.

4) Shaxsiy pedagogik uddaburonligi: dars mashg'ulotlarida zarurmateriallami tanlay olishi, o'quvchilarning bilish faoliyatini boshqarishi, ta'lim-tarbiya jarayonini istiqbolli rejalashtirishi, o'quvchilar ja moasini boshqara olishi.

5) Tashkilotchilik malakalari: o'quvchilar jamoasini uyushtira bilishi, turli ziddiyatli vaziyatlarda ham o'quvchilar jamoasini boshqarishi, amaliy muammolarni hal etishda uddaburonligini namoyish eta olishi.

6) Kommunikativ malakalari: o'quvchilarni o'ziga jalb etishni bilishi, o'quvchilar va ota-onalar bilan maqsadga muvofiq pedagogic muloqotlarni tashkil qilishi, o'quvchilarning jamoada o'zaro munosabatlarida bir xil muvozamtni tartibga solishi.

7) Gnostik malakalari: o'quvchilarning asab psixik holati darajasini aniqlay olishi, o'z pedagogik faoliyati natijalarini tanqidiy tahlil qila olishi, ustoz o'qituvchilar mahoratini nazariy va amaliy jihatdan O`rganib borishi,

psixologik va pedagogik adabiyotlardan to'g 'ri foydalana bilishi, o`quvchilar xulq-atvorini mukammal o 'rganishi.

8) Ijodiy hislatlari: o'z pedagogik mahoratini doimiy takomillashtirib borishi, o'quvchilarni tarbiyalashda o 'z dasturini ishlab chiqishi va uni muvaffaqiyatli amalga oshirishi, o'quvchilar nazari bilan voqelikni tahlil qilish qobiliyati, o'quvchilarga pedagogik ta 'siri natijalarini oldindan ко 'ra olishga intilishi.

Psixolog olimlaming fikricha, ushbu professiogramma yosh o'qituvchilarga o'zlarining kelgusida o'qituvchilik kasbini to'g'ri va ongli ravishda tanlab, kasbiy mahoratlarini takomillashtirib borishlariga yordam beradi. Demak, o'qituvchi professiogrammasi ham pedagogik texnikani egallashning muhim xususiyatlaridan biri bo'lib, o'qituvchilarning o'z kasbiy texnikasini mukammal egallab, rivojlantirib borishiga va o'z kasbiy faoliyatidan qanoatlanishni his etishga olib keladi. Bulaming barchasi o'qituvchilarning tinimsiz pedagogik mehnati tufayli yuzaga keladi. Bir maromda olib boriladigan tizimli ijodiy mashg'ulot tufayli aktyor yuksak cho'qqilami egallaydi. 0'zgalar obrazini mujassamlashtirishda u ma'lum bir qolipdan aslo chiqib keta olmaydi. Demak har qanday ijodkorlik, hatto pedagogik ijodkorlik ham ma'lum bir belgilangan qolipda shakllanishi kerak. U o'qituvchining ichki kechinmalari, tuyg'ulari va hissiy reaksiyalari asosida qurilishi aslo mumkin emas. Chunki, tarbiyalash san'atida o'qituvchining pedagogik texnikasi, ya'ni "bir qolipda"gi mehnat madaniyati borki, u boshqa biror kasbiy faoliyatga aslo o'xshamaydi. Shuning uchun, respublikamizda tarbiyaviy texnologiyalami muntazam bilishga intilish, o'qituvchi kadrlarni tayyorlash va ularning malakasini uzluksiz oshirib borish o'qituvchining bir qolipdagimehnat madaniyatini shakllantirishga, pedagogik texnika malakalarini doimiy oshirib borishiga qaratilgan. Ta'kidlash joizki, hali biror o'qituvchi oliy ta'lim muassasasini tugatib, yoki malaka oshirish kurslarida bilim olib birdaniga pedagogik texnika sirlarini mukammal biladigan tajribali o'qituvchi bo'lib qolgani yo'q. O'qituvchida pedagogik texnika talim muassasalarida faoliyat ko 'rsatish jarayonida, o 'quvchilar bilan yakkama-yakka muloqot jarayonida, pedagogik amaliyotda shakllanib boradi.

Pedagogik texnikani namoyon etishda o'qituvchining tashqi ko'rinishi
O'qituvchining tashqi ko'rinishi

Pedagogik texnikasini namoyon etuvchi muhim xususiyatlaridan biridir. Har qanday insonning tashqi ko'rinishi atrofdagilarga estetik ma'no va zavq kasb etib, doimiy e'tiborda bo'lishini unutmaslik kerak. O'qituvchining tashqi ko'rinishini asosan namoyish etuvchi muhim hususiyatlari uning chehrasidagi mehribonlik, jiddiylik, yurishida bosiqlik, tabiiylikdir. O'qituvchi sinfga kirishi bilan so'zsiz o'quvchilar e'tiborida bo'ladi, ular bilan muloqotga kirishadi. Sinf sahnasida bajarilayotgan uning xoh ijobiy, xoh salbiy xattiharakatlari o'quvchilarga ta'sir o'tkaza boshlaydi. Ayniqsa, yosh o'qituvchilar ilk bor darsga kirishlaridan oldin his-hayajonini, qo'rquvini engishlari, o'zlarini erkin tutishlari, birinchi dars paytida sodir bo'lishi mumkin bo'lgan har qanday muvaffaqiyatsizlikdan o'zlarini yo'qotmasliklari lozim. O'qituvchining tashqi ko'rinishida, pedagogik texnikasi tizimidagi mimik, pantomimik holatlar muhim ahamiyatga ega. O'qituvchining hatti-harakatini bevosita namoyish etuvchi mimik va pantomimik ifodasi, o'qituvchining imoishorasida, ma'noli qarashlarida, rag'batlantiruvchi yoki istehzoli tabassumida namoyon bo'ladi va ular o'qituvchi-tarbiyachining pedagogik ta'sir ko'rsatishida, mashg'ulotlarni samarali va mazmunli o'tishida puxta zamin tayyorlab beradi.

MIMIKA - bu o'z fikrlarini, kayfiyatini, holatini, hissiyotini qosh, ko'z va chehra muskullarining harakati bilan bayon qilish san'atidir. Ba'zan o'qituvchi chehrasining va nigohining ifodasi o'quvchilarga katta ta'sir ko'rsatadi. Mimik harakatlar, ifodalar ma'lumotlarning hissiy ahamiyatini kuchaytirib, ularni chuqur o'zlashtirish imkoniyatini beradi. O'quvchilar o'qituvchining muomalasi va xatti-harakatiga qarab kayfiyatini, munosabatini tezda «uqib» oladilar. Shuning uchun oiladagi ba'zi noxushliklar, hissiyotga berilish, g'am va tashvishning o'qituvchi chehrasida va mimik belgilarida ifodalanishi mumkin emas. Chunki ushbu noxushliklar o'qituvchining pedagogik faoliyatiga dars mashg'ulotlarini mukammal bajarishida o'zining salbiy ta'sirini ko'rsatadi.

O'qituvchining chehrasida, mimik belgilarida faqat dars mashg'ulotlariga xos bo'lgan, o'quvchilarga ta'lim va tarbiyaviy topshiriqlarni yechishga yordam bera oladigan ko'rinishlarni ifodalash lozim. O'qituvchining chehrasidagi ifoda, nutqi, o'quvchilar bilan o'zaro munosabati uning individual xarakteriga mos bo'lishi kerak. O'qituvchi chehra ko'rinishidagi mimik ifoda, ta'lim-tarbiya qonuniyatlariga mos ishonch, ma'qullash, ta'qiqlash, norozilik, quvonch, faxrlanish, qiziquvchanlik, befarqlik, ikkilanish kabi xususiyatlarni ifodalashi mumkin. Bunda ovozdagi turli o'zgarishlar, nutqning tushunarli bayon etilishi muhim ahamiyatga ega. Mimik ifodaning asosiy belgilarini namoyish etishda qosh, ko'z, chehra ko'rinishi ishtirok etadi. Qosh, ko'z, chehra o'quvchilar javobidan qoniqish, xursand bo'lish, faxrlanish yoki e'tirof, norozilik, qoniqmaslik, xafa bo'lish va boshqa belgilarni ifodalash bilan birga, o'quvchilar diqqatini bo'lmasdan, boshqalarga xalaqit bermasdan ta'lim-tarbiya ishlarini samarali olib borishga ham yordam beradi. Shuni alohida qayd qilib o'tish joizki, mimik ifodalar o'qituvchining xarakterini, ichki dunyosini, ma'naviyatini, pedagogik faoliyatining individual xususiyatlarini bekamu ko'st namoyish etadi. O'qituvchining mimikasi ifodalangan nigohi o'quvchilarga, yoki ayrim o'quvchiga qaratilgan bo'ladi. Doskaga, eshikka, derazaga, ko'razmali qurollarga yoki devorga nigoh tashlab mimik ifodalarni namoyish qilish aslo mumkin emas.

PANTOMIMIKA – bu o'qituvchining gavdasi, qo'l, oyoq harakatini tartibga soluvchi uslubdir. O'qituvchilarning ta'lim-tarbiyaviy faoliyatida o'quvchilar bilan muloqoti muhim ahamiyat kasb etishi barchaga ma'lum. Biroq o'quvchilar bilan muloqotda o'qituvchining pantomimikasi, ya'ni, gavda, qo'l, oyoq harakati to'g'ri ifodalanmasa, ta'limtarbiyaga asoslangan muloqot natija bermasligi mumkin. O'qituvchi o'z gavdasi, qo'li, oyoq harakatlarining holati orqali har qanday pedagogik ma'lumotlarning obrazini "chiza" olsa, o'quvchilar bundan zavqlanadilar, ular ichki his-tuyg'ulari, tashqi hissiyotlari bilan qo'shilib butun ongini o'quv materiallari mazmunini o'zlashtirishga qaratadilar.

Pantomimika gavdani rost tutib yura bilish, qo'l va oyoq harakatlarining birbiriga mosligi, fikrlarini aniq va to'liq bayon qilib qo'lini, boshini turli harakatlarda ifodalash o'qituvchining o'z bilimiga, kuchiga ishonchini bildiradi. Shuning uchun o'qituvchining o'quvchilar oldida o'zini tuta bilish holatini tarbiyalashi lozim. (oyoqlari 12-15 sm. kenglikda, bir oyoq sal oldinga surilgan holda turish). O'qituvchining yurishi, qo'l va oyoq orqali imo-ishoralari ortiqcha harakatlardan holi bo'lishi kerak. Masalan: auditoriyada orqaga oldinga tez-tez yurish, qo'llari bilan turli imo-ishoralar qilish, boshini har tomonga tashlash va hokazo. Bunday holatlar dars davomida o'quvchilarning e'tiborini bo'lib, g'ashini keltiradi va o'rganilayotgan fanga, o'qituvchiga nisbatan hurmatsizlik kayfiyatini uyg'otadi. O'qituvchi mashg'ulot o'tish jarayonida faqat oldinga yurishi tavsiya qilinadi. U yondan, bu yonga yurish talabalar fikrini bo'ladi. Old tomonga yurayotganida o'qituvchi muhim voqealarni bayon qilishi mumkin, chunki bunda talabalar o'qituvchini butun diqqatlari bilan eshitayotgan bo'ladilar.

O'qituvchining pantomimik harakatlari tizimida o'z hissiy holatini boshqara olishi muhim ahamiyatga ega. O'qituvchi o'quvchilar bilan muloqot jarayonida qizg'in kuzatuv ostida bo'ladi. Uning kayfiyatidagi o'zgarishlar pantomimik harakatlarida namoyon bo'ladi. Shu tufayli o'quvchilarga ta'lim-tarbiyaviy ta'sir ko'rsatish jarayonida (darsda, darsdan tashqari mashg'ulotlar paytida, tarbiyaviy ishlar jarayonida) o'z hissiyotini boshqara olishi, jiddiy bo'lishi, umidbaxshlik, xayrixohlik kayfiyatida bo'la olish qobiliyatlariga ega bo'lishi zarur. Pantomimik harakatlar tizimi o'qituvchiga birdaniga paydo bo'ladigan ko'nikma 169 emas. Buning uchun o'qituvchi o'z ustida tinimsiz ishlashi, ilk pedagogik faoliyati davrida kamchiliklarini tezda topib bartaraf eta olishi darkor. Chunki, yillar davomida o'qituvchi o'zining har bir harakatiga moslashib uni odat qilib olishi mumkin. Mukammal pantomimik malakalarga ega bo'lgan o'qituvchi o'z-o'zini nazorat qila oladi, ko'p yillik faoliyati davomida sog'lom asab tizimini o'zida tarbiyalab asabiylashishdan, hissiy va aqliy zo'riqishlardan o'zini saqlay oladi.

O'qitish samaradorligini oshirish va ijobiy tarbiyaviy ta'sir ko'rsatish uchun o'qituvchining harakatlarida aktyorlik va rejissyorlik malakalari ham mujassamlashgan bo'lishi lozim. Xususan, gumanitar fanlar o'qituvchilari aktyorlik qobiliyatiga ega bo'lishlari lozim. Ma'lum mavzular, obrazlar, tarixiy qahramonlar haqida so'zlaganda aktyorlik, rejissyorlik malakalari zarur. Ular o'qituvchiga o'quvchilarning his-tuyg'ulariga ta'sir ko'rsatishda, mavzu qahramonlariga nisbatan hissiy-qadriyatli munosabatda bo'lish tajribasini o'zlashtirishiga yordamlashadi. Pedagogik texnika malakalari o'qituvchining maxsus fanlar bo'yicha bilimlarni egallash, pedagogik mahoratini takomillashtirishga intilish, o'z kasbiga qiziqish, burch hamda mas'uliyatni his qilish asosida oshiriladi. Ular yoshlarni o'qitish, tarbiyalash, tashkil qilish, targ'ibot qilish, mustaqil bilim olish ishlariga yordam beradi. O'qituvchining tashqi ko'rinishida nutq texnikasi, his-tuyg'ularini boshqara olish, mimik va pantomimik malakalar bir qolipda mukammal olib borilganda ko'zlangan maqsadga albatta erishiladi. Bunda so'z, gap ohangi, qarash, imo-ishoralar, kutilmagan pedagogik vaziyatlarda uddaburonlik, osoyishtalik bilan ziddiyatdan chiqish, voqelikni oldindan ko'ra olish va adolatli tahlil qilishga asoslanish maqsadga muvofiqdir. Bu xususiyatlar o'qituvchining shaxsiy, individual psixik, fiziologik fazilatlari asosida tarkib topadi. P

antomimik harakatlarni boshqarishda ham o'qituvchining individual pedagogik texnikasi, yoshi, jinsi, mijozi, fe'l-atvori, sihat-salomatligi va anatomik-fiziologik xususiyatlari muhim ahamiyatga ega. O'qituvchi avvalo tarbiyachi sifatida o'zida yuqoridagi malakalarni shakllantirishi, ularning mazmunini chuqur o'zlashtirib, pedagogik texnikani egallashning imkoniyatlaridan foydalanishi kerak. Shunda u o'qituvchini pedagogik mahorat sari etaklaydi. Shunday qilib, o'qituvchining tashqi ko'rinishi ham pedagogik texnikaning muhim xususiyatlaridan biri bo'lib – tarbiyalanuvchilarga ko'rib, eshitib turgan narsalarini erkin fikrlash orqali, o'z mulohazalarini mustaqil, cho'chimasdan o'qituvchiga etkazish imkoniyatini beradi. "Tarbiyachi tashkil etishni, yurishni, hazillashishni, quvnoq yoki jahldor bo'lishni bilishi lozim, u o'zini shunday tutishi kerakki, uning har bir harakati, yurish-turishi, kiyinishi bolalarni tarbiyalasin" – deb yozgan edi taniqli pedagog A.S. Makarenko.

Pedagogik texnikani egallash mahorati O'qituvchi pedagogik faoliyatida pedagogik texnikaning ko'nikma va malakalarini mukammal takomillashtirgan holda o'z mahoratini oshirish uchun quyidagi jarayonlarni bilishi lozim:

1. O'qituvchi o'zlashtirishi lozim bo'lgan pedagogik texnikaning muhim tarkibiy qismlaridan biri uning nutq texnikasidir (nutq tempi, diksiyasi, tovush ohangini baland, o'rta, past qila olishi va hokazo). Dars jarayonida o'quv materiallarini idrok qilishda o'qituvchining nutqi muhim rol o'ynaydi. Olimlarning fikricha, o'quvchilar tomonidan 1/2 foiz o'quv materialini tafakkur orqali idrok qilish va o'zlashtirish o'qituvchilarning nutqiga va uning so'zlarni to'g'ri talaffuz qilishiga bog'liq. O'quvchilar o'qituvchining nutqini nihoyatda kuzatuvchanlik va qiziqish bilan tinglaydilar. Past ohangda gapiradigan o'qituvchining darsi o'quvchilar uchun zerikarli bo'ladi, nihoyatda baland gapirish, oddiy suhbat chog'ida ovozni baland qilib so'zlashish o'quvchilarni darsdan bezdiradi va charchatadi. O'quvchilarning bunday o'qituvchi ta'limidan ko'ngillari soviydi. Shuning uchun o'qituvchi savodli gapirishi, o'z nutqini chiroyli va tushunarli, ta'sirchan qilib bayon qilishi, o'z fikr va histuyg'ularini so'zda aniq ifodalash malakalariga ega bo'lishi lozim.

Chiroyli, savodli, ta'sirchan gapiruvchi o'qituvchilarning nutqlari o'quvchilar ongiga tez ta'sir etadi, o'quv materiallarini oson o'zlashtirib olishiga katta imkoniyat yaratadi, o'quvchilar bunday o'qituvchilarning darslarini toqatsizlik bilan kutadilar. O'qituvchilar o'z nutqlari ustida tinimsiz ishlashlari, so'zlarning chiroyli, ma'noli, ta'sirchan bo'lishi uchun mashq qilishlari, ovoz diapazonlarining kuchi, nutq tembrining harakatchanligi va diksiyasini doimo mashq qilib borishlari lozim. Ovoz diapazoni chegarasi baland yoki past gapirish toni bilan belgilanadi. Diapazonning qisqarishi tovushning past tonligiga olib keladi. Past ohangda so'zlashish o'qituvchining idrokini bo'shashtiradi va susaytiradi. O'qituvchi tovush diapazonini, uning tembri bilan bog'lab ishlatsa, gaplari chiroyli, mayin, jozibali chiqib, tinglovchilarni o'ziga jalb etadi va o'quv materiallari mazmuni yanada yaxshi idrok qilinadi. O'qituvchining notiqlik texnikasi so'zlarni aniq, to'g'ri, tiniq eshitilarli va tushunarli bayon qilishida namoyon bo'ladi.

To'g'ri va mukammal ovoz diksiyasiga ega bo'lgan o'qituvchi so'zlarni ifodali bayon qiladi. Ifodali gapirishda til, lab, kichik tilcha, pastki jag' ishtirok etadi. O'qituvchi ifodali gapirishi, so'zlarni talaffuz qilishi uchun yuqoridagi organlarni doimo mashq qildirishi lozim. Shunday qilib, pedagogik texnikada nutq malakalari muhim ahamiyat kashf etar ekan, o'qituvchi doimo gapirish tempi, ritmi, diksiyasi, ovoz kuchi, diapazoni, harakatchanligi ustida mashq qilishi zarur, ushbu jarayon alohida bir faslda ko'rib chiqiladi.

2. Pedagogik texnika malakalarini mukammal egallash uchun avvalo, o'qituvchi o'z fanini, o'qitadigan predmetining boshqa fanlar bilan o'zaro aloqadorlikda bilishi, pedagogik va axborot texnologiyalarini, pedagogika va psixologiya fanlari asoslarini davr taraqqiyoti darajasida bilishi, kasbiy jihatdan o'z-o'zini tarbiyalay oladigan bo'lishi zarur. Chunki pedagogik texnika o'qituvchilarning individual shaxsiy xususiyatlariga ham bog'liq. Har bir o'qituvchi o'z tafakkuriga, fikrlash qobiliyatiga, o'zining kasbiy yo'nalishi, kasbiy laboratoriyasiga ega bo'lishi kerak. Bu yo'nalish va laboratoriyani o'qituvchilarning o'zlari mustaqil fikr yuritishlari, mustaqil bilim olishlari, pedagogik mahoratini oshirib borishlari orqali qo'lga kiritadilar va mohir o'qituvchiga xos fazilatlarni tarbiyalaydilar hamda kasbiy ideal sari harakat qiladilar.

3. Pedagogik texnika sirlarini mukammal bilish o'qituvchining tashkiliy - metodik malakalarni egallashiga ham bog'liq. Bu malakalar zarur bilimlar bo'yicha ma'ruzalarni tinglash, maxsus adabiyotlarni o'qish orqali qo'lga kiritiladi. Tashkiliy-metodik malakalar aytilgan yo'lyo'riqlar, ko'rsatmalarni o'zining individual kasbiy tajribasida sinab, ko'nikma hosil qilsa maqsadga muvofiq bo'ladi. Tashkiliy-metodik malakalarning individual xususiyatlari, jamoa va guruh bo'lib ishlash, o'qish, faoliyat ko'rsatish asosida qurilgani ma'qul. Chunki guruh yoki jamoa bo'lib o'qish, ishlash har bir o'qituvchiga refleksiv qobiliyatlari asosida, o'zini boshqalar ko'zi bilan ko'rishni va baho berishni, faoliyatidagi nuqsonlarni seza bilishni, muomala va xulqatvorning yangi shakllarini izlab topish va sinash imkoniyatini beradi. Bu esa o'z-o'zini bilish, o'z-o'zini tarbiyalash uchun asos bo'ladi va pedagogik vazifalarning yangi usullarini tekshirib ko'rish, nazariy masalalarini hal qilish uchun tajriba maydonini tashkil qilishga zamin yaratadi. Demak, tashkiliy - metodik malakalarni egallashda guruh, jamoa faoliyati, mashg'ulotlar pedagogik texnika asoslarini egallash imkoniyatini beradi.

4. Pedagogik texnikani bir maromda egallashda, har bir o'qituvchining o'z individual dasturini ishlab chiqishi muhim ahamiyat kasb etadi. Bunday dasturni tuzishdan oldin o'qituvchi o'zida pedagogik texnika malakalarini shakllanganligining boshlang'ich darajasini aniqlab olish zarur. Ya'ni, o'qituvchining dastlabki o'quv-tarbiya ishlaridagi natijalarida, nutq madaniyatining to'g'ri yoki noto'g'ri qo'yilishida, harakatidagi mimik va pantomimik holatlarda ro'y beradigan nuqsonlar e'tirof etiladi. Bunda natija yaxshi bo'lsa, kelajakda pedagogik texnikani egallash ancha oson bo'ladi. Ushbu faoliyat natijasida ko'nikma va malakalar yanada rivojlantiriladi. Individual dastur pedagogik texnika malakalarining yetishmaydigan jihatlarini to'ldirish uchun xizmat qiladi. Bu dastur ma'lum mashqlar yoki mashqlar majmuini o'z ichiga oladi.

5. Shuni ham unutmaslik lozimki, pedagogik texnikani namoyish etishda o'qituvchining umumiy madaniyati, ma'naviy va estetik dunyoqarashi muhim o'rin tutadi. Agar o'qituvchining tashqi ko'rinishi qashshoq, so'zlarni talaffuz qilish qobiliyati past, estetik jihatdan omi, bo'lar-bo'lmas voqealarga nisbatan o'z hissiyotiga erk beradigan bo'lsa, tarbiyalanuvchilarning e'tiqodiga, aql-idrokiga, bilish va anglash tafakkuriga salbiy ta'sir ko'rsatadi. Demak, o'qituvchi o'zidagi ana shu nuqsonlarni qayta tarbiyalashi lozim. Ta'kidlash joizki, pedagogik texnikaning ko'nikma va malakalarini egallash yo'llari to'g'risida bildirilgan fikrlarga e'tibor bermaslik, pedagogik faoliyat jarayonida ularning beqiyos ahamiyatiga yetarlicha baho bermaslik, shuningdek, pedagogik texnika malakalarini tanqidiy, har bir o'qituvchining individual xususiyatlarini hisobga olmay ish yuritish pedagogik mahoratni egallashga salbiy ta'sir ko'rsatadi va o'quv-tarbiyaviy jarayonda o'qituvchilarning ta'lim-tarbiyaviy faoliyatida nuqsonlarning ko'payishiga olib keladi. Pedagogik texnikani egallashning asosiy yo'llari o'qituvchining malaka oshirish kurslariga ishtiroki, ustoz murabbiylar rahbarligidagi mashg'ulotlar (ulardan pedagogik texnika sirlarini o'rganish) va mustaqil (kasbiy jihatdan o'z-o'zini tarbiyalash) ishlashdir. Pedagogik texnika ko'nikma va malakalarini egallash individual-shaxsiy salohiyat ekanligini hisobga olib, pedagogik texnikani egallashda va uni takomillashtirishda kasbiy jihatdan o'z-o'zini tarbiyalash, ya'ni talabalik yillarida o'zida tajribali o'qituvchilarning shaxsiy fazilatlarini va kasbiy malakalarini shakllantirishga qaratilgan faoliyat yetakchi rol o'ynaydi, deb aytish mumkin.

Kasbiy ideal sari intilishda bu harakat pedagogik texnikani egallashda muhim rol o'ynaydi. Tashkiliy-metodik jihatdan pedagogik texnika mashg'ulotlari individual, guruh yoki ketma-ketlikda o'tkaziladi. Masalan, zarur bilimlar ma'ruzalarda yoki tegishli adabiyotlarni mustaqil o'qish asosida, integratsion bilimlarni egallash, portal, kompyuter texnologiyalari yordamida egallanishi mumkin. Avtomatlashtirishga doir ayrim oddiy harakatlar (turli artikulyatsiya, fonatsion nafas olish usullari, relaksatsiya usullari va shu kabilar) o'qituvchi tomonidan muntazam mashg'ulotlar asosida egallanadi. Tegishli ko'nikmalarni ishlab chiqish, individual ishlashni dastlab o'qituvchining nazorati va rahbarligida, keyin esa mustaqil ishlash talab qiladi. Pedagogik texnika malakalarini shakllantirishda o'qituvchining jamoada faoliyat olib borishi va mashg'ulotlarda o'z-o'zini nazorat qilishi alohida rol o'ynaydi. Pedagogik texnika mashg'ulotlarining bu shaklini ancha batafsilroq ochib berish maqsadga muvofiqdir, chunki u hozirga qadar o'qituvchilar uchun mo'ljallangan o'quv va metodik adabiyotlarda ma'lum darajada ko'rsatib berilmagan.

Har qanday jamoada, xoh o'qituvchilar, xoh o'quvchilar jamoasi bo'lsin, o'qituvchi ular oldida o'zini boshqa kishilar ko'zi bilan ko'rishi, hulq-atvor va muomalaning yangi shakllarini izlab topishi va sinab ko'rishi, o'zining jamoa bilan birga bajaradigan ishi xususiyatlarini anglashi lozim. Shundagina pedagogik faoliyatning individual uslublarini ongli ravishda shakllantirish imkoniyati paydo bo'ladi. Jamoa shaxsning o'zo'zini bilishi va o'z-o'zini tarbiyalash laboratoriyasi, pedagogik vazifalarni hal qilishning yangi usullarini tekshirib ko'radigan, nazariy va amaliy masalalar, turli muammolar muhokama qilinadigan tajriba maydoni bo'lib qolishi mumkin.

Psixologlar pedagogik texnikaning keng imkoniyatlarini jamoa bo'- lib o'rganishni, o'qituvchilar orasida bunday jamoalarning eng qulay miqdorini 10–14 kishidan iborat etib belgilashni ta'kidlab o'tadilar. Qatnashchilarning xuddi shunday miqdori ulardan har birining boshqa o'qituvchilar bilan birga faoliyat olib borishda individual psixologik muammolarini juda to'liq ravishda aniqlab hal etish, refleksiv va empatik darajasini jiddiy oshirish, kasbiy pedagogik fahm-farosatini rivojlantirish, boshqalarga ta'sir etish vositalarining kengaytirish imkoniyatlarini ochib beradi. Shu narsa muhimki, guruh qatnashchilari, bo'lajak o'qituvchilar kasbiy hamkorlik jihatidan birga ishlash malakalarini egallashga faol intilishlari, o'z-o'zini bilish va kasbiy jihatdan o'z-o'zini tarbiyalash bo'yicha muvaffaqiyatli faoliyat olib borishga psixologik jihatdan tayyor bo'- lishlari kerak. Barcha hollarda ham individual, ham guruhiy mashg'ulotlar boshlanishidan oldin pedagogik texnikani egallashning individual dasturi tuzib chiqilishi lozim. Bunday dasturni tuzish uchun avvalo pedagogik texnika malakalarini shakllantirishning boshlang'ich darajasini aniqlab olish zarur. Biroq, tajribalarning ko'rsatishicha, odatda, mazkur bosqichda faqat malakalar haqidagina emas, shu bilan birga dastlab avtomatlashtirilgan (ta'limni boshlash vaqtiga kelib) ko'nikmalar haqida ham mulohazalar olib borish mumkin. Masalan, nafas olish va ovozning tabiiy bir holatga qo'yilishi, so'zlarni to'g'ri talaffuz qilish, bundan oldingi tarbiyaviy metodlarning natijasi bo'lgan savodli, ifodali nutq, mimik va pantomimik harakatlar bo'lishi mumkin. Bunday ko'nikma va malakalarning mavjudligi pedagogik texnika imkoniyatlarini mukammal shakllantirishni ancha osonlashtiradi. Shunga qaramasdan barcha hollarda ana shu ko'nikmalarni tegishli malakalar tarkibiga kiritish yuzasidan muayyan faoliyat olib borilishi zarur.

Pedagogik texnika malakalarini shakllantirishning boshlang'ich darajasiga qarab uni egallashning individual dasturi yetishmaydigan malakalarni shakllantirishga qaratilgan ayrim mashqlarni yoki ularning to'liq majmuasini ishlab chiqish lozim. Pedagog va psixolog olimlar tomonidan olib borilgan tadqiqotlarning ko'rsatishicha, o'z faoliyatini endigina boshlayotgan o'qituvchilar duch keladigan qiyinchiliklarning asosiy sababi aynan pedagogik texnikaga oid ma'lumotlarni bilmasligi oqibatida sodir bo'lmoqda.

Pedagogik texnika to'g'risida yuqorida aytib o'tilgan fikr va mulohazalarga e'tibor qilmaslik, pedagogik faoliyatda nazariy va amaliy tajribalarning yo'qligi, o'z faoliyatiga tanqidiy nazar bilan baho berolmaslik oqibatida hamda o'qituvchida individual pedagogik texnikani rivojlantirish, tahlil qilish va uni takomillashtirish yuzasidan aniq maqsadga qaratilgan pedagogik faoliyatning yo'qligi mazkur qiyinchiliklarning asosiy sabablaridan biri ekanligini unutmaslik kerak. Pedagogika oliy ta'lim muassasalaridagi kasbiy tayyorgarlik jarayonida pedagogik texnikani egallash bo'lajak o'qituvchiga o'zining kasbiy yo'nalishining boshlanishidayoq ko'pgina xatolardan holi bo'lishda, talabalarga ta'lim-tarbiya berishning yuksak samaradorligiga erishishda yordam beradi.

Nazorat savollari
1. O'qituvchining pedagogik texnikasi qanday ko'nikma va malakalardan iborat?
2. Pedagogik texnika tushunchasi ikki guruhga bo'linib o'rganiladi, ularga ta'rif bering?
3. Pedagogik texnikaning muhim hususiyatlari nimalardan iborat?
4. "O'qituvchi–murabbiy professiogrammasi"da talqin etilgan pedagogik hislatlari?
5. O'qituvchi harakatlarida aktyorlikka xos xususiyatlarga ta'rif bering?
6. T. Sodiqovaning falsafiy fikri: pedagogik texnika va "murabbiylik shartlari"ga o'z mulohazalaringizni bildiring?
7. O'qituvchining tashqi ko'rinishida pedagogik texnikaning qanday holatlari muhim ahamiyat kasb etadi?

8. Oʻqituvchining pedagogik faoliyatida mimik va pantomimik harakatlar qanday ahamiyatga ega?
9. Oʻqituvchining oʻz hissiy holatlarini nazorat qilishida qanday faoliyat turlari muhim rol oʻynaydi?
10. Yosh oʻqituvchilar oʻz shaxsiy pedagogik texnikasini takomillashtirish uchun nimalarga eʼtibor berishlari lozim?
11. Pedagogik texnikaning koʻnikma va malakalarini takomillashtirish jarayoni?

7-Maʼruza
Nutq texnikasi va notiqlik madaniyati.

Reja:
1. Notiqlik sanʼatining paydo boʻlish tarixi.
2. Sharq mutafakkirlari notiqlik sanʼati haqida.
3. Nutqning asosiy xususiyatlari.
4. Til va nutq.
5. Oʻqituvchining nutq madaniyati va notiqlik sanʼati. Nutq texnikasni egallash.

Tayanch soʻz va iboralar: Notiqlik sanʼati; ovoz ritorikasi; nutq odobi; suhangoʻylar; nutq texnikasi; til va nutq; nutqning ravonligi; nutqning taʼsirchanligi; grammatik norma; nutqning mantiqiyligi; nutqning tozaligi va ifodaliligi; dialektizm va varvarizm; jargon; tashqi nutq; ichki nutq; oʻqituvchiningnutq madaniyati; metonimiya; metafora; monologik nutq; dialogik nutq; kommunikativ nutq; tovush; diapazon va tembr; fonotsional nafas; diksiya; ritmika; artikulyatsiya; diafragma ishtirokida nafas olish; dialogic nafas olish.

Notiqlik sanʼatining paydo boʻlishi tarixi
Oʻqituvchining pedagogik mahoratida uning nutqi, notiqlik qobiliyati muhim ahamiyatga ega. Ayniqsa, ushbu muammoga mustaqillikdan keyingi yillarda jiddiy eʼtibor qaratildi. Yosh avlodni vatanparvarlik ruhida tarbiyalashda avvalo milliy

istiqlol mafkurasi muhim ahamiyatga ega. Mafkuramizning yuksak ustunlaridan biri — millat tilidir. Respublikamizning "Davlat tili haqida"gi, "Ta'lim to'g'risida"gi Qonunlari, "Kadrlar tayyorlash milliy dasturi" va boshqa hujjatlarda barkamol avlod tarbiyasida o'z ona tiliga nisbatan mehr—muhabbat tuyg'ularini shakllantirish e'tirof etilgan.

Yosh avlodning ma'naviy-ma'rifiy tarbiyasida o'qituvchining nutqi, uning notiqlik san'ati alohida e'tibor kasb etadi. Prezidentimiz I.A.Karimov O'zbekiston Respublikasi Oliy majlisining 1997-yil 29-avgustdagi IX sessiyasida so'zlagan nutqida ta'kidlaydiki, *"O'z fikrini mutlaqo mustaqil ona tilida ravon, go'zal va lo'nda ifoda eta olmaydigan mutaxassisni, avvalambor, rahbarlik kursisida o'tirganlarni bugun tushunish ham, oqlash ham qiyin"*. O'qituvchining nutqiy madaniyatini shakllantirish uning kasbiy faoliyatida naqadar muhim ahamiyatga egaligi to'g'risida mulohaza yuritar ekanmiz, avvalo, notiqlik san'atining kelib chiqish tarixini bilish lozim. Professional notiqlik san'ati Yunoniston, O'rta Osiyo, va Hindistonda o'zining uzoq tarixiga ega.

Tarixchi olimlarning (Apresyan G.Z.) ma'lumotlariga ko'ra, Notiqlik san'atiga eramizdan oldingi VII asrda Yunonistonda asos solingan. Qadimgi Yunonistonda bolalarga bilim berish faylasuflar zimmasiga yuklatilar edi. Ular, notiqlik san'atining yetuk namoyondalari bo'lib, o'zlarining chiroyli so'zlari, baland va ta'sirchan ovozlari bilan odamlar tafakkuriga, ongiga kirib borganlar, ta'lim va tarbiyada ulkan yutuqlarga erishganlar. Shu sababli, notiqlik san'ati va nutq madaniyatining nazariyasiga, uning cheksiz tarbiyaviy ahamiyatiga ilk marotaba qadimgi Yunonistonda asos solinganligi ilmiy adabiyotlarda bayon etiladi. Yunonistonda epos, lirika, drama, haykaltaroshlik, musiqa va me'morchilik san'atlari bilan birga notiqlik san'ati ham murakkab va muhim san'at asari sifatida e'tirof etilgan. Notiqlik san'atini davlatning muhim ijtimoiy-siyosiy ishlariga taalluqli faoliyatdagi ahamiyati uchun hamda yosh avlodni tarbiyalashda ular ongi va tafakkuriga qizg'in ta'sir etuvchi murakkab vosita ekanligi uchun Yunonistonda uni "San'atlar shohi" deb atashgan.

Eramizdan avvalgi V asr Yunonistonda "Notiqlik san'ati"ning eng takomillashgan va rivojlangan davri hisoblanadi. Bu davrda notiqlik san'atining quyidagi uchta qonuniyati qizg'in takomillashtirilib, notiqning unga jiddiy e'tibor berishi talab qilingan:

•tinglovchiga tushuntirish (ma'lum bir g'oyani);

•tinglovchining tafakkurini uyg'otish (fikrini, ongini, maqsadini);

•tinglovchini o'ziga jalb qilish (huzur-halovat va qoniqish hissini uyg'otish asosida).

Notiqlar ushbu qonuniyatlarga amal qilgan holda *"tinglovchilarga halovat bag'ishlash"* orqali odamlarni ezgulikka, adolatparvarlikka, vatan oldidagi burchlariga sadoqatli bo'lishga, eng yaxshi insoniy fazilatlarga amal qilib, ularni doimo bajarishga, odob va axloq qoidalariga rioya qilishga chorlar edilar. Bu ularning asosiy vazifasi hisoblanardi. Yunonistonda notiqlik san'atini chuqur egallagan, o'zlarining go'zal va chiroyli nutqlari hamda noyob asarlari bilan jamiyatda hurmat va e'tibor qozongan Sokrat (Suqrot), Platon (Aflotun), Dinarx, Giperid, Gorgiy

(Horgiy), Isokrat, Isey, Esxil, Demosfen, Sitseron, Kvintilian kabi namoyondalar Yunonistonning mashhur davlat arboblari boʻlib yetishganlar.

Yunon notiqlari ogʻzaki nutqning shakl va qonuniyatlarini, mulohaza va isbot kabi mantiq ilmining qoidalarini chuqur oʻzlashtirganlar. Ular oʻz fikrlari va tuygʻularini ruhan oʻquvchilar hamda tinglovchilar tafakkuri va ongiga chuqur singdira olganlar va keskin taʼsir oʻtkazganlar. Har bir notiq oʻz ustida yillab tinimsiz mashgʻulotlar olib borgan, sehrli ovoz sohibi boʻlish uchun nutq texnikasining barcha qonuniyatlariga amal qilganlar. Ular oʻzlarining taʼsirchan nutqlarini namoyish qilish bilan notiqlik sanʼatini *"Mafkuraviy va siyosiy kurash hamda yosh avlodni tarbiyalash quroli"* deb hisoblaganlar va buni oʻz faoliyatlarida isbotlab berganlar.

Mashhur yunon faylasufi *Sokrat* (eramizdan avvalgi 469 — 399 yillar) oʻquvchilarga taʼlim-tarbiya berishda munozara, savol-javob usulini joriy qilib, ushbu usul orqali suhbat metodiga asos solgan. Sokratning shogirdi Platon esa oʻz ustozi gʻoyalarini davom ettirib, savol-javobni notiqlik sanʼatining bir shakli sifatidagi ahamiyatini oʻz asarlarida yoritadi hamda uni inson tafakkuri va ongini, dunyoqarashini ogʻzaki nutq bilan boyituvchi noyob uslub sifatida baholab, uni mazmunan amaliy va nazariy jihatdan yanada boyitdi.Yunonistonda notiqlik sanʼatining har tomonlama takomillashishi *Demosfen* (eramizdan avvalgi 384—322 yillar) nomi bilan uzviy bogʻlangan. U yoshlik yillaridanoq notiqlik sanʼatiga qiziqdi. Tugʻma duduq boʻlishiga qaramasdan, oʻquvchi va tinglovchilarning istehzolariga bardosh berib, qizgʻin va shiddatli mehnati bilan notiqlik mahoratini namoyish eta olgan.

Faqat Demosfen Yunonistonda notiqlik sanʼatining yetuk namoyodasi, yaʼni oʻz davrida *"notiqlik sanʼatining elitasi"* sifatida mashhur boʻldi. U davlat tribunasini notiqlik sanʼatiga asoslangan siyosiy va mafkuraviy kurash maydoniga aylantirdi. Demosfenning notiqlik sanʼati toʻgʻrisidagi gʻoyalarini uning shogirdi faylasuf, notiq va siysiy arbob *Sitseron Mark Tulliy* (eramizdan avvalgi 106—43 yillar) davom ettiradi. Qadimgi Yunonistonda nutq mahorati, uni takomillashtirish yoʻllari, nazariyasi va tarixi boʻyicha oʻz tajribalaridan kelib chiqib Sitseronning 19 ta asari, 800 dan ziyod maktublari hozirgi kunga qadar saqlanib qolgan. Sitseronning notiqlik sanʼati tarixiga bagʻishlangan "Brut", "Notiqlik sanʼati namoyondalari", "Notiq", "Notiqlik haqida" kabi asarlari shular jumlasidandir.

Notiqlik sanʼatining ulkan imkoniyatlarini, odamlarni va jamiyatni boshqarishda qudratli qurol ekanligini taʼkidlab, uni davlatning siyosiy jihatdan bosh quroli deb hisoblaydi. Shu sababli har bir davlat rahbari va davlat arbobi notiqlik sanʼatining cheksiz imkoniyatlarini chuqur egallashi lozimligini aytadi. Sitseronning notiqlik sanʼati nazariyasida "Ideal notiq" haqidagi gʻoyalari muhim ahamiyatga ega. Uning fikricha, *"Ideal notiq egasi yuksak maʼnaviyatli, chuqur bilimga ega, tafakkuri boy faylasuf boʻlishi kerak."* Ideal notiqlar tinglovchilar qalbiga va his tuygʻulariga tez, chuqur kirib borishi, ularning kayfiyatini, ruhiyatini bilib, shodlik va sevinch tuyg'ularini, yoki aksincha, g'azab va nafratini ta'sirchan nutqi asosida uyg'ota olishi lozim.

Sitseron tomonidan ishlab chiqilgan va nazariy hamda amaliy jihatdan asoslangan notiqlik san'ati haqidagi ma'lumotlarni, tizimlar va uslublarni rimlik *Kvintilian* (eramizdan avvalgi 35-95 yillar) ma'lum bir tartibga keltirib, tabaqalashtirib, undan notiqlik san'ati sohasi bo'yicha faoliyat ko'rsatuvchilar unumli foydalanishlari uchun qayta ishlab chiqadi. U notiqlik san'atining balandparvoz, asabga teguvchi teatr artistlariga xos ovoz ritorikasiga qarshi edi. Kvintilianning fikricha, notiq tashqi ovoz natijalari bilan emas, balki ilmiy asosga ega bo'lgan, mazmunan boy, mukammal va "tiniq" nutq orqali ulkan yutuqlarga erishishi mumkin. U "Tarbiya haqida" nomli asarida o'z nazariyalariga asoslanib, notiqlik san'atini o'rganish metodikasini yaratdi. Faylasuf olim o'z asarida ilk bor notiqlik san'atining ta'lim-tarbiya maskanlarida bolalar bilimi, ongi va tafakkuriga ijobiy ta'siri haqidagi g'oyalarini ilgari surdi. Kvintilian o'qituvchilar va tarbiyachilarning qizg'in faoliyat olib borishlari uchun notiqlik san'atini mukammal o'rganishga doir o'zining metodikasini taqdim etdi. Ushbu metodika notiqlik san'ati tarixida ulkan ahamiyatga ega va hozirgi davrda ham o'z qimmatini yo'qotmagan.

Sharq mutafakkirlari notiqlik san'ati haqida

Mamlakatimizda notiqlik san'atining rivojlanishi O'rta Osiyo madaniyati tarixi bilan bog'liq bo'lib, nutq madaniyati hamisha o'ziga xos mavqega ega bo'lib kelgan. O'rta Osiyoda notiqlik san'atining xususiyatlari shundan iborat ediki, u eng avval o'sha davr tuzumining manfaatlariga xizmat qilar edi. Bu davrda notiqlik san'ati ustalarini *nadimlar, qissago'ylar, masalgo'ylar, badihago'ylar, qiroatxonlar, muammogo'ylar, voizlar, go'yandalar, maddohlar, qasidaxonlar* deb yuritilishi ham ana shundan dalolat beradi. Movarounnahrda notiqlik san'ati voizlik deb atalgan.

Voizlik, ya'ni va'zxonlik «Qur'on»ni targ'ib qilish bilan mushtarak holda so'zning ahamiyati, ma'nosini anglatgan. «Va'z» so'zi arab tilidan pand- nasihat ma'nosini beradi. Va'z aytuvchi, nutq so'zlovchi shaxs Voiz deb atalgan. Voizlik san'ati tinglovchining, jamoaning ongiga, his tuyg'usiga ta'sir etish mahorati bo'lib, qadimgi Sharqda hukmdorlar ushbu san'at namoyondalari xizmatini yuksak darajada qadrlaganlar. IX asrdan boshlab, davlat hukmdorlari notiqlik bilan bog'liq barcha tadbirlarni maxsus tayyorgarlikka ega so'z ustalariga yuklab, ularni "voizlar" deb ataganlar. Markaziy Osiyoda XII asrdan boshlab voizlik san'ati nazariyasi va amaliyotini targ'ib qiluvchi ko'plab ilmiy va uslubiy risolalar yozilgan. Jumladan, allomalar Abu Nasr Forobiy "Fozil odamlar shahri", Unsurul Maoliy Kayqovus "Qobusnoma", Yusuf Xos Hojib "Qutadg'u bilig", Alisher Navoiy "Majolis un-nafois", "Nazmul-javohir", Husayn Voiz Koshifiy "Dah majlis", "Mahzan ul-insho", Ali Yazdiy "Zafarnoma", Xondamir "Makorim ul-axloq", Voiz Samarqandiy "Ravozat ul-voizin", Muhammad Rafiq Voiz "Avbob ul-jinon", Quraysh Saidiy "Anis ulvoizin" kabi o'zlarining asarlari bilan "voiz"lik san'ati xazinasiga munosib hissa qo'shganlar.

Voizlik san'ati namoyondalari tinglovchilarning ijtimoiy va siyosiy mavqei hamda lavozimlarini hisobga olgan holda uch yo'nalish bo'yicha faoliyat ko'rsatishgan.

Birinchisi, *sultoniyot,* ya'ni hukmdorlar hamda yuqori tabaqali a'yonlar uchun mo'ljallangan va'zxonlik bo'lib, unda hamdu sanolar aytilgan, ularning obro' e'tibori, martabasi, faoliyatlari ulug'lanib maqtalgan.

Ikkinchisi, *jihodiya,* ya'ni vatan himoyachilariga mo'ljallangan va'zxonlik bo'lib, unda vatanparvarlik, jangovarlik, botirlik, qahramonlik, fidoyilik ulug'langan, dushmanga nisbatan shafqatsiz bo'lish ifodalangan.

Uchinchisi, *g'aribona* deb atalib, asosan mamlakatning oddiy fuqarolariga mo'ljallangan va'zxonlikdir, unda barcha fuqarolar asosan itoatkorlikka, mehnatsevarlikka chaqirilgan.

Voizlikning har bir yo'nalishi o'ziga xos ohangga, usulga, jozibaga ega bo'lgan. Voizlar nutqda ma'lum bir muvaffaqiyatga erishish uchun har bir so'zning, tushuncha va ohangning badiiy jihatdan yuksak va ta'sirchanligini ta'minlab, muayyan bir fikr, mulohaza, hukm, g'oya, mafkura va xulosani tinglovchilarga yetkazish maqsadida suxandonlik (ritorika) fanini puxta o'zlashtirishgan.

Buyuk qomusiy olim *Abu Rayhon Beruniy* (973-1048) o'zining «Geodeziya» asarida har bir fanning paydo bo'lishi va taraqqiy etishi inson hayotidagi zaruriy ehtiyojlar talabi bilan yuzaga kelishini ta'kidlab, notiqlik san'atining ildizlari bo'lmish grammatika, aruz va mantiq fanlari ham shu ehtiyojlarning hosilasidir degan g'oyani ilgari surgan.

Ulug' vatandoshimiz *Abu Nasr Forobiy* to'g'ri so'zlash, to'g'ri mantiqiy xulosalar chiqarish, mazmundor va go'zal nutq tuzishda leksikologiya, grammatika va mantiqning naqadar ahamiyati cheksizligi haqida shunday deydi: *"Qanday qilib ta'lim berish va ta'lim olish, fikrni qanday ifodalash, bayon etish, qanday so'rash va qanday javob berish masalasiga kelganimizda, bu haqda bilimlarning eng birinchisi jismlarga va hodisalarga ism beruvchi til haqidagi ilmlar deb tasdiqlayman..."*

Forobiy "Fozil odamlar shahri" asarida mudarrisning *"so'zlari aniq bo'lsin, fikrini va aytmoqchi bo'lgan mulohazalarini ravon va ravshan bayon eta olsin... Bilish va o'qishga muhabbati bo'lsin, o'rganmoqchi bo'lgan bilimini charchashni sezmasdan, osonlik bilan o'zlashtira olsin"* deydi. *Unsurul Maoliy Kayqovus* tomonidan 1082-1083 yillarda yaratilgan, qadimgi Sharq pedagogikasining ajoyib namunalaridan biri hisoblangan «Qobusnoma»da ham nutq odobi va madaniyati haqida ibratomuz fikrlar bayon etilgan.

Muallif farzandiga qilgan nasihatlari orqali o'quvchini yoqimli, muloyim, o'rinli so'zlashga, behuda gapirmaslikka undaydi. So'zlaganda o'ylab, har bir fikrdan kelib chiqadigan xulosalarni ko'z oldiga keltirib gapirish kerakligini, kishi aql-idrokli bo'lishi, o'zini xalq orasida omiy, kamtar tutishi lozimligini eslatib, mahmadonalik qilish, ko'p gapirish donolik belgisi emasligini ta'kidlaydi, hamda *"Odamlarda mavjud barcha qobiliyatlarning eng yaxshisi nutq qobiliyatidir"* deydi. *"Ey farzand, agar sen har qanday notiq bo'lsang ham, o'zingni bilganlardan pastroq tutgil, toki so'z bilimdonligi vaqtida bekor bo'lib qolmagaysan. Ko'p bilu, oz so'zla, kam bilsang, ko'p so'zlama, chunki aqlsiz kishi ko'p so'zlaydi, deganlarki, jim o'tirish salomatlik sababidir. Ko'p so'zlovchi aqlli odam bo'lsa ham, xalq uni aqlsiz deydi..."* - deb uqtiradi alloma. U axloqlilikning birinchi belgisini suxandonlikda deb biladi. *"Suxango'ylar notiqlikda rost so'zlash kerak. So'zlaganda andishalik bo'lish, sovuq so'zlik bo'lmaslik, kam gapirish, kamtarlik, birovning so'zini diqqat bilan eshitish ularning burchidir"* deb ta'kidlaydi.

Ulug' shoir *Yusuf Xos Hojib* turkiy xalqlarning XII asrdagi ajoyib badiiy yodgorligi bo'lgan "Qutadg'u bilig" ("Baxt keltiruvchi bilim") asarida so'zlarni to'g'ri tanlash va to'g'ri qo'llash haqida *"Bilib so'zlasa so'z bilig sanalur"* degan. Mutafakkir so'zlovchini tilning ahamiyatini tushungan holda, hovliqmasdan, so'zning ma'nolarini yaxshi anglab, nutqni ravon qilib tuzishga chaqiradi va so'zning qudratini shunday ifodalaydi:

Kishi so'z tufayli bo'ladi malak,
Ortiq so'z qiladi bu boshni egik,
Tilingni avayla – omondir boshing,
So'zingni avayla uzayar yoshing.

Adib Ahmad Yugnakiy (XII-XIII) ham mudarrislarni so'zlaganda nutqni o'ylab, shoshilmasdan, aql-idrok bilan tuzishga, keraksiz, bema'ni so'zlarni ishlatmaslikka, mazmundor so'zlar izlab topishga chaqiradi, Noto'g'ri tuzilgan nutq tufayli keyin xijolat chekib yurmagin, deb so'zlovchini ogohlantiradi:

Uquv so'zla, so'zni eva so'zlama,
So'zing kizla, keyin, boshing kizlama.

So'zni uqib so'zla, shoshib gapirma, keraksiz, yaramas so'zlarni yashir, yaramas gaping tufayli keyin boshingni yashirib yurma. Nutq odobi deb yuritilgan qoida va ko'rsatmalarda sodda va o'rinli gapirish, qisqa va mazmundor so'zlash, ezmalik laqmalikni qoralash, keksalar, ustozlar oldida nutq odobini saqlash, to'g'ri, rost va dadil gapirish, yolg'onchilik, tilyog'lamalikni qoralash va boshqa qonuniyatlar to'g'risida fikr yuritiladi.

Buyuk alloma *Abdurahmon Jomiy* o'z adabiy merosida so'z va nutqning qudrati naqadar ulug'ligini, tildek insonga chiroyli libos kiydirguvchi vosita hech qayerda bo'lmasligini bayon etgan:

Tildagi ketma-ket xatoga hayhot,
Chiroyli kiyimlar berolmas najot.
So'zni kiyimingdek bekamu ko'st qil,
Yoki kiyimingni so'zingga rost qil.

Mutafakkir *Alisher Navoiy* davlat arbobi sifatida, o'zbek mumtoz adabiy tilining homiysi bo'lgan buyuk shoirdir. Alisher Navoiy turkiy tilda go'zal nutq tuzishning bayroqdori sifatida, o'zining butun ijodiy merosi bilan o'zbek tili boyliklarini namoyon etdi. Navoiy o'zbek adabiy tilida buyuk asarlar yaratish mumkinligini va shu bilan o'zbek xalqini butun jahonga mashhur qilishni isbotlab berdi.

Shoir o'zining "Muhokamatul-lug'atayn" asarida har bir tilning ijobiy va salbiy tomonlari borligini eslatib o'tadi. Alisher Navoiyning "Muhokamatul-lug'atayn", "Mahbub-ul-qulub", "Nazmul-javohir" asarlari o'zbek tilida nutq tuzishning go'zal namunalari bo'lishi bilan birga, uning yuksalishiga ham katta hissa qo'shdi. U o'zining "Mahbub-ul-qulub" asarida shunday yozadi: *"Til muncha sharaf birla nutqning holatidir va ham nutedurki, agar nopisand zohir bo'lsak, boshning ofatidir..."* ya'ni, til shuncha sharafi bilan nutqning qurolidir, agar u o'rinsiz ishlatilsa boshning ofatidir. Navoiy ta'limi bo'yicha so'z:

Har kimki chuchuk so'z elga izhor aylar,
Har neki ag'yor durur yor aylar.
So'z qattig'i el ko'ngliga ozor aylar,
Yumshog'i ko'ngillarni giriftor aylar.

Xullas, Sharq mutafakkirlari, so'z va nutqning inson hayotidagi o'rni, vazni va qadr qimmatiga jiddiy ahamiyat berganlar. Ular har bir so'zning nutqda o'z o'rni va ahamiyati borligini, nutqni qudratli qiluvchi so'zdan kuchliroq va buyukroq narsa yo'qligini, tilga e'tibor – elga e'tibor ekanligini, so'z sehri ila odamzod mo''jizalar yarata olishini doimo ta'kidlab, isbotlab kelganlar. So'z orqali nutq va fikr oydinlashadi. O'qituvchi ta'lim-tarbiyasining samaradorligi so'z boyligi bilan belgilanadi. Demak, "So'z tuzadi, so'z buzadi, olqish ham so'zdan, qarg'ish ham so'zdan, omonlik ham, yomonlik ham so'z bilan, borliq ham, yo'qlik ham so'zdan, olamning yaralishi va gullab-yashnashi ham so'zdan, yo'q bo'lishi ham so'zdan"*(R. Jumaniyozov).*

Nutqning asosiy xususiyatlari.

O'qituvchining pedagogik faoliyatida nutq texnikasini mukammal egallash muhim ahamiyatga ega. Zero, nutq vositasida o'qituvchi bolaning his-tuyg'ularini uyg'otadi, o'quvchilar bilan ongli muloqotni ta'minlaydi, ta'lim-tarbiyaga oid ma'lumotlarni tahliliy idrok etadi. Buning uchun bo'lajak o'qituvchi avvalo nutq sirlarini, uning o'quvchilar bilan bo'ladigan muloqotda ta'sir kuchini puxta bilishi kerak. Nutqning o'ziga xos xususiyatlarini o'rganish uchun, nutq texnikasiga oid talablarni bilish lozim. Bu talablar nutqning mantiq jihatdan to'g'ri, aniq, chiroyli, yorqin va maqsadga muvofiq bo'lishidir. Nutqning quyidagi asosiy xususiyatlari ushbu talablardan kelib chiqadi:

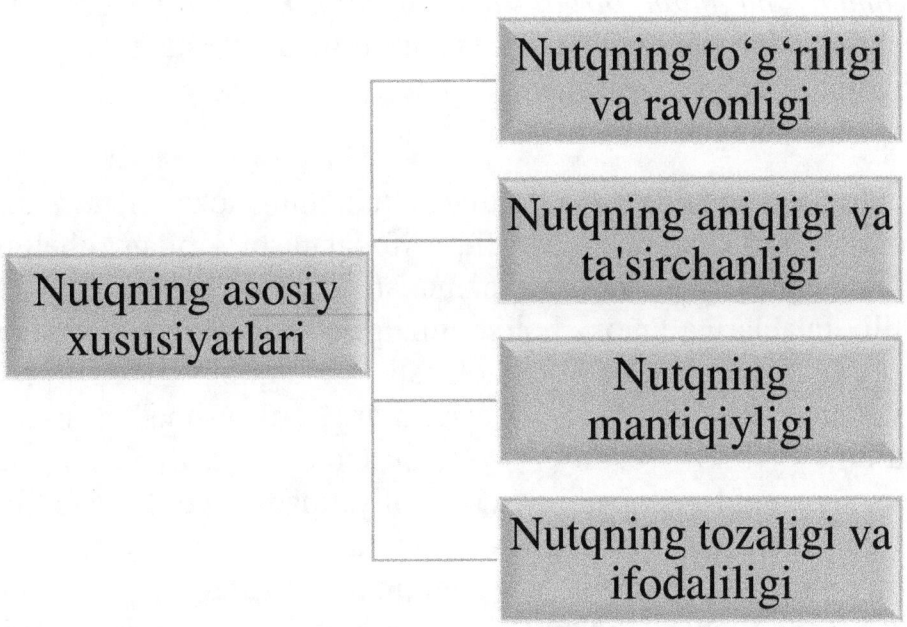

Nutqning to'g'riligi va ravonligi- uning adabiy til normalariga to'g'ri kelishidir. Bunda ikkita jihatga e'tibor beriladi: urg'u va grammatik normalarga amal qilinishi. Urg'u – so'zlarning to'g'ri talaffuz etilishini ta'minlaydi. Grammatik norma – nutqning mazmundorligini, ma'noli ekanligini bildirib, nutq oqimidagi so'zlarning o'zgarishi, mazmunan bir-biriga birikishini ifodalovchi xilma-xil qoidalar yig'indisidir.

Nutqning aniqligi va ta'sirchanligi – mazmundor nutqning tinglovchiga ta'sir etish omilidir. O'qituvchi so'z va tilning ravonligi, notiqlik qobiliyati bilan aniq faktlar asosida o'quvchilarga bilim beradi, ularning ko'nikma va malakalarini rivojlantiradi. O'qituvchi nutqining aniq bo'lishi, o'z mas'uliyatini chuqur his etish shartidir. Aniqlik, o'rganilayotgan mavzuning o'qituvchi tomonidan ifodalanayotgan voqelikka, faktlarga muvofiq kelishidir. Aniqlikning chegarasini belgilashda o'qituvchi so'zlarni to'g'ri qo'llay olishi, o'zbek tili grammatikasini mukammal bilishi, to'g'ri talaffuz eta olishi talab qilinadi. Nutqning mantiqiyligi – nutqning mantiqiy bo'lishi eng avvalo o'qituvchining so'z boyligi, tafakkur yuritish qobiliyati, idrok etish mahoratiga bog'liq.

O'qituvchi tilni juda yaxshi bilishi, so'z boyligi keng bo'lishi mumkin. Ammo o'zi fikr yuritayotgan mavzuga nisbatan chuqur bilimga ega bo'lmasa, bilimlarini o'z tafakkuri doirasida tahlil qila olmasa notiqlik san'ati natija bermaydi. So'zlarning o'qituvchi ifodalayotgan mavzuga mos ravishda to'g'ri ifodalanishi, so'z birikmalarining, gaplarning, matnlarning bir-biriga to'g'ri kelishi, fikrni izchil bayon etish uchun bo'ysundirilishi nutqning mantiqiy boy ekanligidan dalolat beradi. O'quvchilarga aytilayotgan fikr mantiqan bir-biriga bog'langan bo'lishi kerak. Gaplar o'rtasida fikriy bog'lanish, izchillik yo'qolishi bilan o'qituvchi nutqining mantiqiyligiga putur etadi. O'rganilayotgan mavzu matnlari o'rtasida mantiqiy bog'lanish bo'lish uchun, matnlar boshlanma bilan ajratiladi *(masalan, xulosa qilib aytganda; shu bilan birga; ta'kidlash lozimki va hokazo).* Demak, o'qituvchi nutqining mantiqiyligi deyilganda, yaxlit bir tizim asosida tuzilgan, fikr va mulohazalar rivoji izchil bo'lgan, har bir so'z, ibora aniq maqsadga muvofiq ishlatiladigan nutq tushuniladi.

Nutqning tozaligi va ifodaliligi – O'qituvchi nutqining tozaligi, avvalo uning adabiy til lisoniy normalariga muvofiq ifodalanishi bilan belgilanadi. O'qituvchilarning chiroyli va mazmunan boy nutqi hozirgi o'zbek adabiy tili talablariga mos holda tuzilgan bo'lishi, g'ayriadabiy til unsurlaridan holi bo'lishiga qarab baholanadi. Nutqning toza bo'lishiga halaqit beruvchi unsurlar: dialektizm va varvarizmdir. Zero, ushbu unsurlar badiiy adabiyotda ma'lum bir badiiy – estetik vazifani bajarsada, o'qituvchining dars jarayonidagi va tarbiyaviy faoliyatidagi nutqida ishlatilmasligi kerak. O'qituvchi doimiy ravishda idoraviy atamalarni, rasmiy so'z va iboralarni noo'rin ishlatishi o'z nutqining notabiiyligiga, ishonchsiz chiqishiga sabab bo'ladi. Natijada o'quvchilar ta'lim–tarbiyasida o'qituvchi tomonidan ishontirish metodi orqali qo'llaniladigan fikrlar mukammal bayon etilmaydi.

Nutqning tozaligi, uning turli sheva so'zlaridan holi bo'lib, faqat abadiy tilda ifoda etilishidir. Til vositalari vaziyatga qarab ishlatilgan, siyqa so'z va iboralarsiz hosil bo'lgan o'qituvchi nutqi tabiiy va samimiy bo'ladi, tinglovchi va o'quvchilarning qalbiga tez borib etadi. Jargon (muayyan kasb yoki soha mutaxassisliklariga xos bo'lmagan so'zlar); varvarizm (muayyan millat tilida bayon etilayotgan nutqda o'zga millatlarga xos so'zlarning noo'rin qo'llanilishi); vulgarizm (haqorat qilish, qo'pollik asosida qo'llaniladigan so'zlar) hamda konselyarizm (o'rni bo'lmagan vaziyatlarda rasmiy so'zlardan foydalanish); parazit (ortiqcha) so'zlarning ishlatilishi nutqning tozaligiga salbiy ta'sir ko'rsatadi. Ushbu hodisalar o'qituvchi nutqida uchramasligi uchun, o'qituvchi o'zini, fikrini boshqara olishi, doimiy ravishda o'z nutqini boyitib borishi, mashq qilishi kerak. O'qituvchi tilni qancha chuqur bilsa va unda so'z boyligi qanchalik ko'p bo'lsa, uning tafakkuri shunchalik boy bo'ladi. So'z barcha dalillar, barcha fikrlar libosi, o'qituvchi nutqining poydevoridir. Hikmatli so'zlar, ibora va maqollar, matallar hamda ko'chirma gaplardan o'rinli va samarali foydalana olish lozim. Zero, dunyoda so'z mulkidan ham ortiq va qimmatli xazina yo'qligini Sharq mutafakkirlari o'zlarining adabiy meroslarida bayon etganlar:

So'z ichra mudom aql yashirindur,

So'z chimildig'u, aql kelindur.

(Nosir Xisrav)

So'zni bilgan zarga bo'lmaydi muhtoj,

Zar qimmati so'z bilan topar rivoj.

(Abdurahmon Jomiy)

Til va nutq.

Nutq madaniyati – til normalarini egallamoq, talaffuz, urg'u, so'z ishlatish, gap tuzish qonuniyatlarini chuqur bilmoqdir. Shuningdek, tilning tasviriy vositalari har xil sharoitlarga mos, maqsadga muvofiq bo'lishi kerak. Nutqda til – fikr almashish quroli, o'qituvchi qalbining oyinasi, o'qituvchining dars berish uslubini, pedagogik mahoratini to'liq namoyon qiluvchi vosita. Nutqda – tildagi rang-barang vositalar o'z ifodasini topsa, bunday nutq – boy nutqdir.

Til va nutq azaldan bir-biri bilan chambarchas bog'langan vositalardir. Nutq qaysi tilda aytilmasin, o'sha millat tilining qonun-qoidalari asosida ro'yobga chiqadi. Biroq ular bir-biridan farqlanadi. Til nutq uchun moddiy material. Shu material asosida nutq tashkil topadi. Nutq – tildagi mavjud ifoda vositalaridan foydalangan holda reallikka aylangan fikr bo'lib ikki xilda namoyon bo'ladi: *i*chki nutq; tashqi nutq. O'qituvchi ongida hosil bo'ladigan, hali amalga oshmagan til elementlaridan tashkil topgan, kishining og'iz ochmasdan fikrlashi, mulohaza yuritishi, o'ylashi ichki nutqdir. O'qituvchi mulohazasi va fikrining til vositasida nutq organlariga ta'siri va harakati bilan real tovushlar sifatida yuzaga keladigan nutq– tashqi nutq bo'lib, u ijtimoiy hodisadir.

1. O'qituvchining nutqiy faoliyati: so'zlash, mutolaa qilish va eshitishdan iborat. Nutq hodisasi monolog, dialog, polilog, deklamatsiya hamda ayrim tekst va kitob shaklida bo'lishi mumkin. Nutq maxsus belgilangan tartibda o'zining hajmi bilan notiqqa havola etiladi. Til hodisasi fonemalar tizimida, morfemalarda, sinonimiya, omonimiyalarda, mavjud grammatik qoidalarda, murakkab terminlar va frazeologik iboralarda namoyon bo'ladi.

Til xatosida so'zning ma'nosi keskin buzilishi mumkin (Masalan: sof-sop, tif-tip, fan-pan, dil-til, nufuz-nufus, servis-serviz, xo'p-xo'b). Nutq xatosidagi buzilishlar ko'pincha faqat akustik tomondan o'zgaradi (fikr-pikr, fabrika-pabrika, safar-sapar kabilar). Til va nutq hodisalarining qonun-qoidalarini mukammal bilish, uning qoidalariga doimo rioya qilish, obyektiv sharoitda tinimsiz mashg'ulotlar olib borish – o'qituvchining til sofligi, nutq madaniyati va odobi masalalariga oqilona yondashishiga olib keladi.

Til va nutqning qiyosiy tahlili	
Tilning imkoniyatlari:	**Nutqning imkoniyatlari:**
Til aloqa materiali.	*Nutq aloqa shaklidir.*
Tilni xalq yaratadi.	*Nutqni har bir shaxs*

		yaratadi.
•	Tilning hayoti qadim xalq hayoti bilan bogʻliq.	Nutqning hayoti esa qisqa boʻlib, u aytilgan paytdagina mavjud.
•	Ayrim shaxslar ayni zamonda bir nechta tilni bilishi mumkin.	Ayrim shaxsning nutqi ayni zamonda faqat bitta boʻladi, chunki u maʼlum vaqtda va maʼlum oʻrinda yuz beradi.
•	Tilning hajmi noaniqdir.	Nutqning hajmi esa aniq.
•	Til – turgʻun statik hodisa.	Nutq harakatda boʻluvchi, dinamik hodisa.

Oʻqituvchining nutq madaniyati va notiqlik sanʼati Nutq madaniyati — ijtimoiy madaniyatni, kishilik jamiyati madaniyatini aks ettiruvchi bir koʻzgudir. Nutq madaniyati adabiy tilning har ikki shakli — yozma va ogʻzaki shakli uchun zarurdir. Nutq madaniyatiga eʼtibor yolgʻiz oʻqituvchilardan emas, balki har bir fuqarodan ongli ravishda oʻzlashtirish talab qilinadigan insoniy fazilatlardan biridir. Uni egallash har bir oʻqituvchining va shaxsning madaniy saviyasi va bilimiga bogʻliq. Oʻqituvchi pedagogik mahoratida nutq madaniyati, uning nafaqat maʼnaviy va axloqiy jihatdan boyligini, balki bilimini, tafakkurini, ilmiy dunyoqarashini, fikr va mushohada yuritishini belgilovchi meʼyordir.

Oʻqituvchining nutq madaniyati birdaniga shakllanib maromiga yetadigan jarayon emas, u pedagogik mahorat bilan, kasb faoliyati davomida, tajribali ustozlar oʻgʻiti natijasida yillar davomida takomillashib, sayqallanib boraveradi. Oʻqituvchining nutqiy qobiliyati madaniy, kasbiy, pedagogik talablar asosida shakllanib boradi. Uni rivojlantirish faqat oʻqituvchining shijoatiga bogʻliq. Shu qobiliyat tufayli oʻqituvchining nutq madaniyati ham shakllanib boradi. Quyidagi oʻqituvchining nutq madaniyatiga xos boʻlgan vositalarni unutmasligi kerak:

1. Nutq madaniyati oʻqituvchining maʼnaviy-axloqiy kamoloti tarkibiy qismidir. Zero nutq, millatimiz erishgan madaniyat darajasini koʻrsatuvchi, oʻz ona tilimizga eʼtiqodni namoyish etuvchi yorqin va ishonchli dalildir.

2. Nutq madaniyati oʻqituvchilarni maʼnaviy va madaniy saviyasi bilan hamda adabiy tilni mukammal bilishi bilan boshqa kasb egalaridan maʼlum maʼnoda ajratib turadi.

3. Nutq madaniyatining pirovard maqsadi erkin fikr egasi bo'lgan barkamol avlodni qanday kasb egasi bo'lib yetishishidan qat'iy nazar ma'naviy jihatdan tarbiyalash.

4. Nutq madaniyati — bu, avvalo, o'qituvchilarda nutqiy ko'nikma va nutqiy malakalarni hosil qiladi. Bu ko'nikma pedagogik faoliyatda takomillashib boradi, maxsus mehnat va mashqlar evaziga malaka oshiriladi hamda erishilgan muvaffaqiyatlar tufayli qobiliyat va mahorat shakllanadi.

5. Nutq madaniyatiga o'zbek adabiy tilini mukammal egallash asosida erishiladi. Buning uchun o'qituvchi adabiy til qonuniyatlarini bilishi, badiiy adabiyot asarlarini doimiy o'qib borishi, she'rlar yod olishi va uni deklamatsiya bilan o'qiy olishi, radio va televideniye eshittirishlarini kuzatib borishi lozim.

6. Nutq madaniyatini egallashning yana bir ko'rinishi nutqiy taqlid bo'lib, yosh o'qituvchilar o'zidan yaxshiroq, chiroyliroq, ma'noli va ta'sirchan nutq so'zlaydigan ustoz murabbiylarning nutqiy san'atiga havas bilan qarashi va taqlid qilishi asosida o'rganishi mumkin. Nutq madaniyatining va notiqlik san'atiga umumiy, o'xshash tomonlari bor.

Har ikkala soha til va nutq, inson nutqi bilan aloqadordir. Har ikkalasi o'qituvchi nutqiy faoliyatining ta'sirchan, chiroyli bo'lishi uchun zarur hodisa bo'lib, uning nutqiy madaniyatini o'stirishga xizmat qiladi. Nutq madaniyati ham, notiqlik san'ati kabi nutqning ma'noliligi, nutqiy go'zallik, nutqiy mantiq qonuniyatlaridan oziqlanadi. Ba'zi shaxslarda uchraydigan notiqlik san'ati og'zaki nutq sohasida shaxsiy qobiliyat va faoliyat tufayli erishiluvchi alohida san'atdir. Nutq madaniyati va notiqlik tushunchalari orasida ba'zi o'xshashlik, umumiy tomonlar bor. Bu har ikkala sohaning pirovard maqsadi, ish faoliyatining mushtarakligida ko'rinadi. Ammo shunga qaramasdan, nutq madaniyati tushunchasi bilan notiqlik tushunchasi aynan bir xil narsa emas.

O'qituvchi nutq madaniyati va notiqlik orasidagi ba'zi muhim farqli tomonlarni va belgilarni bilishi lozim. Bular quyidagilar:

1. Nutq madaniyati, chinakam ma'noda adabiy til bilan bog'liq hodisadir. Uning paydo bo'lishi, lisoniy asosi, talab va mezonlari adabiy til va uning normalari bilan bog'liq. Notiqlik san'ati uchun bular asosiy belgilar emas. Notiqlar orasida adabiy til talablariga to'la amal qilmaydiganlar, ma'lum vaqtgacha, shevada ham chinakam notiqlik san'atini namoyish qilib kishilar qalbiga qizg'in ta'sir qiluvchi kishilar uchraydi. So'zga chechanlik, notiqlik, til materialining xarakteriga qarab emas, balki, notiqning chinakam so'z ustasi ekanligiga, tinglovchilarni o'ziga jalb etishida, ta'sirchan nutqiy san'atiga qarab belgilanadi.

2. Notiqlik – bu nutqning og'zaki shakli. Notiqlik san'ati og'zaki nutq san'atidir. Nutq madaniyati esa nutqning ham og'zaki, ham yozma shakli uchun taalluqli bo'lgan tushunchalardir.

3. Nutq madaniyati jamiyat a'zolarining umumiy nutqiy faoliyatini nazarda tutadi. Nutq madaniyati sohasining maqsadi va pirovard orzusi yosh avlod nutqini madaniylashtirishni mo'ljallaydi. Chin ma'nodagi notiqlik san'ati esa, alohida shaxslarning nutqiy mahoratini va san'atini ifodalaydi. Notiqlik, asosan nutq vositasida o'qituvchilar jamiyat talablari asosida yosh avlodga muayyan ta'lim va tarbiya beradi, yuqori malakali, raqobatbardosh, o'zining mustaqil fikriga ega bo'lgan kadrlarni tayyorlaydi.

4. San'atkor notiq nutqi, asosan, ko'pchilik tinglovchilarga, keng auditoriyalarga mo'ljallangan bo'ladi. Notiqni bir kishidan ortiq shaxslar tinglaydi. Nutq madaniyati mana shunday tinglovchilardan tashqari kishilar orasida odatiy suhbatlarni, yakka kishiga qaratilgan nutqlarni ham o'z ichiga qamrab oladi.

5. O'qituvchilar adabiy tilning keng imkoniyatlari va boyliklarini yaxshi egallagan, nutq madaniyati talablariga javob beradigan tajribali notiq bo'lishi mumkin. Biroq hamma o'qituvchi ham san'atkor ma'nosidagi mukammal notiq bo'la olmaydi. Lekin adabiy tildan foydalanuvchi har bir o'qituvchi nutq madaniyatidan xabardor bo'lishi shart.

6. Nutq madaniyati ko'pchilikka mo'ljallangan, ma'lum bir maqsadni ko'zda tutib ish ko'ruvchi soha. Bu ma'noda u keng omma uchun mo'ljallangan talabdir, ammo notiqlik – shaxsiy qobiliyatdir.

7. Nutq madaniyati – bu faqat nutq haqidagi nutqiy faoliyatga tegishli tushuncha va soha emas, u til madaniyati bilan ham, ya'ni adabiy tilni va uning normalarini o'rganish va bu normalarni qayta ishlash ishi bilan ham shug'ullanadi. Notiqlik san'ati esa bunday ilmiy – normativ faoliyatni ko'zda tutmaydi.

8. Notiqlik, ko'proq nutqning mazmunini, mantiqiy asoslarini, mundarijaviy tuzilishini e'tiborga oladi, nutq madaniyati esa, nutqning til qurilishi – lisoniy tuzilishiga e'tibor qiladi.

9. Notiqlik san'ati notiq uchun oldindan qanday so'zlash tizimi va rejasini bermaydi. Nutq madaniyati sohasi esa jamiyat a'zolarini ona tili, ya'ni adabiy til boyliklari va vositalaridan maqsadga muvofiq sharoit va uslub taqozasi talabiga ko'ra o'rinli foydalana olish ko'nikmasini beradi. Bunday ko'nikma, aslida har qanday san'atkor notiq uchun ham zarur.

10. Notiqlik san'ati haqidagi fan ancha qadimiy tarixga ega, nutq madaniyati ilmiy muammo va ilmiy soha sifatida muntazam yangilanib boradi

O'qituvchi nutqining ta'sirchanligi va ifodaliligi. O'qituvchi nutqining ta'sirchanligi nutqning asosiy sifatlaridan biri sanaladi va nutqdagi to'g'rilik va aniqlik, mantiqiylik va tozalik tinglovchiga ta'sir etish uchun yo'naltirilgan bo'ladi. Nutqning ta'sirchanligi deganda, asosan, o'qituvchining og'zaki nutq jarayoni nazarda tutiladi va o'quvchilar tomonidan qabul qilinishida paydo bo'ladigan ruhiy vaziyat e'tiborga olinadi. Ya'ni notiq-o'qituvchi o'quvchilarni hisobga olishi, ularning bilim darajasidan tortib, hatto yosh xususiyatlarigacha, nutq ijro etilayotgan paytdagi kayfiyatlarigacha kuzatib turishi, o'z nutqining o'quvchilar tomonidan qanday qabul qilinayotganini nazorat qilishi lozim. Professional bilimga ega bo'lgan o'qituvchilar jo'n, sodda tilda gapirishlari maqsadga muvofiq emas, oddiy, yetarli darajada notiqlik ma'lumotiga ega bo'lmagan yosh o'qituvchilar ham ilmiy va rasmiy tilda gapirishga harakat qilishlari kerak emas.

Xullas, notiq–o'qituvchidan vaziyatga qarab ish tutish talab qilinadi va ifodalamoqchi bo'lgan har qanday fikrini to'laligicha o'quvchilarga yetkazishga harakat qilish vazifa qilib qo'yiladi.

O'quvchilar tushuna oladigan tilda gapirish, ularni ishontira olish o'qituvchi oldiga qo'yiladigan asosiy shartlardan biri hisoblanadi. Buning uchun esa, o'qituvchida yuqorida aytilganidek, mavzuni yaxshi bilishdan tashqari, uni bayon etishning aniq belgilangan rejasi bo'lishi kerak. Nutqdagi fikrlarni birinchi va ikkinchi darajali tarzda tuzib, ularni o'zaro bog'lab, o'quvchilarni avvalo nutq rejasi bilan tanishtirib, so'zni boshlash lozim. Vaqtni hisobga olish, notiqlik fazilatlaridan biridir. Chunki so'zlash muddati oldin e'lon qilinib, shunga rioya qilinsa, agar iloji bo'lsa, sal oldinroq tugatilsa, o'quvchilar zerikishmaydi.

Nutqning ta'sirchanligi va ifodaliligi haqidagi gap ma'lum ma'noda nutq sifatlari haqida aytilgan gaplarga yakun yasashdir. Chunki yaxshi nutqning fazilatlarini ko'rsatib o'tish, nutqda uchraydigan ayrim tipik xatoliklarni tahlil qilish, pirovard natijada ta'sirchan bir nutqni shakllantirishga xizmat qiladi. Nutqdagi fikrlarni o'quvchilarga mazmunli yetkazishning xilma-xil yo'llari va vositalari mavjud.

Ularni yordamchi vositalar deb ham atash mumkin. Masalan, yumor yoki biror hikoyatni olaylik. Nutqdagi uzluksiz ilmiy-ommabop fikr oqimi, uning bir maromda bayon qilinishi o'quvchini ham, har qanday tinglovchini ham zeriktirib qo'yishi mumkin. Shunday paytda, yumor, hikoyat, qiziqarli voqealar haqida gapirish o'qituvchiga juda qo'l keladi. Yumorning nutq mazmuniga mos holda keltirilishi yana ham yaxshidir. Shunday qilinsa, o'quvchi ham dam oladi, ham o'rganilayotgan mavzuga nisbatan qiziqish paydo bo'ladi.

Nutqda mavzu doirasida ba'zi fikr va mulohazalarni keltirish ham maqsadga muvofiqdir. Bunday fikrlar notiq fikrining to'g'riligini, haqqoniy ekanligini isbotlash uchun foydalaniladi, faqat ulardan foydalanishni suiste'mol qilmaslik kerak. Badiiy adabiyot namunalaridan, hikmatli so'zlardan, tildagi ifoda – tasvir vositalaridan nutqda o'rni bilan foydalanish ham ijobiy natijalarga erishishni ta'minlaydi.

Nutqning o'quvchilarga qanday ta'sir qilishida va ularda qanday taassurot qoldirishida o'qituvchining nutqiy jarayon davomida o'zini qanday tuta bili shi, imo-ishoralari, hatto kiyinishi kabi omillarning ham o'rni bor. Samimiylik, xushmuomalalik, odoblilik, o'quvchilarga hurmat bilan qarash kabi fazilatlar nutqning o'quvchilar tomonidan e'tibor bilan tinglanishiga sabab bo'ladi.

Mukammal notiqlik san'atiga ega bo'lish – o'qituvchilar uchun ulkan mehnat talab qiladigan murakkab jarayondir. Nutqning o'tkirligi, yorqinligi va originalligi tinglovchi va o'quvchilarda his-tuyg'u va qiziqish uyg'otishi, uning e'tiborini qaratishi, aytilayotgan narsaning mazmunini yaxshilab yetkazish uchun zarurdir.

Demak, nutq aniq va ravon bo'lishi, grammatik jihatdan to'g'ri tuzilgan bo'lishi, adabiy talaffuz qoidalariga bo'ysunishi, boshlanishidan oxirigacha izchil bayon qilinishi lozim. Ana shunday nutq asosida o'rganilayotgan bilim o'quvchi xotirasida uzoq vaqt saqlanib qoladi. Shunday nutq madaniy nutq talablariga javob beradi. Buning uchun o'qituvchilardan tinimsiz izlanish va o'z ustida ishlash, filologik bilim va muttasil nutqiy mashq qilish talab qilinadi.

Nazorat savollari
1. Notiqlik san'atining paydo bo'lishi tarixi?
2. Sharq mutafakkirlarining notiqlik san'ati haqidagi fikrlari?
3. Nutq texnikasida nutqning asosiy xususiyatlari nimalardan iborat?
4. Nutqning to'g'riligi va ravonligi, aniqligi va ta'sirchanligiga ta'rif bering?
5. Nutqning mantiqiyligi deganda nimani tushunasiz?
6. Til va nutq bir–biridan qanday farqlanadi: ularning qiyosiy tahlili?
7. O'qituvchi nutqiy faoliyatining komponentlari nima, ularni izohlang?
8. O'qituvchining nutq madaniyatini rivojlantirish vositalari?
9. Nutning ta'sirchanligi va ifodaliligi qanday namoyon bo'lishini ta'riflab bering?
10. Tajribali o'qituvchi nutqida namoyon bo'luvchi holatlar?
11. O'qituvchi nutqining funksiyalarini izohlab bering?
12. Bo'lajak o'qituvchi nutqiy faoliyatini qanday takomillashtirishi mumkin?

8-Ma'ruza
O'qituvchining ta'lim jarayonidagi mahorati.

Reja:

1. Hozirgi zamon o'qituvchisining pedagogik faoliyati.
2. Dars - ta'lim jarayonining asosiy shakli.
3. Ta'lim jarayonida o'qituvchiga qo'yiladigan talablar va ijodiy kayfiyatni boshqarish.
4. O'qituvchining talim jarayonida kasbiy omilkorligi.
5. O'qituvchining ta'lim jarayonidagi faoliyati va darsga tayyorgarligi.

Tayanch so'z va iboralar: pedagogik faoliyat, aqliy; didaktik, pertseptiv fazilatlar tashkilotchilik fazilatlari, kommunikativ, shaxs dinamizmi, xushmuomalalik, kreativlik.

Hozirgi zamon o'qituvchisining pedagogik faoliyati. O'qituvchi (yunoncha payagogos-tarbiyachi)-rahbarlik qiluvchi shaxs degan ma'nolarni anglatadi. Ta'limning muvaffaqiyati bevosita o'qituvchi shaxsiga, uning kasbiy va umumiy madaniy tayyorgarligiga, ijodiy salohiyatiga bog'liq. K. D. Ushinskiyning so'zlari hamon o'z ahamiyatini saqlab qoladi: "Ta'limda hamma narsa pedagog shaxsiga asoslanishi kerak, chunki tarbiyaviy kuch faqat inson shaxsiyatining tirik manbasidan oqib chiqadi deb bejiz ta'kidlamagan. Pedagogik faoliyat samaradorligiga ta'sir etuvchi muhim omil - bu o'qituvchining shaxsiy fazilatlari. O'qituvchining barcha shaxsiy fazilatlari kasbiy ahamiyatga ega.

Har qanday shaxs, kasbiy faoliyatining xususiyatidan qat'i nazar, o'zida nafaqat umume'tirof etilgan insoniy axloq normalari asosida boshqa odamlar bilan muloqot qilish, balki bu jarayonni yangi mazmun bilan boyitish imkonini beradigan shaxsiy fazilatlarni rivojlantirishga intilishi kerak.

Dars - ta'lim jarayonining asosiy shakli. Dars- bevosita o'qituvchi rahbarligida aniq belgilangan vaqt davomida muayyan talabalar guruhi bilan olib boriladigan talim jarayonining asosiy shakli hisoblanadi

Dars mavzuning, bo'limning, kursning mantiqiy birligi va u pedagogik ish bo'lganligi sababli, uning mazmuni to'liq, qismlari o'zaro bog'liq bo'lishi kerak.

1.Darsni baholashda quyidagilar hisobga olinadi:

- Ta'limning majburiy minimal mazmuniga qo'yiladigan talablar;
- o'qituvchining imkoniyatlarini o'z-o'zini baholash;
- talabaning individual qobiliyatlari va ehtiyojlarini diagnostikasi.

2.Darsning tuzilishi quyidagicha ko'rinishi mumkin:

- Dars mavzusi.
- Darsning maqsadi: o'zaro ta'sirni tashkil etish; bilim, ko'nikma, malakalarni egallash; qobiliyatlarni rivojlantirish, ijodiy faoliyat tajribasi, muloqot va boshqalar.

3.Shakllar:

- seminar;
- leksiya;
- laboratoriya-amaliy dars va boshqalar.

4.Usullari:
- og'zaki;
- visual;
- amaliy;
- reproduktiv;
- evristik;
- muammoli qidiruv;
- tadqiqot va boshqalar.

Darsning strukturaviy elementlari.

Tashkiliy bosqich.

Bosqichning didaktik vazifasi. Talabalarni darsda ishlashga tayyorlash, darsning maqsad va vazifalarini aniqlash. Ijobiy natijalarga erishish uchun shartlar. O'qituvchidan talabchanlik, vazminlik, tizimli tashkiliy ta'sir; talablarni taqdim etishda ketma-ketlik.

Darsning didaktik vazifasini bajarish koʻrsatkichlari. Tashkiliy momentning qisqa muddati; auditoriyaning ishlashga toʻliq tayyorligi; talabalarni ish ritmiga tez kiritish; barcha talabalarning e'tiborini tashkil qilish.

Darsning didaktik vazifasini bajarishga qoʻyiladigan talablar. Jarayonni qisqa muddatli tashkil etish; oʻqituvchining talabchanligi, vazminligi; faoliyatning aniq ixtiyoriy yoʻnalishi; talabalar faolligini ragʻbatlantirish, uning maqsadga muvofiqligi.

Ta'lim jarayonida oʻqituvchiga qoʻyiladigan talablar va ijodiy kayfiyatni boshqarish.

L.N. Tolstoy - Uning oʻqituvchilik faoliyati 1849 yilda Yasnaya Polyanada dehqon bolalariga savod oʻrgatgandan boshlangan. U maktab oʻqituvchilar laboratoriyasi boʻlishi kerak, oʻqituvchi oʻz tarbiyaviy ishida oʻzi ijodkorlik koʻrsatishi kerak, deb hisoblagan.Oʻqituvchiga qoʻyiladigan talablar: bolalarga chuqur muhabbat, bolaning shaxsiyatiga hurmat, bolalarning ijodiy qobiliyatlarini uygʻotish va rivojlantirish qobiliyati, har bir oʻquvchining xususiyatlarini nozik psixologik tahlil qilish. U oʻqituvchilarga oʻz oldiga qoʻyilgan vazifalarni toʻgʻri tushunishga oʻrgatib, bolalarga oʻqituvchilar bilan birga oʻzlarini erkin va bemalol his qilishlari, bilimlarni faol egallashlari uchun zarur imkoniyatlar yaratilgandagina ularning oʻqishi muvaffaqiyatli boʻlishini ta'kidladi. Dzerjinskiy U bolalarga nisbatan "sevgini talab qilish" kerak deb hisoblardi. Insonga qanchalik koʻp hurmat koʻrsatsa, unga shunchalik koʻp talablar qoʻyiladi.

Oʻqituvchiga qoʻyiladigan talablar: vatanparvarlik, bilimlilik, burch va or-nomus hissi, oʻz qadr-qimmatini anglash, tashkilotchilik qobiliyati, tartib-intizom,

V. A. Suxomlinskiy ta'kidlaganidek, oʻqituvchi tarbiyaning eng yaxshi quroli – axloq, fanini oʻzlashtirgandan keyingina pedagog boʻladi.

Har bir pedagog ijodiy kayfiyatni yaratish va uni saqlab qolish uchun kreativlik xususiyati yuqori boʻlishi lozim.Kreativlik tushunchasi(lot., ing. "create"-yaratish, "creative"yaratuvchi, ijodkor) ingliz tilidan tarjima qilinganda ijod ma'nosini anglatadi.

Kreativlikni: ijodga intilish, hayotga ijodiy yondashish, oʻziga doimiy tanqidiy nazar solish va tahlil etish deyish mumkun. Hozirgi zamon psixologiya va pedagogika lugʻatlariga asoslanib oʻqituvchining kreativligi deb uning fikirlaridagi sezgilaridagi, muloqotdagi, alohida faoliyat turidagi, ijodiy yondashish, bilish darajasi deb ta'riflash mumkun. Kreativlik insonda mavjud ma'lumotlarni qayta ishlab chiqarish va ularni cheksiz yangi modelini yaratishga javob beradi.

"Kreativlik otasi" nomi bilan mashhur Pol Torrans toʻrtta kreativlik konikmasini aniqlagan. Uning olib borgan tadqiqotlari shundan dalolat beradiki, mazkur kreativ koʻnikmalarni shakllantirish va ularni baholash mumkun:

- Ravonlik. Koʻplab gʻoyalarni oʻylab topish koʻnikmasi koʻp degan soʻzga asoslanadi.
- Moslashuvchanlik. Turli gʻoyalarni oʻylab topish koʻnikmasi oʻzgartirish degan soʻzga asoslanadi.
- Oʻziga xoslik. Boshqalarga oʻxshamagan, ajralib turuvchi gʻoyani oʻylab topish koʻnikmasi noyob degan soʻzga asoslanadi.

●Yaratuvchanlik. G'oyalarni kengaytirish ko'nikmasi qo'shish degan so'zga asoslanadi.

Bo'lajak pedagoglarda kreativlikni shakllantirish
Bo'lajak pedagoglarni...
●qiziqarli;
●murakkab vazifalar;
●aniq maqsad va vaqt bilan ta'minlash

Bo'lajak pedagoglarga...
●kreativlik muvozanatsizlik xissini yuzaga keltirishini anglatish;
●bezovtalik va qo'rquv hissidan xalos bo'lishga yordam berish;
●kreativ fikirlash ko'nikmalarini boshqa ko'nikmalar bilan rivojlantirishga yordam berish;
●"qutqarib" qolish emas, balki yo'l yo'riq ko'rsatish

Bo'lajak pedagoglarni..
●suhbatlar orqali rag'batlantirish;
●konstruktiv sharhlar bilan ta'minlash;
●yangi ko'rsatmalar bilan tanishtirib borish

Bo'lajak pedagoglar...
●o'zlarida kreativlikning boshqa turlarini ham rivojlantira olishlari;
●guruhda ishlay olishlari;
●hissiy jihatdan erkin va ijobiy fikirlarga ega bo'lishlari uchun poydevor bo'ladigan muhitni yaratish

O'qituvchining talim jarayonida kasbiy omilkorligi va o'qituvchining ta'lim jarayonidagi faoliyati va darsga tayyorgarligi.

Darsning samaradorligi uning puxta tayyorlanganligi va samarali tashkil etilganligi bilan bog'liq. O'qituvchining darsga tayyorgarligida quyidagi uchta bosqich ko'zga tashlanadi:
●tashxislash,
●bashoratlash,
●loyihalashtirish (rejalashtirish).

Shu bilan birga o'qituvchi amaliy materiallarni yaxshi bilishi, o'z fanini erkin olib borishga erishishi lozim. Darsga tayyorgarlik asosini bo'lajak mashg'ultning algoritmlari, samaradorligi bog'liq bo'lgan omillar va holatlarni hisobga olishni ta'minlovchi qadamlarni ketma-ket tartib bilan bajarish tashkil etadi.

Bashoratlash bo'lajak darsni tashkil etilishining turli varianlarini baholash va ulardan qabul qilingan mezonlarga muvofiq eng ma'qulini tanlab olish. Loyihalashtirish (rejalashtirish) o'quvchilarning o'quv faoliyatini boshqarish dasturini yaratish bo'lib, u darsga tayyorlanishning yakuniy bosqichi hisoblanadi.

Ta'limning yordamchi shakllari. Ta'limning yordamchi shakllari: to'garak, praktikum, seminar, <u>konferensiya</u>, maslahat (konsultatsiya), fakultativ mashg'ulot, o'quv ekskursiyalari, o'quvchilarning mustaqil uy ishlari va boshqalar sanaladi.

Fan to'garaklari yo'nalishi, mazmuni, ish metodi, o'qish vaqti va boshqa jihatlari bilan ajralib turadi. Ular o'quvchilarning qiziqish va qobiliyatlarini rivojlantirish, o'qishga ijobiy munosabatni shakllantirishga yordam beradi.. To'garaklar o'qishni hayot bilan aloqasini kuchaytiradi, fanlararo bog'liqlikni rivojlantiradi. Fan to'garaklarida o'quvchilarning ishlari o'quv jarayonini faollashtiradi, o'qish sifatini oshirishga yordam beradi.

Ta'limning yordamchi shakllariga ekskursiyalar ham kiradi. Ular ommaviy, guruhli va kichik guruhli bo'lishi mumkin. O'quv ekskursiyalari alohida fanlar hamda bir qancha fanlar bo'yicha ham rejalashtiriladi. Ekskursiyani muvaffaqiyatli o'tkazish uchun o'qituvchi unga puxta tayyorlanishi: ob'ekt va mashrut bilan oldindan tanishib chiqishi, to'la rejani ishlab chiqishi, o'quvchilarni bo'lajak topshiriqlarni bajarishga jalb eta olishi kerak. kerak.

Maslahat (konsultatsiya - o'quv suhbati)ga talablar ko'pincha o'quvchilarning ma'lum o'quv materiali yoki topshirig'i ustida mustaqil ishlashi sababli yuzaga keladi. Bunda ko'proq o'quvchi savol beradi. To'g'ri tashkil etilgan konsultatsiya o'quvchilarga o'quv materialini egallashda qiyinchiliklarni engishga yordam beradi.

Oliy ta'lim tizimida ta'limning qanday tashkiliy shakllari qo'llanilmoqda?

Uzluksiz ta'limning hamma bosqichlarida ta'limning o'ziga xos tashkiliyshakllari mavjud. Jumladan: ikki bosqichli oliy ta'lim tizimida o'ziga xos ta'lim shakllari mavjud. Bularga: ma'ruzalar, seminar va amaliy mashg'ulotlar, kafedra o'qituvchilarining ochiq ma'ruzalarida qatnashish, ma'ruza matnini tayyorlash va muhokama qilish, o'quv kurslari bo'yicha dasturlar tayyorlash ishlari kabilar kiradi.

Ma'ruza ijobiy hamkorlikka tayanib tashkil qilingandagina samarali natija beradi. Buning uchun ma'ruza jarayonida ham ta'limiy ham tarbiyaviy vazifalarni samarali amalga oshirish yo'llaridan biri - o'qituvchilar bilan talabalar o'rtasidagi do'stona, faol munosabatlarni tiklab olishdan iborat.

Bundan tashqari dars va ma'ruzaning samarali natijasi o'quvchi talabalarning o'quv jarayonidagi ruhiy holatlarini qay darajada hisobga olinishiga ham bog'liq.

Ta'limni tashkil etishning zamonaviy (noan'anaviy) shakllari zarurati nimada? Uning qanday shakllari qo'llanilmoqda?

Mustaqil O'zbekistonimizda «Kadrlar tayyorlash Milliy dasturi»ni amalga oshirishda ta'lim tizimiga yangi pedagogik texnologiyalarni tatbiq etish bilan bog'liq ishlar qilinmoqda. O'quvchilar faolligini oshiruvchi turli interfaol usullar keng qo'llanilmoqda. Bularga misol tariqasida Sinkveyn, Klaster, Aqliy hujum, T-Chizma, Insert jadvali, B-B-B jadvali, Venn diagrammasi, Konseptual jadval, Semantik xususiyatlar tahlili va boshqalarni keltirish mumkin.

Nazorat savollari:
1. Pertseptiv fazilatlar haqida nimalarni bilasiz?
2. Dars jarayonini baholashda nimalar asosiy omillar hisoblanadi?
3. Darsning qanday shakllari mavjud ?
4. Talim jarayonida o'qituvchiga qo'yiladigan talablar?
5. Kreativlik nima?
6. O'qituvchining talim jarayonida kasbiy omilkorligi qanday?

7. Oliy ta'lim tizimida ta'limning qanday tashkiliy shakllari qo'llanilmoqda?
8. K. D. Ushinskiyning fikri qanday edi?
9. Pedagog so'zining ma'nosi?
10. Darsning didaktik vazifasini bajarish ko'rsatkichlarini ayting?

9-Ma'ruza
O'qituvchi pedagogik faoliyatida kasbiy refleksiyaning o'rni.

Reja:
1. Kasbiy refleksiya va pedagogik faoliyat.
2. O'qituvchining kasbiy mahoratini rivojlantirishda pedagogik refleksiyaning ahamiyati.
3. Pedagogik tashxislash asosida o'qituvchining kasbiy rivojlanishini ta'minlash usullari.
4. O'qituvchi faoliyatini pedagogik tashxislash.

Tayanch iboralar: *Refleksiya, pedagogik faoliyat, tashxislash, diagnostika, pedagogik introspektsiya, kasbiy refleksiya, kommunikativ, koperativ, shaxsiy, intellektual, metopozitsiya, korreksiyalsh, orientatsion, autogen trenirofka.*

Kasbiy refleksiya va pedagogik faoliyat.

O'z–o'zini anglash jarayoni o'qituvchining o'z faoliyati va unda o'ziga nisbatan «metapozitsiya» (noaniq pozitsiyada)da turib, o'ziga tashqaridan qarash, o'zini kuzatish malakasini ko'zda tutadi. Bunda, interiorizatsiya (tashqi omillarning ichki omillarga o'tishi) hodisasi amalga oshadi, kasbiy qiyinchiliklarni kelib chiqish sabablari rasmiylashtiriladi; faoliyatdan ko'zlanadigan asosiy maqsad aniqlanadi, refleksiv – «MEN» shakllanadi. O'z – o'zini nazorat qilish o'qituvchi pedagogik faoliyati jarayonida nazariy va amaliy tajribalar asosida, o'z – o'zini kasbiy jihatdan nazorat qilib, pedagogik mahoratini yanada takomillashtirib borishning ikkinchi shakli boshlanishini nazarda tutadi.

B.G.Ananev, inson xarakterining shakllanish jarayonini tahlil qilib, refleksiv xossalar shaxsning boshqa sifatlariga qaraganda ancha kech shakllanishini aytadi. Uning fikricha: «inson hayoti davomida o'zaro munosabatlarning ko'plab ob'ektlari orqali o'tadi, natijada uning ongi o'z-o'zini anglash ob'ektiga aylanadi. O'zining xulq–atvor sub'ekti sifatida ko'p marotaba anglash tajribasini to'plash va unga munosabatlar, biz refleksiya deb ataydigan xarakterga aylanishi uchun, xulq–atvorda uni muntazam qo'llash talab qilinadi». Ushbu fikr kasbiy <u>refleksiyaning rivojlanishi</u>, buning natijasi o'laroq, shaxsning faoliyat xususiyatlari bilan balgilangan refleksiv qirralari shakllanishini ta'minlaydigan ma'lum sharoitlar, vaziyatlarni yaratish zaruriyati haqida xulosa qilish imkoniyatini beradi.

Kasbiy pedagogik refleksiya nafaqat kasbiy faoliyat, balki, bilim, ko'nikma va malakalarning o'sishini ta'minlaydi hamda ushbu faoliyatni takomillashtirish asosi ham sanaladi. Har qanday o'qituvchi o'z–o'zini tarbiyalash va o'z–o'zini rivojlantirishga hatto juda kuchli intilishi bo'lsa ham, o'zining shaxsiy rivojlanish dasturini maxsus malakalarsiz belgilay olmaydi, bu pedagogik faoliyatdagi muvaffaqiyatga erishish, o'qituvchining o'z ustida ishlashga tayyorgarligi, uning o'z–o'zini tahlil qila olishi, o'z–o'zini tashhislash qobiliyatining qanchalik shakllanganligi bilan bog'liq.

Rus olimi V.A.ning ta'rifi bo'yicha. Slastenin, "... pedagogik faoliyat turi ijtimoiy faoliyat insoniyat tomonidan to'plangan madaniyat va tajribani keksa avloddan yosh avlodga o'tkazishga, ularning shaxsiy rivojlanishi uchun sharoit yaratishga va jamiyatdagi muayyan ijtimoiy rollarni bajarishga tayyorlanishga qaratilgan. ... "

Pedagogik faoliyat, inson faoliyatining boshqa turlari singari, kasbiy va kasbiy bo'lmagan deb hisoblanishi mumkin. Avvalo, bundagi tadbirlar oilada amalga oshiriladi. Ota-onalar birinchi tarbiyachi sifatida nafaqat bolalarning axloqiy, aqliy va jismoniy rivojlanishining asoslarini yaratibgina qolmay, balki ularning tarbiyasi uchun ham javobgar bo'lishlari kerak. Pedagogik faoliyat, umuman olganda, aloqa va muloqotning barcha sohalarini qamrab oladi, chunki bu odamlar o'rtasida o'zaro tushunishni, muammolarni hal qilish kabi ustuvor vazifalarni bajarishda yordam beradi.

Professional va professional bo'lmagan pedagogik faoliyat

Taqqoslash belgisi	Kasbiy faoliyat	Kasbiy faoliyat
Amalga oshirish ko'lami	Umumiy, kasbiy, qo'shimcha ta'lim muassasalari, yakka tartibdagi tadbirkorlik	Inson faoliyatining barcha sohalari
Asosiy manfaatdor tomonlar	O'qituvchilar, o'qituvchilar, o'qituvchilar, qo'shimcha ta'lim o'qituvchilari va boshqalar.	Ota-onalar va barcha kattalar oila a'zolari, bo'lim va tashkilotlar rahbarlari, murabbiylar, ishlab chiqarish guruhlari, ommaviy axborot vositalari va boshqalar.
Maxsus ta'lim	"Ta'lim va pedagogika" yo'nalishi bo'yicha oliy yoki o'rta maxsus ma'lumot	Maxsus ma'lumot talab qilinmaydi
Pedagogik faoliyatni amalga	Bunga muvofiq ilmiy asosda olib	Faoliyat tartibga solinmagan

oshirish xususiyatlari	boriladi normativ hujjatlar belgilangan dasturga muvofiq rejalashtirilgan natijalarga erishish tizimli ravishda nazorat qilinadi	
Pedagogik bilimlarning asosiy manbai	Fan va o'quv amaliyoti	O'z tajribasi, oldingi avlodlarning tarbiyalash tajribasi, ilmiy va jurnalistik adabiyot
Pedagogik faoliyat natijasi	O'qituvchi me'yoriy hujjatlarda ko'rsatilgan natijalarga o'z vaqtida erishishi uchun javobgardir	Ko'zlangan natijalarga erishish muddati mustaqil ravishda belgilanadi.

Kasbiy pedagogik faoliyatda uchta asosiy tarkibiy qismni ajratish mumkin:

1) o'qituvchining pedagogik maqsad va vazifalarni bayon qilishi;

2) o'quvchilarga ta'sir qilish vositalarini tanlash va qo'llash;

3) o'qituvchi tomonidan o'zining pedagogik ta'sirini (pedagogik introspektsiya) nazorat qilish va baholash.

Pedagogik introspektsiya . Bu jarayonni va birgalikdagi faoliyat natijalarini baholashda va kelgusida ishlash istiqbollarini belgilashda ishtirok etadigan talabalar bilan aloqalarni o'rnatishga yordam beradi.

O'qituvchining kasbiy mahoratini rivojlantirishda pedagogik refleksiyaning ahamiyati.

So'nggi yillarda pedagog va psixolog olimlar o'qituvchilarning pedagogik faoliyatida fikrlash hamda analitik qobiliyatlarni rivojlantirish muhim ahamiyat kasb etishini ta'kidlamoqdalar. Bu qobiliyatlar asosini esa, o'qituvchining kasbiy refleksiyasi tashkil etadi. Refleksiya (lot. «reflexsio»-orqaga qaytish)–«har tomonlama barkamol rivojlangan insonning o'z xatti–harakatlari va ularning qonuniyatlarni anglashga qaratilgan nazariy faoliyat shaklidir; inson ma'naviy dunyosining o'ziga xos yashirin hislatlarini ochib beradigan o'z–o'zini bilishga va anglashga qaratilgan faoliyatdir».Ilk bor refleksiya tushunchasi qadimgi Yunon falsafasida yuzaga kelgan va insonning o'z ongida kechayotgan mulohazalari haqida, o'zi fikrini yuritishi jarayoni, o'z fikrlari mazmunini tahlil qilishga e'tiborini jalb qilishni anglatgan. Bugungi zamonaviy falsafada esa refleksiya nazariy va amaliy jihatdan farqlanadi. O'qituvchining pedagogik faoliyatida, refleksiyaning shaxsga nisbatan ahamiyatini o'rganishda bu tushunchaning ijtimoiy psixologik nuqtai nazardan ta'rifi mukammal ekanligi e'tirof etiladi, unda refleksiya insonning borliqda boshqa insonlar tomonidan qanday qabul qilinishi va baholanishi sifatida qaraladi: refleksiya – «shunchaki subyektning o'z–o'zini bilishi yoki tushunishi emas, balki boshqalar tomonidan «refleksiyalanuvchini» <<qanday bilishi» va uning shaxsiy xususiyatlarini, emotsional reaksiyalarini va kognitiv tasavvurlarini ham tushunishini o'z ichiga oladi.

«Refleksiya – bu insonning uzluksiz hayot jarayonini go'yo bir daqiqaga to'xtatib, uzib qo'yadi va insonni xayolan uning sarhadlaridan olib chiqib ketadi, shu vaziyatda insonning har bir harakati hayot haqidagi falsafiy fikr-mulohazalari muayyan bir xarakter kasb etadi». Insonning ijodiy muammolarni hal etishda ro'y beradigan fikrlashidagi refleksiyani o'rganib, olimlar uni fikrlovchi subyektning o'z – o'zini boshqarish usuli, tanqidiy fikrlash omili, nazariy jihatdan fikrlashning yuqori ko'rsatkichi sifatida ta'rif berib baholaydilar. «Refleksiya – ichki tasavvurdan tashqi tasavvurga va aksincha biridan boshqasiga o'tish, fikrlash jarayonida ushbu jarayonlarning interiorizatsiya (tashqi omillarning ichki omillarga o'tishi)si haqidagi fikrlarni shakllantirish asosi... Refleksiya asosida nafaqat psixologik bilimlar, balki xotira, malaka va ko'nikmalar shakllantiriladi va amalda qo'llash usullari takomillashtiriladi» deb hisoblaydi. Hozirgi zamonaviy pedagogik ilmiy-tadqiqot ishlarida ko'plab olimlar refleksiyaning I.N.Semyonov tomonidan taklif qilingan tasnifiga tayanadilar. U refleksiyaning quyidagi turlarini taklif etib sharhlaydi:

Intellektual refleksiya	• Muammolarni fikrlash asosida ijobiy hal qilishni belgilaydi.
Shaxsiy refleksiya	• O'qituvchining nizoli (konfliktlar) pedagogik ziddiyatlardan janjalsiz chiqishni fikran izlanish asosida bartaraf qilishni ta'minlaydi.
Kommunikativ refleksiy	• Muloqot jarayonida sheriklarining o'zaro bir-birlarini tushunib munosabat qilishni ta'minlaydi.
Kooperativ refleksiya	Jamoa a'zolarining birgalikdagi o'zaro muntazam mehnat faoliyatlarini muvofiqlashtirish bilan bog'liq bo'lgan faoliyat.

Pedagogik tashxislash asosida o'qituvchining kasbiy rivojlanishini ta'minlash usullari.

Ilmiy adabiyotlar tahlili va kasbiy refleksiyani o'qituvchi pedagogik faoliyatining tarkibiy qismi va uning pedagogik mahoratini rivojlantirish asoslari sifatida qarash shuningdek qayd qiluvchi eksperiment natijalari kasbiy refleksiyani rivojlantirish usullarini izlash zaruriyatini keltirib chiqaradi. Shu sababli kasbiy pedagogik faoliyatning turli sohalari bilan shug'ullangan olimlar tashhis (diagnostika) va tashhislash (diagnozlash) mazmuniga yanada batafsil to'xtalganlar. Tashhislashga, ya'ni diagnostikaga bilishning alohida usuli sifatida qarash qabul qilingan (grekchadan tarjima qilganda, diagnosis – tanib olish demakdir). Biz pedagogik tashxislash so'zining o'rniga pedagogik diagnostika so'zidanPedagogik diagnostika mkeng foydalanamiz. Mazmun va mohiyatiga qarab ko'plab funksiyalarni bajaradi. Pedagogik diagnostika mazmun va mohiyatiga qarab ko'plab funksiyalarni bajaradi.

Pedagogik diagnostika (tashhislash) funksiyalari.

1.Uning tahliliy vazifasi o'quv–tarbiyaviy jarayondagi yutuq va kamchiliklarning kelib chiqish sabablari va oqibatlarini, ularning o'zaro bog'lanishlarini aniqlash va chora tadbirlar ishlab chiqishga qaratilgan. Aslida diagnostik funksiya o'quvchining ta'lim olganligi, tarbiyalanganligi va rivojlanganligini aniqlash uchun qo'llaniladi, biroq, o'qituvchining ham kasbiy komponentlik darajasini o'rganishda muhim ahamiyat kasb etadi.

2.Pedagogik diagnostikaning baholash vazifasi ma'muriyat tomonidan olib borilib, alohida o'qituvchi yoki alohida o'quvchi faoliyatida erishgan yutuqlar va kamchiliklar yuzasidan sifat ko'rsatkichlarni miqdor jihatdan baholaydi.

3.Diagnostikaning korreksion vazifasi o'quv – tarbiyaviy jarayonni o'qituvchining pedagogik faoliyati yuzasidan korreksiyalashni (to'g'ri yo'naltirish) ta'minlaydi va o'qituvchining kasbiy jihatdan o'z – o'zini rivojlantirish va pedagogik mahoratini oshirish uchun sidqidildan kirishishga faolligini ta'minlaydi.

4.Diagnostikaning yo'nalishni oriyentatsion (aniqlash) vazifasining maqsadi pedagogik jamoa va alohida o'qituvchilar faoliyatida mavjud bo'lgan muammolarni uzluksiz hal etishni muvofiqlashtirib borishdir. Pedagogik diagnostikaning oriyentatsion vazifasi natijalari haqida doimiy xabarlarni informatsion (axborot) vazifa ta'minlaydi. Shu o'rinda diagnostika (tashhis) va diagnostikalash (tashhislash) tushunchalarining farqi va qanday ma'no berishini bilish lozim. Pedagogik tashhislash deganda pedagogik tizimni (shuningdek uning alohida tarkibiy qismlarini) tadbiq qilish metodlarining jamlanmasini tushunamiz, ulardan foydalanish samaradorligi ma'lum tashkiliy – pedagogik shart – sharoitlar bilan bog'liq holda shakllanadi.

Pedagogik faoliyatni tadqiq etish mantiqi, pedagogik tashhislashning turli metodikalarini birlashtirish zaruriyati N.V.Kuzminaning ishlarida keng yoritilgan. Tadqiqotning so'rov, kuzatish, baholash (reyting), o'z – o'zini baholash, juft qiyoslash, sotsiometriya va eksperiment kabi metodlarini o'rganar ekan, u aynan «o'z–o'zini baholash, o'z–o'zini anglash usullaridan biri sifatida shaxsning barcha imkoniyatlarini namoyon qilishga, uning xulqiga, xarakteriga, faoliyat sur'atiga ta'sir etishini» ta'kidlaydi. O'qituvchining pedagogik bilim va malakalari tizimini tavsiflab, N.V.Kuzmina o'qituvchining bilish va o'rganish malakalari ichidan uning pedagogik faoliyati uchun zarur bo'lgan afzalliklarni va 307 nuqsonlarni ongli ravishda bilib tuzatish yoki takomillashtirish maqsadida tahlil qila olish qobiliyatini ajratib ko'rsatadi.

Kasbiy pedagogik faoliyatni tahlil qilish va o'z–o'zini tahlil qilishni o'qituvchi faoliyati va refleksiv pozitsiyasi nuqtai nazaridan tuzatish va takomillashtirish maqsadida pedagogik vazifalarni hal qilishga qaratilgan pedagogik malakalar yig'indisi sifatida qarab, A.V.Xristeva analitik malakalar tizimini analitik faoliyat tizimi bilan nisbatlaydi. U kasbiy pedagogik faoliyatni tahlil va o'z – o'zini tahlil qilishning quyidagi bosqichlarini ajratib ko'rsatadi:

- Mazmunli – diagnostik (tayyorlov - moslashuv) bosqich;
- Maqsadli loyihalashtirish (tahlil va o'z–o'zini tahlil qilishdan maqsadni aniqlashtirish) bosqichi;
- 3.Texnologik (kasbiy pedagogik faoliyat jarayonini va o'z–o'zini tahlil qilish) bosqich;
- 4.Tahlil va o'z–o'zini tahlil qilishning nazariy (pedagogik faoliyatning mohiyati, natijalari bilan pedagogik faoliyat jarayoni o'rtasidagi aloqalarning sabab va oqibatlarini nazariy anglash) bosqichi;
- Faoliyatni refleksiv baholash (faoliyatni baholash va refleksiv tahlil) bosqichi;
- Korreksiyalash (ijodiy bosqich bo'lib, o'z pedagogik faoliyatini nazariy jihatdan anglash va baholash asosida takomillashtirish va hamkasblarining samarali pedagogik tajribalaridan ijodiy foydalanish yo'llari va usullari belgilanadi) bosqichi.

Umuman pedagogik faoliyat doimiy ravishda o'z-o'zini tahlil etish, o'qituvchi refleksiyasi rivojlanishining tashabbuskori bo'la oladigan o'ziga xos «tezlashtiruvchi» rolini o'ynamog'i kerak.

O'qituvchi faoliyatini pedagogik tashxislash.

V.A.Suxomlinskiy pedagogik faoliyatga shunday ta'rif beradi: «pedagogik rahbarlikning sirlaridan biri o'qituvchilarda muntazam izlanish va o'z ishining tahliliga qiziqish uyg'otishdan iborat. Kimki o'z darslarida, tarbiyalanuvchilar bilan o'zaro munosabatlarda yaxshi va yomonni farqlashga, yutuq va kamchiliklarini o'z vaqtida bilishga urinsa, pedagogik faoliyatning yarim muvaffaqiyatiga erishgan bo'ladi». O'zida ko'p narsani kashf qilish, tavsiya qilinganlardan ko'pini sinab ko'rish, baholash lozim... o'qituvchi o'zini o'zi yaratadi, kosib yoki ijodkor bo'lishini ham o'zi belgilaydi». O'zining pedagogik tajribasini tahlil qilib, o'qituvchi o'z diqqatini tobora muvaffaqiyatli jihatlarga qaratadi, o'zining ish samaradorligini pasaytirayotgan pedagogik muammolarni va qiyinchiliklarni ham ko'ra olib, uni bartaraf etish yo'llarini topadi. T.S.Polyakovaning ishi endigina o'z faoliyatini boshlayotgan o'qituvchilar duch keladigan tipik didaktik qiyinchiliklarga bag'ishlangan. U didaktik qiyinchiliklarga shunday ta'rif beradi: «Didaktik qiyinchiliklar – o'qituvchining ta'lim jarayonidagi qiyinchiligi bo'lib, uni hal qilish uchun shart—sharoitlar yo'qligi, keskinlik, beparvolik, o'z ishidan qoniqmaganlikning psixologik holati yoki aksincha, uni bartaraf qilish uchun sharoitlar ta'minlangani holda pedagogik mahoratni takomillashtirish, pedagogik «fikrlashni», malaka va ko'nikmalarni rivojlantirishni ta'minlaydigan tetiklik, mobilizatsion tayyorgarlik, emotsional ko'tarinkilik holatining mavjud emasligi».

Pedagogik vazifalarga faol munosabatning zarur sharti bo'lgan rag'batlantiruvchi vazifa esa ijobiy rol o'ynashini ta'kidlab, o'qituvchining shaxsiy pedagogik mahorati zahirasini safarbar qiladi, uni ijodiy fikrlashni rag'batlantirish manbai deb hisoblaydi. Qiyinchiliklarning pozitiv roli uning indikatorlik (hisoblovchi) vazifasi bilan ham belgilanadi. «Indikatorlik vazifasi pedagogik mahoratning shakllanish jarayonini tormozlovchi obyektiv omillarni ajratadi, biroq u o'z – o'zini baholash tarzida subyektiv namoyon bo'lishi, shaxs uchun faoliyatning tobora qiyin jihatlarini aniqlab berishi mumkin». Demak, o'z pedagogik faoliyatini endigina boshlagan yosh o'qituvchi aslo jismonan va ruhan bo'shashishi, butunlay osoyishtalikka berilishi mumkin emas. Bu tuyg'u psixologiya fanida relaksatsiya deb atalib, kishilarning ish faoliyatida salbiy holatlariga beriladigan baho sifatida e'tirof etiladi. Pedagogik va psixologik adabiyotlar tahlili, qiyinchilik – insonning subyektiv psixologik holati ekanligini, u hamma vaqt ham tashqi kuzatuvchi tahlil uchun qulay emas degan xulosa qilishga imkon berishini, bu esa hech kim o'qituvchining kasbiy qiyinchiliklarini uning o'zidan ko'ra yaxshiroq aniqlay olmasligini va ularni bartaraf qilish yo'llarini ham o'zidan boshqa kishi topa olmasligini ta'kidlaydi. Demak, o'qituvchining pedagogik faoliyatida kasbiy qiyinchiliklarini tadbiq qilishning yanada qulay yo'li bu, o'z–o'zini tashxislash hisoblanadi. Shu bilan birga psixologik mashg'ulotlardan biri bo'lgan "Autogen trenirovka" ham muhim ahamiyatga ega. "Auto–o'z-o'ziga ta'sir" ma'nosini bildirib, o'qituvchi o'z–o'ziga ta'sir o'tkazgan holda kasbiy faoliyatida duch keladigan qiyinchiliklarni yengib borishi mumkin.

Pedagogik tashxislash konsepsiyasi pedagogika fani va ta'lim muassasalari amaliyotining o'zaro hamkorlik jarayonini boshqarish imkoniyatini ta'minlaydigan uchta metodologik asosni o'z ichiga oladi:

- ma'lum bir pedagogik mahorat pozitsiyasini egallash;
- ma'lum bir maqsadga yo'nalganlik;
- pedagogik mahoratni egallashga bo'lgan ehtiyoj.

Turli boshqaruv tizimlari nuqtai nazaridan aynan bir xil natijalar u yoki bu muammoning dolzarbligi bilan belgilanadigan turlicha ahamiyat kasb etishi mumkin. Ish tajribasidan foydalanish hajmi va miqyosi ham har xil bo'ladi. Kons epsiya mualliflari integratsion fan yutuqlaridan foydalanish samaradorligi, olimlar erishgan natijalar, amaliyotchilar unga ehtiyoj sezgan joyga borib etishi, ilmiy bilimlarning ma'lum bir maqsadga yo'nalganligiga bog'liqligini ta'kidlaydilar. Fanning u yoki bu tarzdagi tavsiyalari pedagogikada ma'lum bir maqsadga yo'naltirilgan g'oyalar bilan ta'minlashdan avval amaliyot asosida aniqlangan ehtiyoj bo'lishi kerak. O'qituvchi mehnatini o'rganish jarayonida qator shart sharoitlarga rioya qilish ko'zda tutiladi.

Olimlar tomonidan olib borilgan tajriba ishlari jarayonida shu narsa aniqlandiki, pedagogik mahoratni tadqiq qilishning belgilovchi (prognostik) xarakteri bevosita o'qituvchining kasbiy refleksiyasiga tayanadi. Bu o'qituvchining ta'lim–tarbiya jarayonida paydo bo'ladigan muammosi aynan nimadan iboratligini va uning sababi aynan nima ekanligini aniqlash, sabab va oqibatlarini pedagogik qiyinchilik oqibati bilan qorishtirmaslikka imkoniyat beradi. Bunda pedagogik tashxislashning o'qituvchi kasbiy faoliyatini tezkor korreksiyalash imkoniyatini beradigan o'ziga xos indikatorlik (hisoblash) vazifasi namoyon bo'ladi. O'qituvchining o'z potensial imkoniyatlarini baholash diagnostika davomida har qanday holatda ham e'tiborga olinishi lozim, - deb ta'kidlaydi. Shaxsiy pedagogik faoliyatni o'z–o'zida tahlil qilish jarayonida o'qituvchi o'zining ta'lim–tarbiyaviy faoliyati natijalari va xususiyatlarining holatini o'rganadi, pedagogik ziddiyatlar o'rtasidagi sabab va oqibatli bogʻlanishlarni aniqlaydi, oʻquvchilarga taʼlim va tarbiya berishni yanada takomillashtirish yoʻllarini belgilaydi, - deb taʼkidlaydi L.E.Pleskach. Olimning fikriga koʻra, "Refleksiya – oʻz–oʻzini tahlil qilish boʻlib, oʻz– oʻzicha belgilangan maqsadga erishish emas, balki bilim olish, tajriba orttirish usuli, ijodga, kasbiy jihatdan takomillashishga nisbatan ragʻbatlantirishdir". Ilmiy adabiyotlar tahlili, shuningdek oʻqituvchi faoliyatida pedagogik tajriba oʻqituvchilar pedagogik mahoratini oshirishning diagnostik metodikalaridan foydalanish va olingan natijalar tahlili pedagogik tashxislashni oʻqituvchining kasbiy refleksiyasi rivojlanishini taʼminlaydigan usullardan biri sifatida baholashga imkoniyat beradi. Zero, oʻqituvchi ilgʻor pedagogik tajribalarni oʻrganishda "tajriba oʻrganishdan maqsad va uning vazifalarini rejalashtirish, dolzarb mavzuni aniqlash, maktab amaliyotida mohir oʻqituvchilarning yutuqlarini oʻrganish, materiallarni toʻplash, tahlil qilish, xulosa chiqarish" kabi vositalardan foydalanadilar. Shuningdek, taʼkidlamoqchimizki, pedagogik tashxislash qayd qiluvchi emas, balki maqsad hosil qilishni belgilovchi (prognostik) xarakterga ega boʻlganligida samarali boʻladi, bu oʻqituvchining kasbiy refleksiyasi rivojlanishi asosida amalga oshiriladi. Ayni paytda aynan taʼlim–tarbiya jarayonida maqsad hosil qiluvchi tashxislash uning rivojlanish qobiliyatini taʼminlaydi. Xulosa qilib aytilganda, oʻqituvchi tomonidan oʻz kasbiy faoliyati natijalarini anglab etishi uning pedagogik faoliyatni amalga oshirishini yanada takomillashgan usullarini izlash va ularni oʻzlashtirish zaruriyatini taʼminlaydi. Faoliyatni oʻzgartirish esa, maʼlumki, faoliyat subyektining oʻzgarishiga olib keladi. Oʻqituvchining analitik (tahlil qilish) qobiliyatlari rivojlanishi jarayonida uning kasbiy refleksiyasi ham rivojlanadi, bu oʻz navbatida, oʻqituvchining oʻz–oʻzini rivojlantirish jarayonini maʼlum bir yoʻnalishga solib, uning shaxsiy ijodiy faolligini oshiradi.

Nazorat savollari

1. Qadimgi Rim faylasuflarining refleksiya toʻgʻrisidagi qarashlari?
2. Refleksiyaga hozirgi zamon fanlari nuqtai nazaridan taʼrif?
3. Pedagogika va psixologiya fanlarining refleksiyaga nisbatan mulohazalari?
4. Refleksiyaga taniqli olimlar qanday taʼrif berishgan?
5. I.N. Semyonov refleksiyaning qaysi turlarini sharhlab bergan?
6. Pedagogik refleksiyaga taʼrif bering?
7. Oʻqituvchi oʻz-oʻzini kasbiy jihatdan qanday takomillashtiradi?
8. Pedagogikada "refleksiya" tushunchasiga qanday gʻoyalar nuqtai – nazaridan yondashiladi?
9. Pedagogik diagnostikaning mazmun-mohiyatiga va funksiyasiga taʼrif bering?
10. Oʻqituvchining kasbiy professiogrammasi asosida, uning mahoratini aniqlash?
11. Oʻqituvchi pedagogik mahoratining diagnostik dasturini taʼriflang?
12. Yosh oʻqituvchilar duch keladigan didaktik qiyinchiliklarni bartaraf etish muammolari?

10-Ma'ruza
Oliy maktab o'qituvchisining innovatsion faoliyati.

Reja:

1. Innovatsion faoliyatining nazariy omillari.
2. O'qituvchining innovatsion faoliyati tuzilmasi.
3. O'qituvchining innovatsion faoliyatini shakllantirish shartlari.

Tayanch so'z va iboralar: Innovatsiya, xususiy yangilik, diagnostika, o'qituvchining innovatsion faoliyati, aksiologiya, akmeologiya, kreativlik, refleksiya.

Innovatsiya (inglizcha innovation) - yangilik kiritish, yangilikdir. A.I. Prigojin innovatsiya deganda muayyan ijtimoiy birlikka - tashkilot, aholi, jamiyat, guruhga yangi, nisbatan turg'un unsurlarni kiritib boruvchi maqsadga muvofiq o'zgarishlarni tushunadi. Bu innovator faoliyatidir.

Tadqiqotchilar (A.I. Prigojin, B.V. Sazonov, V.S. Tolstoy, A.G. Kruglikov, A.S. Axiezer, N.P.Stepanov va bosqqalar) innovatsion jarayonlar tarkibiy qismlarini o'rganishning ikki yondashuvini ajratadilar.

Birinchi yondashuvda hayotga joriy etilgan qandaydir yangi g'oya yoritiladi.

Ikkinchi yondashuvda alohida-alohida kiritilgan yangiliklarning o'zaro ta'siri, ularning birligi, raqobati va oqibat natijada birining o'rnini ikkinchisi egallashdir.

Olimlar innovatsion jarayon mikrotuzilmasini tahlil qilishda hayotning davriyligi kontseptsiyasini farqlaydilar. Bu kontseptsiya yangilik kiritishga nisbatan o'lchanadigan jarayon ekanligidan kelib chiqadi.

Pedagogikaga oid adabiyotlarda innovatsiya jarayoni sxemasi beriladi. U quyidagi bosqichlarai qamrab oladi:

Yangi g'oya tug'ilishi yoki yangilik kontseptsiyasini paydo qilish bosqichi, и kashfiyot bosqichi deb ham yuritiladi,

2. Ixtiro qilish, ya'ni yangilik yaratish bosqichi,
3. Yaratilgan yangilikni amalda qo 'llay bilish bosqichi.
4. Yangilikni yoyish, uni kengtadbiq etish bosqichi.
5. Muayycm sohada yangilikning hukmronlik qilish bosqichi. Bu bosqichda yangilik o 'zining yangiliginiyo'qotadi, uning samara beradigan muqobili pay do bo'ladi.

Yangi muqobillik asosida, almashtirish orqali yangilikning qo'llanish doirasini qisqartirish bosqichi.

V.A. Slastenin yangilik kiritishni maqsadga muvofiq yo'naltirilgan yangilik yaratish, keng yoyish va foydaianish jarayoni majmui, uning maqsadi insonlarning ehtiyoji va intilishlarini yangi vositalar bilan qondirish deb biladi.

Yangilik kiritishning tizimli kontseptsiyasi mualliflari (A.I. Prigojin, B.V. Sazonov, V.S. Tolstoy) innovatsion jarayonlaming ikki muhim shaklini farqlaydilar.

Birinchi shaklga yangilik kiritishni oddiy ishlab cliiqish kiritiladi. Bu ilk bor mahsulot o'zlashtirgan tashkilotlarga taalluqlidir.

Ikkinchi shaklga yangilikni keng ko'lamda ishlab chiqish taalluqlidir.

Yangilik kiritish ham ichki mantiq, ham vaqtga nisbatan qonuniy rivojlangan va uning atrof-muhitga o'zaro ta'sirini ifodalaydigan dinamik tizimdir.

Pedagogik innovatsiyada "yangi" tushunchasi markaziy o'rin tutadi. Shuningdek, pedagogik fanda xususiy, shartli, mahalliy va sub'ektiv yangilikka qiziqish uyg'otadi.

Xususiy yangilik V.A. Slasteninning aniqlashicha, joriy zamonaviylashtirishda muayyan tizim mahsuloti unsurlaridan birini yangilashni ko'zda tutadi. Murakkab va progressiv yangilanishga olib keluvchi ma'lum unsurlaming yig'indisi shartli yangilik hisoblanadi.

Mahalliy yangilik konkret ob'ektda yangilikning foydalanishi bilan belgilanadi.

Sub'ektiv yangilik ma'lum ob'ekt uchun ob'ektning o'zi yangi bo'lishi bilan belgilanadi.

Ilmiy yo'nalishlarda yangilik va innovatsiya tushunchalari farqlanadi. Yangilik - bu vositadir: yangi metod, metodika, texnologiya va boshqalar.

V.I. Zagvyazinskiy yangi tushunchasiga ta'rif berib, pedagogikadagi yangi bu faqatgina g'oya emas, balki hali foydalaniLmagan yondashuvlar, metodlar, texnologiyalardir, lekin bu pedagogik jarayonning unsurlari majmuan yoki alohida olingan unsurlari bo'lib, o'zgarib turavcbi sharoitda va vaziyatda ta'lim va tarbiya vazifalarini samarali hal etishning ilg'or boslilanmalarini o'zida aks ettiradi.

R.N. Yusufbekova pedagogik yangilikka o'qitish va tarbiya berishda avval ma'lum bo'lmagan va avval qayd qilinmagan holat, natija, rivojlanib boravchi nazariya va amaliyotga eltuvehi pedagogik voqelikning o'zgarib turishi mumkin bo'lgan mazmuni sifatida qaraydi.

Pedagogik innovatsiyada R.N. Yusufbekova innovatsion jarayon tuzilmasining uch blokini farqlaydi:

Birinchi blok - pedagogikadagi yangini ajratish bloki. Bunga pedagogikadagi yangi, pedagogik yangilikning tasnifi, yangini yaratish shart-sharoiti, yangilikning me'yorlari, yangining uni o'zlashtirish va foydalanishga tayyorligi, an'ana va novatorlik, pedagogikadagi yangini yaratish bosqichlari kiradi.

Ikkinchi blok - yangini idrok qilish, o'zlashtirish va baholash bloki: pedagogik hamjamiyatlar, yangini baholash va uni o'zlashtirish jarayonlarining rang-barangligi, pedagogikadagi konservatorlik va novatorlik, innovatsiya mubiti, pedagogik jamiyatlarning yangini idrok etish va baholashga tayyorligi.

Uchinchi blok - yangidan foydaianish va uni joriy etish bloki, ya'ni yangini tadbiq etish, foydaianish va keng joriy etish qonuniyatlari va rurlaridir, M.M. Potashnikning innovatsiya jarayonlari talqinlari kishi e'tiborini o'ziga tortadi. U innovatsiya jarayonining quyidagi tuzilmasini beradi:

• faoliyat tuzilmasi - motiv - maqsad - vazifa - mazmun - shakl - metodlar - metodika komponentlari yig 'indisi;

• sub 'ektiv tuztima-innovatsion faoliyat sub 'ektlarining xalqaro, mintaqaviy, tuman, shahar va boshqa sathlari;

• sathiy tuzilma-innovatsion faoliyat sub'ektlarining xalqaro, mintaqaviy,

tuman, shahar va boshqa sathlari;
- mazmun tuzilmasi - o'quv-tarbiyaviy ishlar, boshqaruv (va b.) da yangilikning paydo bo'lishi, ishlab chiqilishi va o'zlashtirilishi;
- bosqichlilikka asoslangan hayot davriylik tuzilmasi - yangilikning paydo bo 'lishi -ildam o 'sish - etuklik — o 'zlashtirish - diffuziya (singib ketish, tarqalish) - boyish (to 'yinish) -qoloqlik - inqiroz - irradiatsiya (aldanish) - zamonaviylashtirish;
- boshqaruv tuzilmasi - boshqaruv harakatlarining 4 ta turining o'zaro aloqasi: rejalashtirish - tashkil etish - rahbarlik qilish - nazorat qilish;
- tashkiliy tuzilma - diagnostik, oldindan ko'ra bilish, sof tashkiliy, amaliy, umumlashtiruvchi, tadbiq etuvchi.

Innovatsiya jarayoni tarkibiy tuzilmalar va qonuniyatlarni qamrab olgan tizimdan iboratdir.

Pedagogikaga oid adabiyotlarda iimovatsion jarayon kechishining 4 ta asosiy qontmiyati farqlanadi:
- pedagogik innovatsiya muhitining ayovsiz bemaromlik qonuni;
- nihoyat amalga oshish qonuni;
- qoliplashtirish (stereotiplashtirish) qonuni;
- pedagogik innovatsiyaning davriy takrorlanishi va qaytishi qonuni;

Ayovsiz bemaromlik qonunida pedagogik jarayon va hodisalar to'g'risidagi yaxlit tasavvurlar buziladi, pedagogik ong bo'linadi, pedagogik yangilik baholanadi va u yangilikning ahamiyati va qimmatini keng yoyadi.

Nihoyat amalga oshish qonuni yangilikning hayotiyligi bo'lib, u erta yo kech, stixiyali yoki ongli ravishda amalga oshadi.

Qoliplashtirish (stereotiplashtirish) qonuni shundan iboratki, unda pedagogik innovatsiya fikrlashni bir qolipga tushirish va amaliy harakatga o'tish tendentsiyasiga ega bo'ladi. Bunday holatda pedagogik qolip (stereotip) qoloqlikka, boshqa yangiliklaming amalga oshish yo'liga to'siq bo'lishga majbur bo'ladi.

Pedagogik innovatsiyaning davriy takrorlanishi va qaytishi qonunining mohiyati shundaki, unda yangilik yangi sharoitlarda qayta tiklanadi.

Pedagogik innovatsiya tadqiqotchilari innovatsiya jarayonining ilcki tipini farqlaydilar:

Innovatsiyaning birinchi tipi stixiyali o'tadi, ya'ni innovatsion jarayonda unga bo'lgan ehtiyoj hisobga olinmaydi, uni amalga oshirishning barcha shart-sharoitlari tizimi, usullari va yo'llariga ongli munosabat bo'lmaydi.

Innovatsiyaning ikkinchi tipi ongli, maqsadga muvofiq, ilmiy asoslangan faoliyat mahsulidir.

Oliy maktabdagi innovatsion jarayonlar V.A. Slastenin, M.M.Levina, M.Ya.Vilenskiy va boshqalar tomonidan tadqiq qilingan.

Oliy maktab innovatsion jarayonlari negizida quyidagi yondashuvlarni belgilash mumkin:
- madaniyatshunoslikjihatidan (insonni bilishning ustuvor rivojlanishi) yondashuv;
- shaxsiy faoliyat jihatidan (ta 'limdagi yangi texnologiyalaf) yondashuv;
- ko'p sub 'ektli (dialogik) yondashuv, kasbiy tayyorgarlikni insonparvarlashtirish;

• individual - ijodiy (o 'qituvchi va talabalarning o 'zaro munosabatlari) yondashuv. Oliy maktabda innovatsion faoliyatning sub'ekti o'qituvchi, uning shaxsiy irnkoniyati

hisoblanadi. Bunda o'qituvchi shaxsining ijtimoiy-madaniy, intellektual va axloqiy imkoniyatlari yuksak ahamiyatga molik bo'ladi.

S.M. Godninning ishlarida talabaning shaxsiy xislatlari pedagogik jar ayonning sub'ekti sifatida yoritiladi. Unga quyidagilami kiritadi: o'qitishmng hozirgi va kelgusi bosqichlari uchun qabul qilingan o'quv - tarbiya jarayonining maqsadi, vazifasi va ko'rsatmalarini anglay bilish; intellektual mehnatning yangi tadbirlarini egallash; maqsadga muvofiq kasbiy o'z-o'zini

tarbiyalash va mustaqil tahsil olish, qiymchiliklami a'lo darajada enga bilish, o'sish va mustahkam o'rin egallashning kengayayotgan intellektual va kasbiy imkoniyatlari, istiqbollari bilan qoniqish, o'zining sotsial roli, funktsiyasini bajarishida faol munosabatda bo'lish va hokazo.

Innovatsion pedagogik jarayorming muhim unsurlari shaxsning o'z-o'zini boshqarishi va o'zini- o'zi safarbar qila olishi hisoblanadi. Uning eng muhim yo'nalishlaridan bin talabalarning bilish faoliyatini rivojlantirish.

Bunday yo'nalish talabalarning o'quv ishlarini faollashtirish, ularning kasbiy ixtisoslashishini aniqlab olish faolligini o'z ichiga oladi.

Tayanch yo'nalishlar - ta'lim, fan va ishlab chiqarishning integratsiyalashuvi, ularning o'zaro aloqalarida yangi tamoyillarga o'tish.

Shunday qilib, innovatsion faoliyat omillari nazariyasi tahlili uning eng muhim yo'nalishi gumanistik aksiologiya ekan degan xulosaga olib keladi.

Innovatsion faoliyatga aksiologik yondashuv insonning o'zini yangilik yaratish jarayoniga baxshida qilishi, uning tomonidan yaratilgan pedagogik qadriyatlar jamini anglatadi.

Aksiologiya insonga oliy qadriyat va ijtimoiy taraqqiyoming birdan-bir maqsadi sifatida qaraydi.

O'qituvchining innovatsion faoliyati tuzilmasi O'qituvchining innovatsion faoliyatiga yaratuvchilik jarayoni va ijodiy faoliyat natijasi sifatida qaraladi.

V.A. Slastenin o'qituvchining innovatsion faoliyatini tuzishda unga akmeologik jihatdan yondashadi.

Akmeologiya (акте) - yunoncha oliy nuqta, o'tkir, gullagan, etuk, eng yaxshi davr degan ma'nolarni bildiradi.

B.G. Ananev, N.V. Kuzmina, A.A.Derkach va boshqalar kasbiy faoliyatning samarasini oshirish bilan yo'g'rilgan inson hayotining eng ijodiy davrlari, etuklik bosqichlari to'g'risida fikr yuritadilar. Ular etuk insonlarning professionalizmi, shaxs rivojlanishining gullagan davridagi psixik qonuniyatlari, professionalizmga etishdagi balandliklardan o'ta olish masalalari bilan shug'ullanganlar.

V.A. Slastenin akmeologiyaning yuksak professionalizmga, mutaxassisning uzoq ijodiy umr ko'rishiga olib keladigan sub'ektiv va ob'ektiv omillarini asoslab berdi. Ob'ektiv omillarga olingan ta'lirnning sifatini, sub'ektiv omillari esa insonning iste'dodi va qobiliyatini, ishlab chiqarish vazifalarini samarali hal qila olishidagi mas'uliyati, mutaxassislarga yondashuvini kiritadi.

Yuksak professionalizmga erishishning omillari sifatida quyidagilar ko'rsatiladi:

- iste 'dod nishonalari;
- uquvlilih;
- qobiliyat;
- iste 'dod;
- oila tarbiyasi sharoiti;
- o 'quv yurti;
- o'z xatti-harakati.

Akmeologiya ilmiy nuqtai nazardan professionalizm va ijod munosabatida olib qaraladi. Bunda quyidagi kategoriyalar farqlanadi:
- ijodiy individuallik;
- o 'zining o 'sish va takomillashish jarayoni;
- o'zimkoniyatlarini amalgaoshirishsifatidagikreativtajribasi. O'qituvchining ijodiy individualligi quyidagilardan iborat:
- intellektual - ijodiy tashabbus;
- bilimlar kengligi va chuqurligi intellektual qobiliya ti;
- ziddiyatlarga nisbatan xushyorlik, ijodga tanqidiy yondashuv, vujudan yaratuvchilikka kurashchanlik qobiliyati;
- axborotlarga tashnalik, muammolardagi g'ayriodatiylikka va yangilikka bo'lgan his- tuyg'u, professionalizm, bilishga bo 'Igan chanqoqlik (N, V, Vishnekova).

V.A. Slastenin ijodiy individualizmni ro'yobga chiqarishning asosiy vazifalarini quyidagicha belgilaydi:
- ijtimoiy mohiyat kasb etgan madaniyatni boyitish;
- pedagogik jarayon va shaxs bilimlarini yangilab turish;
- samarali va ahamiyatli meyorlarni belgilaydigan yangi texnologiyalarni topish;
- shaxsning o'z taqdirini o'zi belgilash va o'zini o'zi namoyon qila olishi asosida o'z rivojlanishini ta 'minlash;

Shu tariqa o'qituvchining ijodiy individualligini shakllantirish shaxs rivojlanishi va yangilanishining dinamik innovatsion jarayoni sifatida tushuniladi.

Ijodiy individuallikni xarakterlaydigan samarali o'z-o'zini anglash quyidagilarni qamrab oladi: o'zini boshqalarga qiyos qilish asosida o'z shaxsining betakror ekanligini anglay olishi; o'zi to'g'risidagi kreativ ko'rinishlar va tasavvurlari to'plami; individual kreativ o'ziga xosliklarning bir butunligi va uyg'unligi, ichki birligi; shaxsning o'z rivojlanishidagi dinamiklik va doimiylik jarayoni va uning ijodkor sifatida shakllanishi; shaxs o'zini namoyon qila olishi va o'zining muayyan ishlami amalga oshmshga hozir rurganligi; ijodkor sifatida o'zini baxshida qila olishi va shaxsiy hamda ijtimoiy vaziyatlarda o'zining o'rnini anglay olishi (V.A.Slastenin).

Innovatsion faoliyat tuzilmasi tahlilida akmeologik yondashuv o'qituvchining kasbiy mahorati cho'qqilariga erishuvida uning shaxsi rivojlanish qonuniyatlarini ochish unkonini beradi.

O'qituvchi innovatsion faoliyatining eng muhim tavsifi kreativlikdir.

Kreativlik termini angliya-amerika psixologiyasida 60-yillarda paydo bo'ldi. U individning yangi tushuncha yaratishi va yangi ko'nikmalar hosil qilish qobiliyati, xislatini bildiradi.

J. Gilford kreativlikni tavsiflaydigan qator individual qobiliyatlarni ko'rsatadi:
- fikrining ravonligi;
- fikrnim aqsadga m uvofiq y o 'Hay o lishi;
- o 'ziga xoslik (originallik);
- qiziquvchanlik;
- farazlar yaratish qob iliyati;
- xayol qila olish, fantastlik (fantaziya).

O'qituvchi faoliyatidagi kreativlikmng bir necha bosqichlarini belgilash murnkin:

Birinchi bosqichda tayyor metodik tavsiyanomalar tuzukkina ko'chiriladi; ikkinchi bosqichda mavjud tizimga ayrim moslamalar (modifikatsiyalar), metodik usullar kiritiladi; uchinchi bosqichda g'oyani amalga oshirish mazmuni, metodlari, shakli to'la ishlab chiqiladi; to'rtinchi bosqichda o'qitish va tarbiyalashning o'z betakror kontseptsiyasi va metodikasi yaratiladi.

O'qituvchining innovatsiya faoliyati tuzilmasidagi eng muhim komponent bu reileksiyadir.

Refleksiya o'qituvchining o'z ongi va faoliyatini belgilash va tahlil qila olish deb qaraladi (o'z fikri va harakatlariga tashqaridan nazar. V.A. Slastenin).

Pedagogikaga oid adabiyotlarda reflektiv jarayoni ami izohlashning ikki an'anasi mavjudligi aytiladi:
- ob'ektlar mohiyatini izohlashga va ularni konstruktsiyalashga olib keladigan ongning reflektiv tahlili;
- shaxslararo muloqot ma 'nosini tushunish refleksiyasi;

Bu bilan bog'liq ravishda pedagog olimlar quyidagi reflektiv jarayonlarni farqlaydilar:
- o'z-o'zini va boshqalarni tushunish;
- o'z-o'ziga va boshqalarga baho berish;
- o'z-o'zini va boshqalarni izohli tahlil qilish,

Refleksiya (lotincha Reflxio- ortga qaytish) sub'ektning o'z (ichki) psixik tuyg'u va holatlarini bilish jarayoni sifatida qaraladi.

Falsafa va pedagogikaga old adabiyotlarda refleksiya shaxsning o'z ongidagi o'zgarishlarni fikrlash jarayoni deb yoziladi.

Psixologik lug'atda shunday izoh beriladi: "Refleksiya - faqat sub'ektning o'z-o'zini bilishi va tushunishi emas, balki boshqalar uning shaxsiy xislatlari, his qilish tuyg'usi va bilish (kognitiv) tasavvurlarini bilish hamda tushunishini aniqlab olishini ham anglatadi.

O'qituvchining innovation faoliyatini shakllantirish shartlari Innovatsionlik pedagogik jarayonni ifodalab, nafaqat uning didaktik qurilmasiga, balki o'qituvchining ijtimoiy mohiyatli natijalari va rahiy qiyofasiga ham taalluqlidir.

Innovatsionlik ochiqlikni, boshqalar flkrining tan olinishini bildiradi.

O'qituvchining irmovatsion faoliyati turli xildagi qarashlarning to'qnashuvi va o'zaro boyitilishi dinamikasida amalga oshishini ko'zda tutadi.

O'qituvchining irmovatsion faoliyatini samarali amalga oshirish bir qator shart-sharoitlarga bog'liq. Unga o'qituvchining tayinli muloqoti aks fikrlarga nisbatan beg'araz munosabat, turli holatlarda ratsional vaziyatning tan olinishini uqtirishga tayyorligi kiradi. Buning natijasida o'qituvchi o'z bilim va ilmiy faoliyatini ta'minlaydigan keng qamrovli mavzu (motiv)ga ega bo'ladi.

O'qituvchi faoliyatida o'z-o'zini faollashtirish, o'z ijodkorligi, o'z-o'zini bilishi va yaratuvchiligi mavzu (motiv)lar muhim ahamiyat kasb etadi. Bu esa o'qituvchi shaxsining kreativligini shakllantirish imkoniyatini beradi.

Yangilik kiritishning muhim sharti mulogotningyangi vaziyatini tug'dirishdir.

Muloqotning yangi vaziyati - bu o'qituvchining o'z mustaqillik mavqeini, dunyoga, pedagogik fan, o'ziga bo'lgan yangi munosabatni yarata olish qobiliyatidir. O'qituvchi o'z nuqtai nazarlariga o'ralashib qolmaydi, u pedagogik tajribalarning boy shakllari orqali ochilib, mukammallashib boradi. Bunday vaziyatlarda o'qituvchining fikrlash usullari, aqliy madaniyati o'zgarib boradi, hissiy tuyg'ulari rivojlanadi.

Keyingi sharti - bu o'qituvchining madaniyat va muloqotga shayligi.

O'qituvchining innovatsion faoliyati voqelikni o'zgartirishga, uning muammolari va usullarini yechishni aniqlashga qaratilgandir.

O'qituvchi va talaba o'rtasidagi muloqot namimasining o'zgarishi irmovatsion faoliyat shartlaridan biridir.

Yangi munosabatlar an'analarda bo'lganidek, qistovlar, hukmga bo'ysunish kabi unsurlardan holi bo'lishi lozim. Ular tenglarning hamkorligi, o'zaro boshqarilishi, o'zaro yordam shaklida qurilgan bo'lishi darkor. Ular munosabatlaridagi eng muhim xususiyati bu o'qituvchi va talabaning[1] ijoddagi hamkorligidir.

Innovatsion faoliyat quyidagi asosiy funktsiyalar bilan izohlanadi:
- kasbiy faoliyatning ongli tahlili;
- me 'yorlarga nisbatan tanqidiy yondashuv;
- kasbiy yangiliklarga nisbatan shaylik;
- dunyoga ijodiy yaratuvchilik m unosabatida b o 'lish;
- o'z imkoniyatlarini ro'yobga chiqarish, o'z turmush tarzi va intilishlarini kasbiy faoliyatida mujassam qilish,

Demak, o'qituvchi yangi pedagogik texnologiyalar, nazariyalar, kontseptsiyalarning muallifi, ishlab chiqaruvchisi, tadqiqotchisi, foydalanuvchisi va targ'ibotchisi sifatida namoyon bo'ladi.

Hozirgi jamiyat, madaniyat va ta'lim taraqqiyoti sharoitida o'qituvchi innovatsiya faoliyatiga bo'lgan zaruriyat quyidagilar bilan o'lchanadi:
- ijtimoiy-iqtisodiy yangilanish ta'lim tizimi, metodologiya va o'quv jarayoni texnologiyasining tubdan yangilashni talab qiladi. Bunday sharoitda o 'qituvchining innovatsiya

faoliyati pedagogik yangiliklarni yaratish, o 'zlashtirish va foydalanishdan iborat bo'ladi;
- ta'lim mazmunini insonparvarlashtirish doimo o'qitishning yangi tashkiliy shakllarini, texnologiyalarini qidirishni taqozo qiladi;
- pedagogik yangilikni o'zlashtirish va uni tatbiq etishga nisbatan o'qituvchining munosabati xarakteri o 'zgarishi.

O'qituvchining innovatsion faoliyati tahlili yangilik kiritishning samaradorligini belgilovchi muayyan me'yorlardan foydalanishni talab qiladi. Bunday me'yorlarga - yangilik, maqbullik (optimalnost), yuqori natijalilik, ommaviy tajribalarda innovatsiyani ijodiy qo'llash imkoniyatlari kiradi

Yangilik pedagogik yangilik me'yori sifatida o'zida taklif qilinadigan yangini, yangilik darajasi mohiyatini aks ettiradi. Pedagog olimlar yangilikning qo'llanish mashhurligi darajasi va sohasiga ko'ra farqlanadigan mutlaq, chegaralangan mutlaq, shartli, sub'ektiv darajalarini farqlaydilar.

Maqbullik me'yori o'qituvchi va talabaning natijaga erishish uchun sarflangan kuch va vositalarini bildiradi.

Natijalilik o'qituvchi faoliyatidagi muayyan muhim ijobiy natijalarni bildiradi.

Pedagogik yangilik o'z mohiyatiga ko'ra ommaviy tajribalar mulki bo'lib qolishi lozim. Pedagogika yangilikni dastlab ayrim 0qituvchilarning faoliyatiga olib kiriladi. Keyingi bosqichda - sinalgandan va ob'ektiv baho olgandan so'ng pedagogik yangilik ommaviy tatbiq etishga tavsiya etiladi.

O'qituvchining innovatsion faoliyati o'z ichiga yangilikni tahlil qilish va unga baho berish, kelgusidagi harakatlaming maqsadi va kontseptsiyasini shakllantirish, ushbu rejani amalga oshirish va tahrir qilish, samaradorlikka baho berishni qamrab oladi.

Innovatsion faoliyatning samaradorligi pedagog shaxsiyati bilan belgilanadi.

V.A. Slastenin tadqiqotlarida o'qituvchining innovatsion faoliyatga bo'lgan qobiliyatlarining asosiy xislatlari belgilab berilgan. Unga quyidagi xislatlar taalluqli:

- shaxsning ijodiy-motivatsion yo'nalganligl Bu - qiziquvchanlik, ijodiy qiziqish; ijodiy yutuqlarga intil ish; peshqadamlikka intilish; o 'z kamolotiga intilish va boshqalar;
- kreativlik. Bu - hayolot (fantastlik), faraz; qoliplardan holi bo 'lish, tavakkal qilish, tanqidiy fikrlash, baho bera olish qobiliyati, o'zicha mushohada yuritish, refleksiya;
- kasbiy faoliyatni baholash. Bu - ijodiy faoliyat metodologiyasini egallash qobiliyati; pedagogik tadqiqot metodlarini egallash qobiliyati; mualliflik kontseptsiyasi faoliyat texnologiyasini yaratish qobiliyati, ziddiyatni ijodiy bartaraf qilish qobiliyati; ijodiy faoliyatda hamkorlik va o 'zaro y or dam berish qobiliyati va boshqalar;
- q 'qituvchining individual qobiliyati. Bu - ijodiy faoliyat sur 'ati; shaxsning ijodiy faoliyatdagi ish qobiliyati; qat'iyatlik, o'ziga ishonch; mas'uliyatlilik, halollik, haqiqatgo'ylik, o 'zini tut a bilish va boshqalar.

Innovatsion faoliyat tadqiqotlari o'qituvchining innovatsion faoliyatga hozirligi me'yorlarini belgilashga imkon berdi (V.A, Slastenin):

- innovatsion foliyatga bo 'Igan zaruriyatni anglash;
- ijodiy faoliyatga jalb qilinishiga shaylik;
- shaxsiy maqsadlarni innovatsion faoliyat bilan moslashtirish;
- ijodiy muvaffaqiyatsizliklarni engishga shaylik;
- innovatsion faoliyatni ijro etish uchun texnologik shaylik darajasi;
- innovatsion faoliyatning kasbiy mustaqillikka tcTsiri;
- kasbiy refleksiyaga bo 'Igan qobiliyat.

Oliy maktabdagi innovatsiya jarayonlari xarakteri kiritilgan yangiliklar xususiyatlari, o'qituvchilarning kasbiy imkoniyatlari, yangilik kiritish tashabbuskorlari va ishtirokchilarining innovatsion faoliyatlari xususiyatlari bilan belgilanadi.

Innovatsion faoliyatda eng muhim masalalardan biri-o'qituvchi shaxsidir.

O'qituvchi-novator sermahsul ijodiy shaxs bo'lishi, kreativlikni, keng qamrovli qiziqish va mashg'ullikni, ichki dunyosi boy, pedagogik yangiliklarga o'ch bo'lishi lozim.

O'qituvchini innovatsion faoliyatga tayyorlash ikki yo'nalishda amalga oshirilishi lozim:
- yangilikni idrok qilishga innovatsion shaylikni shakllantirish;
- yangicha harakat qila olishga o 'rgatish.

Innovatsion faoliyatni tashkil etishda talabalarning o'quv-bilish faoliyati va uni boshqansh alohida ahamiyatga ega.

Innovatsiya jarayonlari, ularning funktsiyalari, rivojlanish qonuniyatlari, mexanizmlari va uni amalga oshinsh texnologiyalan, boshqansh tamoyillarining pedagogik asoslanni o'rganish oliy maktab o'quv jarayonini zamonaviy pedagogika hamda psixologiya fanlari yutuqlari asosida jahon standartlari darajasida tashkil etish imkonini beradi.

Nazorat savollari

2. Innovatsion faoliyatining nazariy omillari.
3. O'qituvchining innovatsion faoliyati tuzilmasi.
4. O'qituvchining innovatsion faoliyatini shakllantirish shartlari.
5. Innovatsion faoliyat tushunchasi va uning mohiyati.
6. Innovatsion faoliyatni tashkil etish zaruriyati va omillari.
7. Innovatsion salohiyatni rivojlantirish mazmuni, tuzilishi va o'ziga xosliklari.
8. Ixtiro qilish, ya'ni yangilik yaratish bosqichi nima?
9. Yaratilgan yangilikni amalda qo 'llay bilish bosqichi nima?
10. Yangilikni yoyish, uni kengtadbiq etish bosqichi nima?
11. Muayyan sohada yangilikning hukmronlik qilish bosqichi nima?

11-Ma'ruza
Pedagogik texnologiyalarning ilmiy-nazariy asoslari.

Reja:

1. Pedagogik texnologiyalarning ilmiy asoslari.
2. Muammoli o'qitish texnologiyasi.

Tayanch so'z va iboralar: pedagogik texnologiya aspektlari, ierarxik darajalari, pedagogik texnologiya tarkibi, texnologik jarayon, texnologiya mezonlari, bilimlarni o'zlashtirish, pedagogik texnologiya tushunchalari.

O'zbekiston Respublikasi ijtimoiy taraqqiyotining demokratik-huquqiy, fuqarolik jamiyati qurish yo'lidan dadil bormoqda. Iqtisodiy, madaniy-ma'rifiy, xalq ta'limi sohalarida islohotlar va yangilanish jarayonlari bosqichma-bosqich, izchillik bilan amalga oshirilmoqda. Zero, jamiyatning taraqqiyoti, uning rivojlangan mamlakatlar qatoridan munosib o'rinni egallashi bugungi kunda ta'lim olayotgan yoshlarning ma'naviy salohiyati, keng dunyoqarashi va chuqur ilmiy, mustaqil fikrlashiga bog'liq.

Mustaqillik tufayli pedagogika fanining taraqqiyotida olamshumul o'zgarishlar yuz berdi. Mamlakatimizning ma'naviy salohiyatini oshirish, ta'lim tizimini tubdan isloh qilish, kadrlar tayyorlash Milliy dasturi, "Ta'lim to'g'risida"gi Qonunni tayyorlash va amalga oshirish pedagogika fanining zimmasiga tushdi. Pedagogikaning predmeti shaxsni shakllantirish muammosi Kadrlar tayyorlash Milliy modelida o'z aksini topdi.

Mustaqil O'zbekiston taraqqiyotida hal qiluvchi muammolar: xalqimizning ming-ming yillik qadriyatlarini, pedagogik merosini o'rganish va ta'lim-tarbiya jarayonini milliylashtirish, jamiyat taraqqiyotida ma'naviyatning ustivorligini ta'minlash va ma'naviy tarbiya nazariyasini, amaliyotini takomillashtirish; yoshlar ongiga milliy mafkura, milliy g'oyani singdirish, vatanparvarlik tarbiyasini yangi mazmun va metodikasini ishlab chiqish; jahon andozalariga mos ta'lim tizimini yaratish, ilg'or pedagogik tajribalarni ommalashtirish, pedagogik kadrlarni hozirgi davr talabi asosida ta'lim-tarbiya ishiga tayyorlash, pedagogik texnologiya bilan qurollantirish kabilar pedagogika fanining dolzarb vazifasi bo'lib qoldi.

O'zbekistonda Kadrlar tayyorlashning Milliy dasturida ta'lim-tarbiyani tubdan isloh qilish ilg'or pedagogik texnologiyalarni joriy etish; «Ta'lim berishning ilg'or pedagogik texnologiyalarini, zamonaviy o'quv-uslubiy majmualari yaratish va o'quv-tarbiya jarayonini didaktik jihatdan ta'minlash"ga bog'liqligi ko'rsatiladi. Ma'lumki, Milliy dastur bosqichma-bosqich amalga oshirilishi ko'zda tutilgan edi. Birinchi bosqich (1997-2001 y.) mavjud kadrlar tayyorlash tizimini isloh qilish va rivojlantirish uchun huquqiy, ilmiy-uslubiy, moliyaviy moddiy shart-sharoitlar yaratish "...jumladan pedagog va ilmiy-pedagogik kadrlar tayyorlash hamda ularni malakasini oshirishni zamon talablariga javob beradigan darajada tashkil etish".

Ikkinchi bosqich: (2002-2005 y.) Milliy dasturni to'la ro'yobga chiqarish, mehnat bozorini rivojlantirish va real ijtimoiy-iqtisodiy sharoitlarini hisobga olgan holda unga aniqlik kiritish, "Ta'lim muassasalarini moddiy texnika va axborot bazasini mustahkamlash davom ettiriladi, o'quv-tarbiya jarayoni yuqori sifatli o'quv adabiyotlar va ilg'or pedagogik texnologiyalar bilan ta'minlanadi".

Uchichnchi bosqich: (2005 va undan keyingi yillar) to'plangan tajribalar tahlil etilishi,ularni umumlashtirish asosida mamlakatni ijtimoiy-iqtisodiy rivojlantirish istiqbollariga muvofiq kadrlar tayyorlash tizimini takomillashtirish va yanada rivojlantirish" ko'zda tutilgan edi.

Ta'lim muassasalarini resurs, kadrlar va axborot bazalari yanada mustahkamlash, o'quv - tarbiya jarayonini yangi o'quv-uslubiy majmualar, ilg'or pedagogik texnologiyalar bilan to'liq ta'minlash ko'zda tutilgan" edi. Bunda biz pedagogik texnologiya Milliy dasturni amalga oshirishning muhim vositasi ekanini ko'ramiz.

Belgilangan vazifalar asosida bugungi kunda ta'lim sohasida juda katta ishlar amalga oshirildi va oshirilmoqda. Zamonaviy texnologiyaning ta'lim jarayoniga kirib kelishi jadallashmoqda.

Jamiyat taraqqiyoti hozirgi davrda ijtimoiy hayotning barcha sohalarini texnologiyalashtirishni taqozo qilmoqda. Ayniqsa pedagogik faoliyatni texnologiyalashtirish har qachongidan ham zaruriyatga aylanmoqda.

Bu zaruriyat quyidagilar bilan izohlanadi:
- birinchidan, jamiyatimizning taraqqiy etgan mamlakatlar qatoridan o'rin olishi hamda aholi ta'limini jadallashtirish va samaradorligini oshirish maqsadida;
- ikkinchidan, o'qituvchi faoliyatiga faqatgina o'quv jarayonining tashkilotchisi emas, balki nufuzli bilimlar manbai sifatida qaralayotganligi;
- uchinchidan, fan-tehnika taraqqiyotining o'ta rivojlanganligi natijasida axborotlarning keskin ko'payib borayotganligi va ularni yoshlarga etkazish uchun vaqtning chegaralanganligi;
- to'rtinchidan, kishilik jamiyati o'z taraqqiyotining shu kundagi bosqichida nazariy va empirik bilimlarga asoslangan tafakkurdan tobora foydali natijaga ega bo'lgan, aniq yakunga asoslangan texnik tafakkurga o'tib borayotganligi;
- beshinchidan, yoshlarni hayotga mukammal tayyorlash talabi ularga eng ilg'or bilim berish usuli hisoblangan ob'ektiv borliqqa tizimli yondashuv tamoyilidan foydalanishni talab qilayotganligi.

Pedagogik faoliyatni texnologiyalashtirish yuqorida sanab o'tilgan beshta shartlarning barcha talablariga javob beradigan ta'limiy tadbirdir.

Hozirgi davr ta'lim nazariyasida pedagogik texnologiya tushunchasiga keng urg'u berilmoqda.

Pedagogik adabiyotlarda "texnologiya", "pedagogik texnologiya" terminiga har xil ta'riflar mavjud. Bu ta'riflar har bir muallifning pedagogik texnologiyaga o'ziga xos yondashuvi asosida vujudga kelmoqda.

Pedagogik texnologiya nima?

Bu haqida ko'pgina mualliflar o'z ta'riflarini berganlar. Bular:

BMT ning nufuzli idoralaridan biri bo'lgan YUNESKO ta'rificha:

Ta'lim texnologiyasi – ta'lim modellarini optimallashtirish maqsadida, inson va texnika resurslari va ularning o'zaro ta'sirini hisobga olgan holda, butun o'qitish va bilimlarni o'zlashtirish jarayonini aniqlash, yaratish va qo'llash tizimidir.

V.P.Bespalko: «har qanday faoliyat yoki texnologiya, yoki san'at bo'lishi mumkin. San'at ichki sezgi (intuitsiya)ga, texnologiya esa fanga asoslanadi. hammasi san'atdan boshlanadi va texnologiya bilan tugaydi va yana qaytadan boshlanadi» - degan edi.

M.Ochilov "Pedagogik texnologiya – tizimli, texnologik yondashuvlar asosida ta'lim shakllarini qulaylashtirish, natijasini kafolatlash va ob'ektiv baholash uchun inson salohiyati hamda texnik vositalarning o'zaro ta'sirini inobatga olib, ta'lim maqsadlarini oydinlashtirib, o'qitish va bilim o'zlashtirish jarayonlarida qo'llaniladigan usul va metodlar majmuidir", degan ta'rifni beradi.

Pedagogik texnologiyaga professor N.Saidahmedov: "Pedagogik texnologiya bu o'qituvchi (tarbiyachi) tomonidan o'qitish (tarbiya) vositalari yordamida o'quvchilarga ta'sir ko'rsatish va bu faoliyat mahsuli sifatida ularda oldindan belgilab olingan shaxs sifatlarini shakllantirish jarayoni"-degan ta'rifni beradi.

Ta'lim texnologiyasi – oldindan belgilangan o'quv maqsadlariga erishishni kafolatlaydigan, ta'lim jarayonida inson va texnika resurslaridan foydalanishning loyihalashtirilgan muayyan tizimi. XTV "Multimediya umumta'lim dasturlarini rivojlantirish" markazi ta'rifi.

Keltirilgan ta'riflarni ilmiy-falsafiy nuqtai nazardan tahlil qiladigan bo'lsak, uzoq horijda berilgan ta'riflar bilan MDH mamlakatlari olimlari bergan ta'riflari bir-biriga yaqin kelsada, farqi ham anchaligini ko'ramiz. Jumladan, YuNYESKO ta'riflarida tizimli yondashuv tamoyillariga alohida urg'u berilgan.

Pedagogik texnologiya fan sifatida ham, shuningdek, ta'lim jarayonida qo'llaniladigan prinsiplar, yo'l va usullar sifatida ham shakllanib kelmoqda..

"Pedagogik texnologiya" ni uchta aspektda ko'rish mumkin.

Nazariya: Pedagogik texnologiya pedagogika fanining, ta'limning maqsadi, mazmuni va metodlarini ishlab chiquvchi, pedagogik jarayon loyihasini tuzuvchi qismi.

Harakatli jarayon : Ta'limning rejalashtirilgan natijasiga erishish uchun uning maqsadi, mazmuni, metod va vositalariga erishishni tasvirlash jarayoni yoki algoritmi.

Amaliy jarayon: Pedagogik texnologiya jarayonini amalga oshirish, shaxsga ma'lum sifatlarning shakllanishi uchun pedagogik jarayon vositalarini ishga solish.

Pedagogik texnologiyani o'quv amaliyotida uzviy bog'liq uch ierarxik darajada ko'rsatish mumkin:

1 daraja: Umumpedagogik, umumdidaktik daraja: umumpedagogik (Umumdidaktik, umumtarbiyaviy) texnologiya yaxlit ta'lim jarayonini xarakterlaydi.

2 daraja: Xususiy metodik daraja: pedagogik texnologiyani xususiy metodikaning bir predmeti darajasida qo'llaniladigan metod, vositalar jamlamasi.

3 daraja: Lokal yoki modulli daraja: lokal texnologiyasi o'quv-tarbiyaviy jarayonining alohida bo'limlarini o'z ichiga olgan xususiy didaktik va tarbiyaviy vazifalarni yechishdir.

Pedagogik texnologiya tarkibiga quyidagilar kiradi. Pedagogik texnologiya quyidagilarni ta'minlaydi.

Pedagogik texnologiya				
O'quvchilarning rivojlanishi, ijodiy shug'ulla-nishining me-tod va vositalarini tafakkur rivojini, o'rganadi, qiyinchiliklarni yengishga o'rgatadi	O'quvchilarda o'quv materialini tushunishning, muammoli izlanishning yangi shakllarini egallashlariga imkon beradi.	O'quv yurtida ijodiy ta'limiy shart-sharoitlar yaratadi.	Har xil real ijodiy pedagogik vazifalarni echish tajribasini egallashga yordam beradi.	Bilish, izlanish jarayonini boshqarishni ta'minlaydi

Texnologiya mezonlari:
Pedagogik texnologiya quyidagi talablarga javob berishi lozim:
• o'quv-tarbiyaviy jarayonda o'quv-texnik vositalari ob'ekt va usullaridan maqsadli foydalanish;
• pedagogik jarayonda muloqot tizimini to'g'ri tashkil etish va pedagogik ma'lumotlarni taqdim etish;
• o'quvchilarning bilim olish jarayonini boshqarish tizimi. (o'zlashtirish faoliyatidagi boshqaruv tizimi).
• belgilangan masalani echish maqsadida pedagogik jarayon uslub va vositalarini shakllantirish;
• o'qish va tarbiya jarayonini rejalashtirish;
• bir-biriga bog'liq g'oyalar tizimi, insonlar faoliyatini tashkil etish; vositalari, ta'lim maqsadiga erishish resurslarini ichiga olgan yaxlit integrativ jarayon;
• pedagogik tizimni texnologik loyihalash.

Ta'lim jarayonini amalga oshirish va baholashni rejalashtirishda quyidagi mezonlarga tayaniladi:

Konseptuallik. Har bir pedagogik texnologiya o'z tarkibida falsafiy, psixologik, didaktik, ijtimoiy pedagogik asosni qamrab olgan aniq ilmiy kontsepsiaga tayanishi lozim.

Tizimlilik. Pedagogik texnologiya hamma o'zaro bog'liq qismlardan iborat tizimning mantiqiy jarayoni belgilariga ega bo'lishi va yaxlit bo'lishi lozim:

Jarayonning mazmun-mohiyati uning qismlarining uzviy bog'liqligi, yaxlitligidan iborat.

Samaradorlik. Zamonaviy pedagogik texnologiyalar raqobatli shartlar asosida mavjud bo'lib, natijalar bo'yicha samara berishi, optimal harakatli bo'lishi va ta'limning ma'lum bir standartlarini kafolatlashi shart.

Qo'llanuvchanlik. Pedagogik texnologiya bir xil ta'lim muassasalarida boshqa sub'ektlar tomonidan ham qo'llanilish imkoniyatini beradi.

Pedagogik texnologiyaning ilmiy asoslari. Har qanday umumpedagogik ta'lim texnologiyasi falsafiy asosga ega.

Biroq o'qitish metodi va vositalarida falsafiy asosni topish qiyin. Gohida g'oya nuqtai nazaridan bir-biriga zid bo'lgan texnologiyalarda ham bir xil metodlar qo'llanilishi mumkin. Shuning uchun ham texnologiyaning o'zi o'zgaruvchan bo'lib, u yoki boshqa falsafiy asosga moslashishi mumkin.

Bir nechta alternativ falsafiy asoslarni qayd etamiz.
- materializm va idealizm.
- dialektika va metofizika.
- gumanizm va antigumanizm.
- antronosofiya va teosofiya.
- pragmatizm va ekzistensializm.

Texnologiya tayangan, asosiy psixik rivojlanish omillari quyidagilar:
1. Psixikaning rivojlanishini biologik nasl (genetik) kodi orqali aniqlash mumkin bo'lgan, tashqi muhit irsiyatdan o'tganlarni qo'llaydi degan taxminni ilgari suruvchi biogen texnologiya;
2. Shaxsning ijtimoiy muhit ta'sirida shakllangan sifatlari.
3. Insonning tajribalari asosida o'z-o'zini takomillashtirishini ko'rsatuvchi rivojlanishning psixologik natijalari.
4. Shaxs va uning sifatlari paydo bo'lganligini o'ziga xos e'tirof etuvchi idealistik qarashlar.
5. Falsafiy-pedagogik ilmiy konsepsiyalar.

Tushunchalarni shakllantirish nazariyasi.

Ta'lim jarayoni ma'lum bir o'zlashtirilgan tushunchalarni umumlashtiradi. Bu tushunchalar an'anaviy pedagogikada ham e'tirof etilgan. O'quvchilarning bilimlarni o'zlashtirish jarayoni quyidagi tushunchalarda o'z aksini topgan.

Ana shu o'zlashtiish jaraonini tashkil etish o'qituvchidan katta mahorat, bilim va texnologiyani talab etadi. O'qituvchi o'quvchilarning bilimlarni o'zlashtirish jarayonini tashkil etish yo'llarini tinimsiz izlashi, o'quvchilar faoliyatini tashkil etish texnologiyasini puxta o'zlashtirgan bo'lishi zarur.

Pedagogik texnologiyaga asoslangan ta'lim jarayonida o'quvchilarning bilimlarni o'zlashtirish jarayoni samarali kechadi.

Nazorat savollari:
1. Pedagogik texnologiyalarning ilmiy asoslari.
2. Muammoli o'qitish texnologiyasi.
3. Tushunchalarni shakllantirish nazariyasi nima?
4. Psixikaning rivojlanishini biologik nasl (genetik) kodi orqali aniqlash mumkin bo'lgan, tashqi muhit irsiyatdan o'tganlarni qo'llaydi degan taxminni ilgari suruvchi biogen texnologiya nima?
5. Shaxsning ijtimoiy muhit ta'sirida shakllangan sifatlarini ayting?
6. Insonning tajribalari asosida o'z-o'zini takomillashtirishini ko'rsatuvchi rivojlanishning psixologik natijalari.
7. Shaxs va uning sifatlari paydo bo'lganligini o'ziga xos e'tirof etuvchi idealistik qarashlar.
8. Falsafiy-pedagogik ilmiy konsepsiyalar.
9. Alternativ falsafiy asoslar nima?
10. Ta'lim jarayonini amalga oshirish va baholashni rejalashtirishda qandaymezonlarga tayaniladi?

12-Ma'ruza
Oliy ta'limda o'qitishda o'yinli texnologiyalar hamda tanqidiy fikrlashni o'stiruvchi faol metodlar.
Reja:

1. Oliy ta'limda muassasalarida oqitishda o'yinli texnologiyalar.
2. Tanqidiy fikrlashni o'stiruvchi faol metodlar.
3. Mualliflik texnologiyasi.

Tayanch so'z va iboralar: *Boshlovchi, ikki raqobatbardosh, boshlovchi, tanqidiy-ijodiy yondashuv, o'zaro ta'sirlar, ekspert, munozara, gaplarni yozib, saqlab olish, ijodiy yondashuv, bilim berish, pedagogikada monitoring*

Ta'limda o'yinli mashg'ulotlardan foydalanish maqsad va vazifalari

Ta'lim jarayonida o'yinli texnologiyalar didaktik o'yinli dars shaklida qo'llaniladi. Ushbu darslarda o'quvchlarning bilim olish jarayoni o'yin faoliyati orqali uyg'unlashtiriladi. Shu sababli o'quvchlarning ta'lim olish faoliyati o'yin faoliyati bilan uyg'unlashgan darslar didaktik o'yinli darslar deb ataladi.

Inson hayotida o'yin faoliyati orqali quyidagi vazifalar amalga oshiriladi:
- o'yin faoliyati orqali shaxsning o'qishga, mehnatga bo'lgan qiziqishi ortadi;
- o'yin davomida shaxsning muloqotga kirishishi ya'ni, kommunikativ – muloqot madaniyatini egallashi uchun yordam beriladi;
- shaxsning o'z iqtidori, qiziqishi, bilimi va o'zligini namoyon etishiga imkon yaratiladi;
- hayotda va o'yin jarayonida yuz beradigan turli qiyinchiliklarni yengish va mo'ljalni to'g'ri olish ko'nikmalarining tarkib topishiga yordam beradi;
- o'yin jarayonida ijtimoiy normalarga mos xulq-atvorni egallash, kamchiliklarga barham berish imkoniyati yaratiladi;
- shaxsning ijobiy fazilatlarini shakllantirishga zamin tayyorlaydi;
- insoniyat uchun ahamiyatli bo'lgan qadriyatlar tizimi, ayniqsa, ijtimoiy, ma'naviy-madaniy, milliy va umuminsoniy qadriyatlarni o'rganishga e'tibor qaratiladi;
- o'yin ishtirokchilarida jamoaviy muloqot madaniyatini rivojlantirish ko'zda tutiladi.

Didaktik o'yinli mashg'ulotlarni o'quvchlarning bilim olish va o'yin faoliyatining uyg'unligiga qarab: syujetli-rolli o'yinlar, ijodiy o'yinlar, ishbilarmonlar o'yini, konferentsiyalar, o'yin-mashqlarga ajratish mumkin.

O'qituvchi-pedagog avval o'quvchlarni individual (yakka tartibdagi), so'ngra guruhli o'yinlarga tayyorlashi va uni o'tkazishi, o'yin muvaffaqiyatli chiqqandan so'ng esa, ularni ommaviy o'yinlarga tayyorlashi lozim. Chunki o'quvchlar didaktik o'yinli mashg'ulotlarda faol ishtirok etishlari uchun zaruriy bilim, ko'nikma va malakalarga ega bo'lishlari, bundan tashqari, guruh jamoasi o'rtasida hamkorlik, o'zaro yordam vujudga kelishi lozim.

Didaktik o'yinli darslarning turlari va ularning maqsadi va vazifalari

O'qituvchi-pedagog didaktik o'yinli mashg'ulotlarni o'tkazishga qizg'in tayyorgarlik ko'rishi va uni o'tkazishda quyidagi didaktik talablarga rioya qilishi talab etiladi:

1. Didaktik o'yinli mashg'ulotlar dasturda qayd etilgan mavzularning ta'limiy, tarbiyaviy va rivojlantiruvchi maqsad hamda vazifalarini hal qilishga qaratilgan bo'lishi;

2. Jamiyatdagi va kundalik hayotdagi muhim muammolarga bag'ishlanib, ular o'yin davomida hal qilinishi;

3. Barkamol shaxsni tarbiyalash tamoyillariga va sharqona odob-axloq normalariga mos kelishi;

4. O'yin tuzilishi jihatidan mantiqiy ketma-ketlikda bo'lishi;

5. Mashg'ulotlar davomida didaktik printsiplarga amal qilinishi va eng kam vaqt sarflanishiga erishishi kerak.

Didaktik o'yinli mashg'ulotlar orasida **konferensiya mashg'ulotlari** ham muhim o'rin tutadi.

Konferensiya mashg'ulotlari o'quvchlarning bilish faoliyatini faollashtirishda, ilmiy dunyoqarashini kengaytirishda, qo'shimcha va mahalliy materiallar bilan tanishtirishda, ilmiy va ilmiy-ommabop adabiyotlar bilan mustaqil ishlash ko'nikma va malakalarini orttirish, mustaqil hayotga ongli tayyorlashda muhim ahamiyat kasb etadi.

Konferentsiya mashg'ulotini o'tishdan avval mashg'ulot mavzusini, maqsad va vazifalarini belgilab, shu mavzuga oid qo'shimcha ilmiy, ilmiy-ommabop adabiyotlar ko'zdan kechiriladi. Mashg'ulotni o'tkazishdan 1 hafta oldin mashg'ulot mavzusi e'lon qilinib, unga tayyorgarlik ko'rish uchun adabiyotlar tavsiya etiladi. Ushbu mashg'ulotda «Olimlar» rolini tanlash, mavzuni har tomonlama yoritish, ma'ruza tayyorlash o'quvchlarning ixtiyorida bo'ladi.

O'quvchlarning ijodiy izlanishi, mantiqiy fikrlashini rivojlantirish va qo'shimcha bilim olishga bo'lgan ehtiyojlarini qondirishda ijodiy o'yinlar muhim ahamiyatga egadir.

Ta'lim jarayonida vujudga keltirilgan muammoli vaziyatlarni o'quvchlar o'zaro hamkorlikda avval o'zlashtirgan bilim, ko'nikma va malakalarini ijodiy qo'llanish va izlanish orqali hal etishga zamin tayyorlaydigan didaktik o'yinlar **ijodiy o'yinlar** deb ataladi.

Ilmiy konferensiya mashg'ulotini quyidagicha o'tkazish tavsiya etiladi:

1. O'qituvchining kirish so'zi. Bunda o'qituvchi mashg'ulotning mavzusi, maqsadi va vazifalari, tegishli rollarni bajaruvchi «Olimlar» bilan o'quvchlarni tanishtiradi.

2. Ilmiy ma'ruzalarni tinglash. «Olimlar» mavzu yuzasidan tayyorlagan ma'ruzalarini ko'rgazmali qurollar asosida bayon qiladilar.

3. Ma'ruzalar muhokamasi. Bunda «Olimlar» va guruhdagi boshqa o'quvchlar o'rtasida mavzu yuzasidan bahs-munozara o'tkaziladi.

4. Ilmiy konferentsiya yakuni. O'qituvchi mavzu yuzasidan eng muhim tushuncha va g'oyalarni ta'kidlab, darsni yakunlaydi.

5. Oʻquvchlarni baholash. Mashgʻulotda faol ishtirok etgan oʻquvchlar ragʻbatlantiriladi va reyting tizimiga muvofiq baholanadi.
6. Uyga vazifa berish.
7. Mashgʻulotni umumiy yakunlash.

Ijodiy oʻyinli mashgʻulotlardan «Geomertiya» fanini oʻqitishda va «Pifagor teoremasi» mavzusini oʻrganishda foydalanish mumkin. Bunda oʻquvchlar teng sonli guruhlarga ajratiladi. Bu yerda har qaysi guruhi ijodiy izlanib, kelgusidagi ishlarini rejalashtirishga oʻrganadilar. Oʻqituvchi tomonidan tavsiya etilgan topshiriqlarni bajarib, dalil va isbotlar asosida oʻz javoblarini bildiradilar.

Ijodiy oʻyin mashgʻulotlarida guruhdagi barcha oʻquvchlar hamkorlikda ishlaydilar, avvalgi mashgʻulotlarda oʻzlashtirgan bilimlarini yangi vaziyatlarda qoʻllaydilar. Bu esa ularda oʻz bilim va iqtidoriga nisbatan ishonch hissini uygʻotadi.

DIDAKTIK OʻYIN TEXNOLOGIYASI

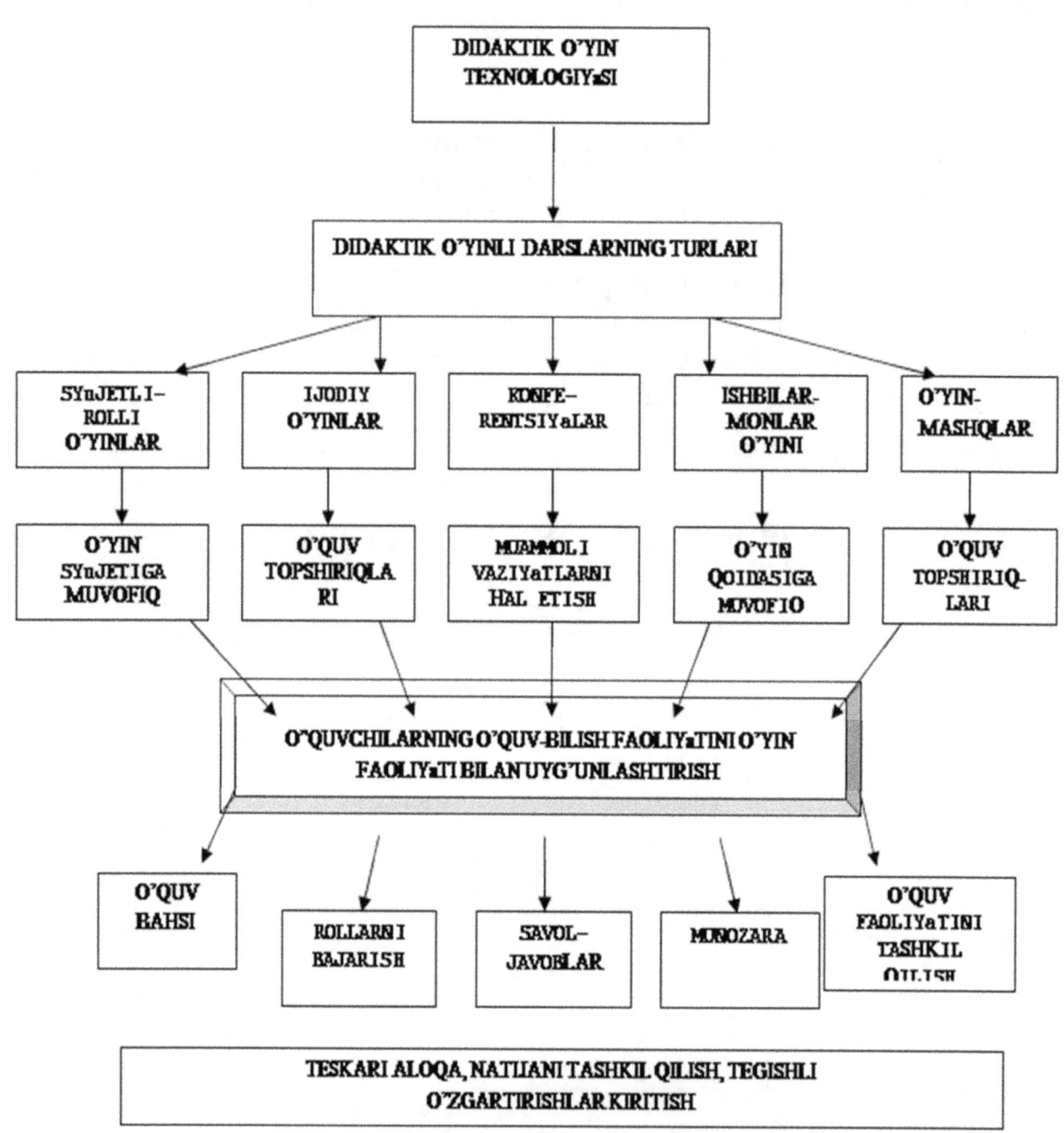

Didaktik o'yinli mashg'ulotlarning o'ziga xos xususiyatlari

Didaktik o'yinli mashg'ulotlar	Mavzu mazmuni qanday bo'lganda mazkur mashg'ulotdan foydalaniladi.	Mashg'ulotlarning didaktik funktsiyalari	Talabaning faoliyati
Syujetli-rolli	Fanning turli sohalarida qo'lga kiritilgan yutuqlarni yoritish, fanlararo bog'lanishlarni amalga oshirish, tabiatdagi va kundalik hayotdagi muammolarni hal etish imkoniyati bo'lganda	Kundalik hayotdagi ijtimoiy munosabatlarni, tabiat ob'ektlari va tabiiy hodisalar o'rtasidagi aloqalar va bog'lanishlarni adabiy-badiiy tarzda yoritish	Muayyan rollarni bajarish orqali bilim, ko'nikmalarni egallash
Ijodiy o'yin	Avval o'zlashtirilgan bilim va ko'nikmalarni rivojlantirish imkoniyati bo'lganda	Muammoli vaziyatlarni avval o'zlashtirilgan bilim va ko'nikmalarni ijodiy qo'llash orqali hal etish	Ijodiy izlanish orqali yangi mavzuni o'zlashtirish
Ishbilarmonlar o'yini; Auktsion	Turli ob'ektlarga tavsif berish, ularni taqqoslash imkoniyati bo'lganda	Jamiyatdagi ijtimoiy-iqtisodiy munosabatlar asosida o'quvchlarning dunyoqarashini kengaytirish, kasbga yo'llash	Auktsionda ishtirok etish orqali yangi mavzuni o'zlashtirish
Konferentsiya	Fanning turli sohalariga oid bilimlar mujassamlashgan va qo'lga kiritilgan yutuqlarni yoritish, fanlararo bog'lanishlarni amalga oshirish imkoniyati bo'lganda	Qo'shimcha va mahalliy materiallar bilan tanishtirish, ilmiy, ilmiy-ommabop adabiyotlar bilan mustaqil ishlash, yoshlarni mustaqil hayotga tayyorlash, kasbga yo'llash	«Olimlar» maqomini olib, muayyan mavzularda izlanishlar olib borish
Matbuot konferentsiyasi	Fanning turli sohalarini qamrab olgan, o'quvchlarning avval o'zlashtirgan bilimlaridan foydalanish lozim bo'lganda	Qo'shimcha va mahalliy materiallar bilan tanishtirish, darslik, ilmiy-ommabop adabiyotlar bilan mustaqil ishlash	«Olimlar» va «Muxbirlar» maqomini olib mavzuni o'zlash-tirish

«Kasb ta'limi metodlari» mavzusida o'tkaziladigan ilmiy konferensiya mashg'uloti quyidagi loyiha bo'yicha o'tkazilishi mumkin.

Mavzu: **«Kasb ta'limi metodlari»**.

Mashg'ulotning borishi:
– Tashkiliy qism.
– O'quvchlarni mashg'ulotning mavzusi, maqsadi va borishi bilan tanishtirish.
– Bu mashg'ulotni o'tishdan bir hafta oldin o'quvchlarni 4ta guruhga ajratamiz va ularga pedagogika fani sohasida faoliyat ko'rsatayotgan «Olimlar» maqomini beramiz.
– Yangi mavzuni o'rganish: O'quvchlar guruhi o'z mutaxassisliklariga tegishli bo'lgan quyidagi mavzulardan biri bo'yicha ma'ruza tayyorlaydi.
– Kasb ta'limi metodlari va ularning tavsifnomasi.

– Reproduktiv va muammoli izlanish metodlari.
– Ishlab chiqarish jarayonida interfaol metodlar.
– Mashgʻulotni umumiy yakunlash.
– Uyga vazifa berish.

Har bir yoʻnalish boʻyicha «Olimlar» maqomini olgan oʻquvchilar oʻzlariga tegishli mavzu boʻyicha koʻrgazmali qurollar asosida qoʻshimcha materiallardan foydalangan holatda maʼruza qiladilar. Maʼruzalar tugagach, oʻquvchilar oʻrtasida bahs va munozara oʻtkaziladi. Quyida didaktik oʻyin texnologiyasining konferentsiya metodidan foydalanilgan mashgʻulotning texnologik xaritasi keltirilgan.

Texnologik bosqichlar	Oʻqituvchining faoliyati	Talabaning faoliyati
I bosqich. Tashkiliy qism, 5-daqiqa.	Oʻquvchilarni mashgʻulotning mavzusi, maqsadi, borishi bilan tanishtiradi. Bajariladigan oʻquv topshiriqlari va ularning didaktik maqsadi bilan oʻquvchilarni tanishtiradi.	Mashgʻulotning mavzusi, maqsadi, borishi va bajarilishi kerak boʻlgan topshiriqlarni anglaydi. Bajariladigan oʻquv topshiriqlari yuzasidan koʻrgazmalar va didaktik maqsadni anglaydi.
II bosqich. Oʻquvchilarning bilish faoliyatini tashkil etish, 5-daqiqa.	Oʻquvchilardan «Olimlar» guruhlarini va ularning mustaqil ishlash jarayonini tashkil etadi. Oʻquv materialining topshiriqlar yordamida mustaqil oʻzlashtirilishini taʼminlaydi.	Oʻquv faoliyatini tashkil etadilar, «Olimlar» guruhiga berilgan topshiriqlarni bajaradilar. 1-guruh 2-guruh 3-guruh 4-guruh
III bosqich Yangi mavzuni oʻrganish, 60-daqiqa.	Har bir guruhning oʻquv materiali yuzasidan tayyorlagan maʼruzalarini tinglaydi. Maʼruza yakunida oʻquvchilar bilan savol-javob, oʻquv bahsi oʻtkazadi.	Har bir guruh oʻquv materiali yuzasidan maʼruzalar tayyorlaydi. Oʻquvchilar bilan oʻtkaziladigan savol-javob, bahs-munozarada faol ishtirok etadi.
IV bosqich. Natijani tahlil qilish va yakunlash, 10-daqiqa.	Oʻquvchilar faoliyatini tahlil qiladi, ularga mustaqil va ijodiy ish topshiriqlarni beradi.	Oʻquv faoliyati va erishilgan natijani tahlil qiladi va baholaydi. Mustaqil ish va ijodiy topshiriqlarni oladi.

Shunday qilib, didaktik oʻyinli mashgʻulotlar orqali oʻquvchi-oʻquvchilar yangi kasblar bilan tanishadilar, egallagan bilimlarini iqtisodiyotning qaysi sohalarida qoʻllash mumkinligini koʻrsatadilar, ushbu fanga boʻlgan qiziqishlari ortadi, qoʻshimcha adabiyotlar bilan mustaqil foydalanishga, oʻz oʻrtogʻining fikrini sabot va chidam bilan tinglashga, bilimlarini nazorat qilishga, o'z-o'zini baholashga o'rganadilar.

O'qitishning faol pedagogik texnologiyalari

O'qitishning an'anaviy va noan'anaviy usul va metodlari farq qilinadi. Ular mohiyatiga ko'ra faol va osoyishta turlarga ajratiladi. Ularning har biri o'z tarixi va shakllanish mexanizmiga ega. Bularning orasida uzoq yillar davomida sinovlardan muvaffaqiyatli o'tgan va yuksak pedagogik samara beradiganlari juda ko'p. Insoniyat o'zini va atrof-muhitni anglab yetishi jarayonida ta'lim va tarbiya uchun asqotadigan xilma-xil texnologiyalarni yaratgan. Ularning aniq son va sifatini hech kim aniq belgilay olmaydi. Bunga hozirgi davrda mavjud bo'lgan turli davlatlarning ta'lim tizimlarida amal qilinayotgan turfa pedagogik texnologiyalar misol bo'la oladi. Gap ularning qaysi biridan kim qanday samara bilan foydalanishidadir. Katta samara bermaydigan yoki o'zini oqlay olmagan texnologiyalar kun tartibidan tushib qolaveradi va ular insoniyat sivilizatsiyasining tarixiy "sandig'iga" jamlanib boraveradi.

Har qanday o'quv fani, ma'lumki, quyidagi komponentlarni o'zida jamlaydi:
- kursning davomliligi (muddati);
- o'qitishning maqsad va vazifalari;
- o'qitishning mazmuni;
- maqsadli guruhning tashkil etilishi;
- o'qitish jarayoni;
- o'qitish metodikasi;
- o'quv quvvati;
- baholash.

O'qitishning mazmuni o'quv birligining davomiyligi va o'zlashtirish darajasi orasidagi uzviy bog'lanishning grafigi tarzida ifodalanishi mumkin. Bunda uch toifadagi o'zlashtirish darajalari farq qilinadi va ular majburiy (past), zaruriy (o'rtacha) va maqsadga muvofiq (eng yuqori) ko'rsatkichlarga ega bo'ladilar.

Har qanday pedagogik texnologiya qo'llanilishida didaktikaning asosiy va yordamchi tamoyillari (printsiplari), albatta, amal qiladi:
- ma'lumdan noma'lumga;
- oddiydan qiyinga yoki murakkabga;
- aniqdan mavhumroqqa (abstraktga);
- kuzatishdan nazariy umumlashmalarga;
- umumiy yoki odatdagidan xususiyga yoki noodatdagiga va boshqalar.

Ayrim faol pedagogik texnologiyalar tavsifi haqida ma'lumotlar keltirilganda ularning qiyosiy bahosi oydinlashadi.

Ma'ruza. Ma'ruza o'qitishning eng keng tarqalgan shakli bo'lib, pedagogik faoliyatda yetakchi o'rinni egallaydi. U o'qituvchi mehnatining oliy shakli darajasida e'tirof etiladi. Uni bir tomonlama aloqaning ko'rinishi, deb ham ataladi. Bunda o'qituvchining faolligi va tinglovchilarning nofaolligi ko'zda tutiladi. Biroq munozara shaklida bayon etiladigan ma'ruza eng faol pedagogik texnologiya elementidir. Munozarali ma'ruzada tinglovchilarning faolligi juda yuqori bo'lishiga erishish mumkin.

Iqtisodiyot o'quv predmetlarini, odatda, ko'proq ma'ruzalar tarzida bayon etiladi. CHunki bunday kurslar ko'proq nazariy yoki umumlashtiruvchi xarakterga tabiatan ega bo'ladilar. Pedagogik terminologiya nuqtai nazaridan ularni bilish, aqliy umumlashtirish mashg'ulotlari deb hisoblash mumkin. Bunda metodikaning barcha boshqa metodlari kamroq samarali bo'lib qoladilar. Ma'ruzani tashkil etish paytida o'qituvchi o'quv predmetining eng muhim jihatlarini alohida ta'kidlash evaziga muvaffaqiyat qozonishi mumkin. Ma'ruzada tinglovchilar boshqa samarali metodlar bilan o'qitilgandagi kabi tayyorgarlik (bilim) oladilar. Faol metodika yordamida o'qilgan ma'ruzalar davomida tinglovchilarni faollashtirish evaziga o'qitish jarayonining teng huquqli ishtirokchilariga aylantirish mumkin. Bunda o'quv materiali tez va soz o'zlashtiriladi.

Ma'ruzani faol tadbirga aylantirish uchun uning mavzusi va tuzilmasi orasidagi bog'lanishning yechimini topish zarur bo'ladi. Ma'ruzalar o'quv predmetining bosh masalasi ko'nikma hosil qilish emas, balki bilim o'zlashtirish bo'lganidagina samara beradi. O'qitishning barcha mavjud masalalarini uch guruhga ajratish mumkin:
- bilimlar;
- ko'nikmalar;
- ko'rsatmalar.

O'qitish masalalaridan kelib chiqqan holda uning metodi tanlanadi. Agar ta'lim jarayonida tavsiflash, yodga tushirish, sanab o'tish, kategoriyalar bo'yicha taqsimlash, ta'riflar keltirish, baholash va tushuntirish kabi didaktik maqsadlar amalga oshirilishi lozim bo'lsa, albatta, ma'ruza shaklidagi o'quv mashg'ulotlari tashkil etilishi maqsadga muvofiqdir. Hayot bilan, kundalik turmush bilan, muhim voqealar bilan aloqadorlikda bayon etilgan ma'ruza materiali oson o'zlashtiriladi. Suzishni yoki avtomobilь boshqarishni ma'ruza mashg'uloti yordamida o'rgatib bo'lmasligi ravshan. SHu boisdan, uquv va ko'nikma hamda malaka egallanishi birinchi o'rinda turadigan faoliyatda ma'ruzaning tutgan o'rni juda kichikdir. Nazariy bilimlar va dunyoqarash ahamiyatiga ega bo'lgan ma'lumotlar ma'ruza yordamida berilishi maqsadga muvofiqdir.

Ma'ruza davomida o'qituvchining xatti-harakatlari, imo-ishoralari, nutq komponentlari muhim rolь o'ynaydi. Ma'ruzachi auditoriya bilan yaxshi aloqa o'rnatishi uchun uning dinamik siljib turishi tavsiya etiladi. Ovoz ohangining o'zgarishi va o'rinli pauzalar ham yordamchi omillarga aylanadi. Bayon mo''tadilligining o'zgarishi, o'rinli kalimalarning galma-gallanishi, qiziqarli ma'lumotlarning bezak tarzida ishlatilishi katta ahamiyatga ega. Ma'ruzaning to'laqonliligi ko'rgazmali vositalardan qay darajada foydalanilishiga ham bog'liqdir. Rasmlar, jadvallar, plakatlar, diagrammalar, moddiy ob'ektlar va AKTning turli elementlaridan o'rinli foydalanish ma'ruzaning ta'lim beruvchi, tarbiyalovchi va rivojlantiruvchi quvvatini oshiradi.

Har qanday ma'ruza tarkiban uch qismdan iborat bo'ladi:
- kirish;
- asosiy qism;
- xulosa.

Ma'ruza turlari pedagogning mahoratiga bog'liq ravishda turfa ko'rinishlar va mazmunga ega bo'ladi. Ma'ruzaning pedagogik samarasi o'qitishning barcha tashkiliy shakllariga qiyoslanganda eng yuqori bo'ladi.

Munozara. Ko'pchilik o'quv predmetlari va ularning mavzulari ta'lim standaritlari, o'qitish dasturlari, o'quv rejasi va ta'lim muassasasining o'ziga xosligiga bog'liq ravishda hamda tinglovchilar (bilim oluvchilar) kontingenti bilan aloqadorlikda munozara tarzidagi o'quv mashg'ulotlarini taqozo etadi. Birinchilan, tinglovchilar faolligi ta'minlanadi. Ikkinchidan, shubhali vaziyatlarga o'rin qoldirilmaydi. Uchinchidan, bilim oluvchilarning istak-xohishlari to'la qondiriladi. Eng muhimi, bunday sharoitda o'quv materiali to'la-to'kis o'zlashtiriladi. Asoslar, xulosalar, hukmlar va tasavvurlar mukammal ko'rinish va mazmunda bo'ladi. Ko'rsatma va ta'kidlarning ishonchliligi yuqori darajada bo'ladi.

Munozara ikki turli bo'ladi:
- boshqariladigan;
- erkin munozara.

Boshqariladigan munozarada o'qituvchining ishtiroki sezilarli darajada bo'ladi, lekin bu ishtirok uning o'quv jarayonidagi hakamlik mavqeidan oshib ketmasligi lozim. Erkin munozara esa bilim beruvchi va oluvchilarning demokratik tarzdagi ishtiroki bilan o'tkaziladi. Bu har ikki turdagi munozaralarda o'quv haqiqati birinchi o'rinda turadi. Ilmiy bilimlar jonli mushohada, abstrakt tafakkur orqali nisbiy va absolyut haqiqat yo'li bilan qo'lga qiritilishini hisobga olinsa, bilish jarayonining taraqqiyotini belgilovchi tushuncha, kategoriya, faraz, xulosa, qoida, nazariya, qonun va qonuniyatlar munozara davomida mazmunan buzilmasligi muhimdir.

Munozaraning natijasini o'qituvchi oldindan loyihalashi lozim. Bunda oraliq jarayonlar ikkinchi pozitsiyada turadi. Yakuniy xulosalar ilmiy bilish nazariyasiga zid kelmasligi o'qituvchining kasbiy salohiyati bilan ta'minlanadi.

Erkin munozarani anarxiyaga aylantirmaslik-eng muhim pedagogik vazifadir. Uning o'quv qimmatini boshqariladigan munozaradan kamroq baholab bo'lmaydi.

Munozara mashg'ulotlari uchun quyidagi shartlarning bajarilishi muhimdir:
- reglamentga rioya qilish;
- boshlashdan oldin chuqur fikriy tahlil qilish;
- ishtirokchilarning maksimal miqdordagi sonini qo'lga kiritish;
- o'qituvchining o'quvchilariga nisbatan hukmron bo'lmasligi.
- passiv o'quvchilarning ishtirokini ta'minlash-aksariyat o'qituvchilar uchun amalda bajarib bo'lmaydigan jarayondir. Ularni jonlantirish uchun savollar beriladi;
- har bir shaxsning xususiy fikri so'raladi;
- to'g'ri javoblar rag'batlantiriladi;
- noto'g'ri javoblar va xatolar to'g'rilanadi va to'ldiriladi.

Munozaraning muvaffaqiyati o'quvchilarning qiziqishi, bilimi, ahilligi, hur fikrliligi va jamoadagi sog'lom pedagogik-psixologik muhitga ko'p jihatdan bog'liq bo'ladi.

Guruhiy ish. Bu so'nggi yillarda Yevropa mamlakatlarida keng ommaviylik tusini olgan o'qitish metodidir. Masalan, Daniyada birorta ham ma'lumot yoki kasb guruhiy ishsiz egallanmaydi. Kam sonli (4-6 nafar) o'quvchilarning qandaydir muhim oʻquv tadbirida ishtirok etishi va ularning hamkorlikdagi faoliyati bunday mashgʻulotning samarasini belgilaydi. Bajarilish darajasi va uning sifatini oʻqituvchi nazorat qiladi. Guruhlarga berilgan vazifalar bosqichma-bosqich navbatlanishi yaʼni galma-gallanishi lozim. Guruhlar bir jinsli (oʻgʻil bolalar, erkaklar yoki qiz bolalar, ayollar) va ikki jinsli (har ikki jins vakillaridan iborat) boʻlishi mumkin. Taʼlim yoʻnalishi va pedagogik maqsad hamda vazifalardan kelib chiqqan holda bunday guruhlar xususiy holat uchun shakllantiriladi.

Guruhiy ish kengroq joy va siljitiladigan oʻquv mebellarini talab qiladi. Oʻqituvchining nazorati barcha guruh uchun baravar boʻlishi lozimligi ham qiyinchilik tugʻdiradi.

Muammoli topshiriqlar. Nazariya va amaliyotning birligini taʼminlash-eng murakkab pedagogik vazifadir. Aniq vaziyat va qoʻyilgan masalaning mohiyatidan kelib chiqqan holda muammoli topshiriqlar yordamida yaxshi natijaga erishish mumkin. Faktlar va maʼruza materiallari oʻzlashtirish, topshiriqlar hamda mashq va masalalar yechimida muammoli vaziyat yaratilishi qoʻl keladi. Bunda ham kam sonli ishtirokchilardan iborat guruhlar shakllantiriladi. Oʻquv materiali guruxlarga alohida-alohida boʻlib beriladi. Yakuniy xulosalar va yechimlar topilgach mavzular guruhlar orasida ayirboshlanadi. Yechimlar va fikrlar xilma-xilligi yuzaga kelsa oʻqituvchi bosh hakam tarzida soʻnggi va hal qiluvchi soʻzni aytadi. Oʻquv materialining oʻquvchilar yosh xususiyatlariga mosligi bunda oʻta muhim omildir.

Muammoli topshiriqlar oʻqituvchidan katta va qiyin mehnatni talab qiladi. SHu boisdan, ularning sinovdan muvaffaqiyatli oʻtgan variantlarini topish va qoʻllash murakkab jarayondir.

Loyihaviy topshiriqlar. Biror oʻquv materialini atroflicha va chuqur oʻrganish uchun bu yondashuv katta samara beradi. Oʻrganish, tahlil qilish, baholash, xulosa chiqarish va yakuniy qarorga kelish uchun uzoq muddatli loyihalangan reja zarur. Bu tadbirni oʻtkazish uchun bazaviy va boshlangʻich tayanch maʼlumotlar talab qilinadi. Oʻquv predmetini oʻzlashtirishning bosqichlarida davriy ravishda tatbiq qilinadi. Bunday topshiriqlar oʻquv ijodkorligini oshiradi, mustaqillik sari yetaklaydi.

Loyihalar mavzuning tavsifini beruvchi kirish qismi, mavzuning muxtasar asosnomasi, faktlar va argumentlarga asoslangan maʼlumotlar yigʻindisi hamda xulosa yoki yechimdan iborat boʻladi.

Rolli oʻyinlar (ishchanlik yoki ishbilarmonlik oʻyinlari). Bunday oʻyinlar muammoli topshiriqlarning bir koʻrinishidir. Sahnalashtirish va obrazli chiqishlar bunday mashgʻulotlarning asosiy belgisidir. Ishbilarmonlik, bilimdonlik, topqirlik, quvnoqlik, hozirjavoblik, ijodkorlik, artistizm, ishchanlik va yaratuvchanlik kabi fazilatlarni namoyish qilishga keng imkon beradi. Oʻqituvchi har bir oʻquvchining salohiyatiga mos vazifa topshirishi juda muhimdir. Birinchi va ikkinchi darajali ishtirokchilar boʻlmasligini taʼminlash ham talab qilinadi. Oʻquv mashgʻuloti hayotdagi aniq vaziyatga koʻproq yaqinlashadi.

Yorib oʻtishlar texnologiyasi va V.Erxard maktabi. Bu texnologiya menejerlarni qayta tayyorlash oʻqishlaridan iborat boʻlib, uning maqsadi har bir odamda mavjud boʻlgan (lekin kundalik bir xildagi hayot va ish bilan boʻgʻib qoʻyilgan) qobiliyatlari va intilishlarini anʼanaviy muammolarni yangi muammo sifatida yechish uchun kundalik izlanishlarga aynan uygʻotish hisoblanadi.

Bu kurslar tinglovchining fikrlashi va hulqidagi shaxsiy stereotiplarni bartaraf qilish, o'z imkoniyatlarini va eskirgan muammolarni yangicha yechish yo'llarini ko'ra olishlarini faollashtirish va o'zgartirish bo'yicha ishlab chiqilgan ko'p sonli mashg'ulotlardan iborat.

Bu kurslarning afzal jihatlari-inson omilini ishga solishga qaratilgan bo'lib, maxsus mablag'lar sarflashni talab qilmaydi, erishilgan samara so'nib qolmaydi, ya'ni olingan samara yangi shakl va mazmunda hamda sharoitlarda muntazam kuchayib borishi bilan takror va takror samara olinishini ta'minlaydi. Bu texnologiya alohida yirik yangiliklar yaratishga, hosil bo'lgan favqulodda holatlardan noan'anaviy chiqish yo'llarini izlashga ham qaratilganligi bilan farqlanadi. Bunday yo'nalishdagi 50 dan ortiq kurslar va seminarlar AQSHning yuzga yaqin shaharlarida va dunyoning boshqa mamlakatlarining yuzdan ziyod shaharlarida tashkil etilgan va ular muntazam faoliyat ko'rsatmoqda. Ushbu kurslarning tinglovchilari soni 60 ming nafar atrofidadir.

«Vakolatli ta'lim» texnologiyasi. Ushbu texnologiya 1995 yilda AQSHda "Ayollar yetakchiligi" deb nomlangan treninglardan boshlangan bo'lib, ta'limning xalqaro texnologiyasi sifatida 1997 yildan boshlab Ukrainada shakllandi va keyinchalik Ozarbajon, Gruziya, Qozog'iston, Qirg'iziston, Litva, Moldova, Tojikiston hamda O'zbekistonga tarqaldi. 2002 yilda Afg'oniston, Birma va Indoneziyada tegishli treninglar tashkil etildi. Hozirgi paytda dunyoning turli mamlakatlarida bu texnologiyaning shakllanish va joriy ettirilish jarayonlari davom etmoqda.

Ta'limning ushbu texnologiyasini ayni kunlarda mutaxassislar quyidagicha t'riflaydilar: "Vakolatli ta'lim-genderlik adolati va zo'ravonliklarsiz munosabatlar asosida tashkil etiladigan o'quv jarayoni bo'lib, u bevosita tajriba orqali ta'lim olish yo'li bilan guruhning o'z-o'zini tashkil qilish ko'nikmalarini shakllantirish imkoniyatlarini beradi".

Vakolatlash pedagogikasi ta'lim dasturlarining boshqa turlari bilan ta'limga nisbatan umumiy yondashuvlarga ega. O'zaro faoliyatda ular bir-birini boyitadi va kuchaytiradi.

Vakolatlash ta'limini joriy etishning quyidagi tartibi eng maqbul hisoblanadi:
- tasdiqlangan va rasmiylashtirilgan o'quv reja (ayrim o'quv fani, integrativ kurslar yoki ularning tarkibiy mavzulari);
- rasmiylashtirilgan o'quv reja (ta'lim muassasasi tomonidan tashkil etilgan va rasmiy reja bilan bog'langan darsdan tashqari ishlar-ularning sinfdan va maktabdan tashqari turlari farq qilinadi);
- norasmiy o'quv reja (kutilmagan yoki favqulodda mashg'ulotlar tashkil qilish va ularni ta'lim amaliyotiga alohida reja yordamida joriy etish).

"Vakolatli ta'lim" texnologiyasiga muvofiq mashg'ulotlar alohida tayyorgarlikdan o'tgan o'qituvchi-trenerlar tomonidan tashkil etiladigan va o'tkaziladigan treninglar tarzida amalga oshiriladi. Maxsus tayyorgarlikdan o'tgan va ma'lum yo'nalishda ta'lim berish (rahbarlik qilish) hamda mashqlar bajarish bo'yicha yo'l-yo'riq ko'rsatuvchi mutasaddi shaxsni trener deyiladi.

Nazorat savollari.

1. Ta'limda o'yinli mashg'ulotlardan foydalanish maqsad va vazifalari haqida tushunchalaringizni ta'riflang?
2. Didaktik o'yinli mashg'ulotlarning o'ziga xos xususiyatlari nimada?
3. O'qitishning faol pedagogik texnologiyalari?
4. «Vakolatli ta'lim» texnologiyasi nechanchi yillarda shakllandi?
5. Loyihaviy topshiriqlar haqida so'zlab bering?
6. Oliy ta'limda muassasalarida oqitishda o'yinli texnologiyalar.
7. Tanqidiy fikrlashni o'stiruvchi faol rnetodlar.
8. Mualliflik texnologiyasi.
9. An'anaviy yondashuvning asosiy xususiyati nimada?
10. Pedagogik tizim nimalardan iborat?

13-Ma'ruza
O'qitishni jadallashtirish, o'quv jarayonini samarali boshqarish va tashkil etish asosiga qurilgan pedagogik texnologiyalar.

Reja:

1. O'qitishni jadallashtirish texnologiyasi.
2. O'quv jarayonini samarali boshqarish va tashkil etish asosiga qurilgan pedagogik texnologiyalar.

Tayanch so'z va iboralar: O'qitishning interaktiv metodlari, chigal mantiqiy zanjirlar, jamiyatni axborotlashtirish, integratsiya, ta'limda integratsiya, innovatsiya, innovatsion faoliyat, innovatsion ta'lim.

O`quv jarayonini samarali boshqarish va tashkil etish asosiga qurilgan pedagogik texnologiyalar.

Ushbu masalani informatika fani misolida ko`rib chiqamiz. Ma`lumki informatikaning asosiy vazifasi o`quvchilarni zamonaviy informatikaning ba`zi bir umumiy g`yalari bilan tanishtirish, informatikaning amaliyotdagi tatbig`ini va kompyuterlarning zamonaviy hayotdagi rolini ochib berishdan iborat. Lekin, didaktik tamoyillarni hisobga olgan holda, o`quvchilarga nafaqat faktlarning qat`iy ilmiy bayonini berish, balki o`qitishning turli qiziqarli metodlarini ham qo`llash lozim. Masalan ko`pchilikka ma`lum va ommabop bo`lgan krossvord o`yini bolalarda qiziqish uyg`otishi tabiiydir. Krossvord ko`rinishidagi so`rov shakli o`quvchilar uchun har doim qiziqarli va o`ziga tortadigan metoddir. Ushbu o`yinga o`quvchilar shu darajada kirishib ketadilarki, xatto o`zlari ham informatikaning turli mavzulari bo`yicha krossvordlar tuzishlari mumkin. Mustaqil ijodiy faoliyatning bunday shakli foydali bo`lishi bilan birga, faqatgina kuchli o`quvchilarnigina emas, balki kuchsizlarni ham qamrab oladi.

Darslarda qiziqtirishdan foydalanishning yana bir shakli bu rebuslardir. Boshqa o`quv predmetlaridan kuchsiz o`zlashtiruvchi o`quvchilar ko`pincha informatikadan yaxshi va tirishqoq o`quvchilarga aylanadilar. Krossvordlar, rebuslar va boshqotirmalar sodda bo`lishlari bilan birga, mashhur olimlar, allomalar ismlariga, maxsus atamalarga diqqatini jalb etishning samarali vositasi hamdir.

O`yinli vaziyat, krossvord va rebusni yechishdagi qiyinchiliklarni yengib o`tish elementlari o`quvchilarni shunday o`ziga tortadiki, beixtiyor ularni informatika sohasidagi bilimlarini to`ldirishga rag`batlantiradi.

O`qitishning interaktiv metodlari.

Kadrlar tayyorlash milliy dastrida o`sib kelayotgan avlodni mustaqil fikrlaydigan qilib tarbiyalash vazifasi qo`yilgan. Ushbu masalani hal etilishi ko`p jihatdan o`qitishning interaktiv metodlarini qo`llashga ham bog`liq.

Avvalo " interaktiv " tushunchani aniqlashtirib olaylik. "Interaktiv" degan so`z inglizcha "interact" so`zidan kelib chiqqan. "Inter" - o`zaro, "act" - ish ko`rmoq, ishlamoq degan ma`nolarni anglatadi. Demak interaktiv deganda o`zaro ish ko`rish, faoliyat ko`rsatish yoki suhbat tartibda kim bilandir (inson bilan) diolog (muloqot) holatida bo`lish tushiniladi. SHunday qilib, interfaol o`qitish - bu, avvalambor muloqotli o`qitish bo`lib, jarayonning borishida o`qituvchi va o`quvchi orasida o`zaro ta`sir amalga oshiriladi.

Interaktiv o`qitishning mohiyati o`quv jarayonini shunday tashkil etishdan iboratki unda barcha o`quvchilar bilish jarayoniga jalb qilingan bo`lib, erkin fikrlash, tahlil qilish va mantiqiy fikr yuritish imkoniyatlariga ega bo`ladilar.

Bilish va o`quv materialini o`zlashtirish jarayonida o`quvchilarning birgalikdagi faoliyati deganda, ularni har birining o`ziga xos aloqada individual hissa qo`shishi, o`zaro bilimlar, g`oyalar va faoliyat usullari bilan almashinishlari tushiniladi. SHu bilan birga, bularning hammasi o`zaro xayri xohlik va qo`llab - quvvatlash muhitida amalga oshiriladi. Bu esa o`z navbatida yangi bilimlarni olishgagina imkoniyat bermasdan, balki bilish faoliyatining o`zini ham rivojlantiradi, uni yanada yuqoriroq, kooperasiya va hamkorlik pog`onalariga olib chiqadi.

Darslardagi interaktiv faoliyat o`zaro tushinishga, hamkorlikda faoliyat yuritishga, umumiy, lekin har bir ishtirokchi uchun ahamiyatli masalalarni birgalikda yechishga olib keladigan dialogli aloqani tashkil etish va rivojlantirishni ko`zda tutadi. Interaktiv metod bitta so`zga chiquvchining, shuningdek bitta fikrning boshqa fikrlar ustidan dominantlik qilishligini bartaraf etadi. Dialogli o`qitish jarayonida o`quvchilar tanqidiy fikrlashga, shart-sharoitlarni va tegishli axborotni tahlil qilish asosida murakkab muammolarni yechishga, alternativ fikrlarni chamalab ko`rishga, ulab va asosli ravishda qarorlar qabul qilishga, diskussiyalarda ishtirok etishga, boshqalar bilan muloqat qilishga o`rganadilar. Buning uchun darslarda individual, juftli va guruhli ishlar tashkil etiladi, izlanuvchi loyihalar, rolli o`yinlar qo`llaniladi, xujjatlar va axborotning turli manbalari bilan ish olib boriladi, ijodiy ishlar qo`llaniladi.

Interaktiv o`qitishni tashkilotchilari uchun, sof o`quv maqsadlaridan tashqari quyidagi jihatlar ham muhimdir;

– guruhdagi o`quvchilarning o`zaro muloqatlari jarayonida, boshqalarning qadriyatlarini tushinib yetish;
– boshqalar bilan o`zaro muloqatda bo`lish va ularning yordamiga muhtojlik zaruratining shakllanishi;
– o`quvchilarda musobaqa, raqobatchilik kayfiyatlarini rivojlantirish.

Shuning uchun interaktiv o`qitish guruhlarida muvaffaqiyatli faoliyat ko`rsatish uchun zarur bo`lgan ikkita asosiy funksiyalar amalga oshirilishi lozim:

- o`qitishning pragmatik jihati - qo`yilgan o`quv masalasini yechishlikning shartligi;
- tarbiyaviy masalalarni yechish - hamkorlikdagi ish jarayonida guruh a`zolariga yordam ko`rsatish, xulq-atvor normalarini shakllantirish.

Ushbu faktni alohida qayd etish lozimki, o`qitishning barcha interaktiv usullarini

verbal (og`zaki) va noverbal usullarga ajratish mumkin. Og`zaki usullarga quyidagilar kiradi.
- Vizual: yuz ifodasi, gavdaning holati, xarakatlar, ko`zlar orqali aloqa.
- Akustik: intonasiya, ovoz balandligi, tembr, nutq tempi, tovush balandligi, nutqiy pauzalar va hokazo.

Verbal usullar orasida quyidagilarni ajratib ko`rsatish mumkin:

• "oxiri ochiq" bo`lgan savollar, ya`ni yagona "to`g`ri" javobga emas, balki muammo (savol) bo`yicha turli nuqtai nazarlarni bayon qila olishga yo`naltirilgan savollarni bera olish qobiliyati;

• o`quvchilar bilan muloqotda o`qituvchi tomonidan o`zining nuqtai nazarini hal qiluvchi nuqtai nazar deb emas, balki neytral deb belgilanishi. Bu narsa mashg`ulot paytida o`quvchilarga qo`rqmasdan "to`g`ri " va "noto`g`ri" nuqtai nazarlarini bayon etish imkoniyatini beradi;

• Mashg`ulotning tahlili va o`z-o`zini tahlil qilishga tayyorgarlik. Ushbu holat mashg`ulotlarda nima? qanday? va nima uchun? sodir bo`lganligini, o`zaro faoliyat qaerda "osilib" qolganini, u nima bilan bog`liq ekanligini, keyinchalik bunday holatlarni ro`y bermaslik uchun nimalar qilish kerakligi va boshqalarni tushunib olishga yordam beradi;

• Mashg`ulotning borishi, uning kulminasiyasini, natijaviyligini va boshqalar kuzatish imkonini beruvchi yozma xotiralarni yozib borish.

Birinchi bo`limga alohida e`tiborni qaratishni istar edik. O`qituvchining savoli - bu, o`quvchining tafakkurini rivojlantirish yoki bostirish uchun kuchli vositadir. Interaktiv o`qitish nuqtai nazaridan savolning ikki hil turi mavjud

– o`quvchining fikr doirasini chegaralab, uni bilganlarni oddiy qayta tiklashga keltirib qo`yadigan savollar. Bunday savollar fikrlash jarayonini to`xtatib turishiga xizmat qilib, o`quvchiga uning fikri hech kimni qiziqtirmasligini tushinib yetishiga olib keladi;

– fikr yuritish, o`ylash, tasavvur qilish, yaratish yoki sinchiklab tahlil etishga undovchi savollar. Bunday savollar fikrlash darajasini ko`tarish bilan birga, o`quvchilarda ularning ham fikri qimmatga ega ekanligiga ishonch uyg`otadi.

Quyida savolni to`g`ri ifoda qilish uchun bir qancha tavsiyalar keltiriladi.

1. Savollarni aniq va qisqa qo`yish lozim.
2. Bitta savol orqali faqat bir narsani so`rash kerak.
3. Savol mavzu bilan bevosita bog`liq bo`lishi kerak
4. Savoldagi barcha so`zlar o`quvchiga tushunarli bo`lishi kerak.
5. Har bir savolga bir nechta javob bo`lishiga xarakat qiling.
6. Konkret predmetlardan umumiyga borishga xarakat qiling. Bu holat o`quvchilarni o`ylashi va savolga javob berishida yengillik tug`diradi.
7. Faqatgina "ha" yoki "yo`q", "to`g`ri" yoki "noto`g`ri" degan javoblar beriladigan savollarni berishdan saqlaning.
8. O`quvchilarga o`z tajribalariga tayangan holda javob beradigan savollarni bering.
9. O`zining nuqtai nazarini bildiradigan savollarni bering.

10. Qo`yilgan savolga javob berilganda, o`quvchilardan "Nima uchun shunday deb o`ylaysiz?" deb so`rab turing.

Interaktiv usullar bo`yicha o`qitish tashkil etilganda e`tibor berilishi kerak bo`lgan yana bir holat, bu vazifaning mazmuni masalasidir. Vazifaning mazmuni o`qitishning an`anviy shakllariga qaraganda boshqacharoq xarakterga ega bo`lishi lozim. Masalan guruhga darslikdagi ma`lum bir paragrafni konspektini olish vazifa sifatida berish maqsadiga muvofiq emas, chunki har bir o`quvchi bu ishni o`zi, mustaqil bajarishi mumkin.

Amaliyot shuni ko`rsatmoqdaki, muammoni nostandart qo`yilishigina, o`quvchilarni bir-biridan yordam olishga, boshqalarning ham fikrini bilishga, natijada esa, guruhning umumiy fikrini shakllantirishga undaydi. Masalan, dasturlashga oid masala yechilganda, uni kichik masalalarga bo`lish mumkin. O`quvchilarni ham kichik guruhlarga bo`lish va har biriga kichik masalani yechishni va dasturini tuzishni tavsiya etish mumkin.

Dars oxirida guruhlarning yechimlari asosida asosiy masala yechimini hosil qilish lozim. Buning natijasida bitta dars davomida murakkab masalani yechish va unga ko`proq o`quvchilarni jalb qilish mumkin bo`ladi. Ushbu usulni hozirgi davrda ta`limda qo`llanish ko`lami ortib borayotgan "Loyihalar usuli " ning ko`rinishlaridan biri deb hisoblasa bo`ladi.

Quyida bir qator interaktiv metodikalarning tavsifi va Saros Fandi mutahassislari tomonidan tavsiya qilingan talqinga yaqin bo`lgan mohiyati keltiriladi.

Klasterlar

Klasterlarga bo`lish - bu, o`quvchilarga biror mavzu bo`yicha erkin va ochiq fikr yuritishga yordam beradigan pedagogik strategiyadir. U turli g`oyalar orasidagi bog`lanishlar haqida fikr yuritishga undovchi strukturalarni ajratib olishni talab etadi.

Bu metod biror mavzuni chuqur o`rganishdan avval o`quvchilarning fikrlash faoliyatini jadallashtirish hamda kengaytirish uchun xizmat qilishi mumkin. SHuningdek o`tilgan mavzuni mustaxkamlash, yaxshi o`zlashtirish, umumlashtirish hamda o`quvchilarni shu mavzu bo`yicha tasavvurlarini chizma shaklida ifodalashga undaydi.

Ushbu texnologiyadan o`quvchilar bilan individual va guruhda ishlaganda qo`llash mumkin.

– Klasterlarga ajratish texnologiyasi uncha murakkab emas.
– Katta o`lchamdagi qog`oz yoki doskaning o`rtasiga ochqich so`z yoziladi.
– O`quvchilar ushbu so`z bilan bog`liq hayoliga kelgan so`z va jumlalarni uni atrofiga yoza boshlaydilar.
– Yangi g`oyalar paydo bo`lishi bilan, hayoliga kelgan so`zlar ham darhol yozib qo`yiladi.
– So`larni yozish jarayoni o`qituvchi tomonidan belgilangan vaqt tugaguncha yoki barcha so`z va g`oyalar tugaguncha davom etadi.
– Klasterlarga ajratishda bir qator qoidalarga rioya qilish zarur.
– Hayolga kelgan hamma narsami, bu fikrlarning sifatiga e`tibor bermasdan yozib borishi.
– Orfografiya va boshqa omillarga e`tibor bermaslik.

- Vaqt tugaguncha, iloji boricha to`xtalmasdan yozish.
- Iloji boricha ko`proq bog`lanishlar hosil qilishga harakat qilish. /oyalar va so`zlar sonini cheklab qo`ymaslik.

Grafik organayzerlar

Modulli-kredit tizimi zamonaviy ta'limning eng takomillashgan shakli sanaladi. Bugungi kunda taraqqiy parvar insoniyat davlatlar o'rtasida ijtimoiy, iqtisodiy, harbiy va madaniy sohalarda o'zaro kelishuvga erishish, hamkorlikni yo'lga qo'yishning yangidan yangi yo'llarini izlashda davom etmoqda. Bugungi kunda ta'lim tizimida bilimlarni egallashning yangi konsepsiyasi - zamonaviy innovatsion ta'lim texnologiyalarning turli xil ko'rinishlarini qo'llash juda yaxshi samara bermoqda. Bunda ta'limning yangi metodlardan foydalanishda tahsil oluvchilarning intellektual, erkin fiklashni rivojlantirish, o'z fikrini asoslab berishga intilishi, o'zgalar fikrini tinglay olishi, muammolar yechimini topishga harakat qilishi, ijodiy va axloqiy taraqqiyoti jarayonlariga samarali ta'sir etadi. O'qituvchi ta'lim-tarbiya jarayonida ta'lim metodlaridan foydalanganda, avvalo, bu metoddan foydalanishning o'rni, uning samaradorligini bilishi muhimdir. Buning uchun har bir pedagog hayotiy tajribaga ega bo'lgan, yetarli bilimlar bilan qurollangan, ta'lim oluvchilarga nisbatan muammolarning yechimini oldindan hal eta oladigan va ularni ta'lim oluvchilarga yetkazish malakasiga ega bo'lishi lozim. Shuningdek, innovatsion texnologiya asosida o'tkazilgan mashg'ulotlar yoshlarning muhim hayotiy yutuq va muammolariga o'z munosabatlarini bildirishlariga intilishlarini qondirib, ularni fikrlashga, o'z nuqtai nazarlarini asoslashga imkoniyat yaratadi. Hozirgi davrda sodir bo'layotgan innovatsion jarayonlarda ta'lim tizimi oldidagi muammolarni hal etish uchun yangi axborotni o'zlashtirishga va o'zlashtirilgan bilimlarni mustaqil baholashga qodir, zarur qarorlar qabul qila oluvchi, mustaqil va erkin fikrlaydigan shaxslar kerak.

Grafikli organayzerlar (tashkil etuvchi) – fikriy jarayonlarni ko'rgazmali taqdim etish vositasi.

Ma'lumotlarni tarkiblashtirish va tarkibiy bo'lib chiqish, o'rganilayotgan tushunchalar (voqea va hodisalar, mavzular) o'rtasidagi aloqa va o'zaro bog'liqlikni o'rnatish usul va vositalari: "Klaster", "Insert", "Toifalash", "B/B/B" jadvali.

Ma'lumotlarni tahlil qilish, solishtirish va taqqoslash usul va vositalari: T-jadvali, Venn diagrammasi.

Muammoni aniqlash, uni hal etish, tahlil qilish va rejalashtirish usullari va vositalari: "Nima uchun?", "Baliq skeleti", "Piramida", "Nilufar guli" sxemalari, "Qanday?" iyerarxik diagrammasi, "Kaskad" tarkibiy-mantiqiy sxema.

"Insert" jadvali

"Insert" jadvali - mustaqil o'qish vaqtida olgan ma'lumotlarni, eshitgan ma'ruzalarni tizimlashtirishni ta'minlaydi. Olingan ma'lumotni tasdiqlash, aniqlash, chetga chiqish, kuzatish hamda avval o'zlashtirgan ma'lumotlarni bog'lash qobiliyatini shakllantirishga yordam beradi.

O'qish jarayonida olingan ma'lumotlarni alohida o'zlari tizimlashtiradilar - matnda belgilangan quyidagi belgilarga muvofiq jadval ustunlariga "kiritadilar":

"V" – men bilgan ma'lumotlarga mos;

"-" – men bilgan ma'lumotlarga zid;
"+" – men uchun yangi ma'lumot;
"?" – men uchun tushunarsiz yoki ma'lumotni aniqlash, to'ldirish talab etiladi.

Insert jadvali

V	-	+	?

Klaster

Klaster (tutam, bog'lam) – axborot xaritasini tuzish yo'li - barcha tuzilmaning mohiyatini markazlashtirish va aniqlash uchun qandaydir biror asosiy omil atrofida g'oyalarni yig'ish. Bilimlarni faollashtirishni tezlashtiradi, fikrlash jarayoniga mavzu bo'yicha yangi o'zaro bog'lanishli tasavvurlarni erkin va ochiq jalb qilishga yordam beradi.

Klasterni tuzish qoidasi bilan tanishadilar. Yozuv taxtasi yoki katta qog'oz varag'ining o'rtasiga asosiy so'z yoki 1-2 so'zdan iborat bo'lgan mavzu nomi yoziladi

Birikma bo'yicha asosiy so'z bilan uning yonida mavzu bilan bog'liq so'z va takliflar kichik doirachalar "yo'ldoshlar" yozib qo'shiladi. Ularni "asosiy" so'z bilan chiziqlar yordamida birlashtiriladi. Bu "yo'ldoshlarda" "kichik yo'ldoshlar" bo'lishi mumkin. Yozuv ajratilgan vaqt davomida yoki g'oyalar tugagunicha davom etishi mumkin.

Muhokama uchun klasterlar bilan almashinadilar.

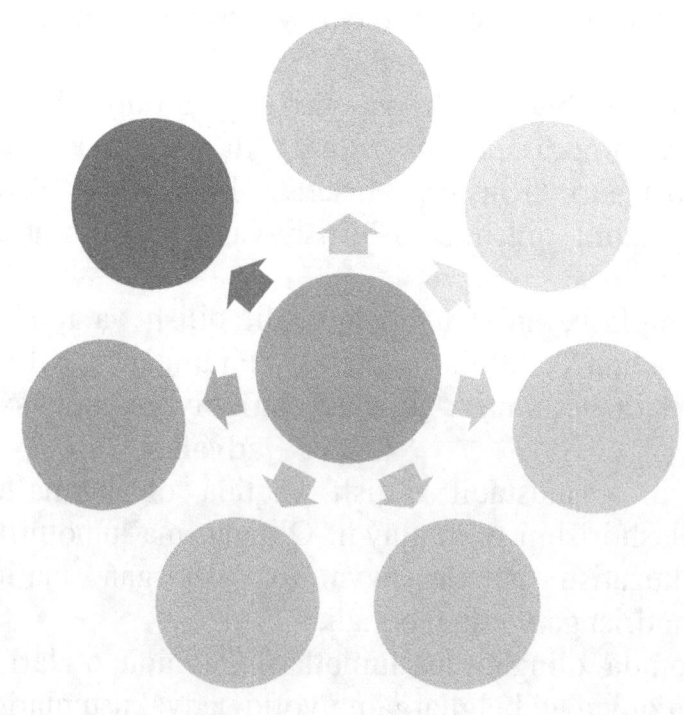

Klasterni tuzish qoidasi:

1. Aqlingizga nima kelsa, barchasini yozing. G'oyalari sifatini muhokama qilmang, faqat ularni yozing.

2. Xatni to'xtatadigan imlo xatolariga va boshqa omillarga e'tibor bermang.

3. Ajratilgan vaqt tugaguncha yozishni to'xtatmang. Agarda aqlingizda g'oyalar kelishi birdan to'xtasa, u holda qachonki yangi g'oyalar kelmaguncha qog'ozga rasm chizib turing.

Venn diagrammasi

Venn diagrammasi - 2 va 3 jihatlarni hamda umumiy tomonlarini solishtirish yoki taqqoslash yoki qarama-qarshi qo'yish uchun qo'llaniladi. Tizimli fikrlash, solishtirish, taqqoslash, tahlil qilish ko'nikmalarini rivojlantiradi.

Venn diagrammasini tuzish qoidasi bilan tanishadilar. Alohida kichik gurhlarda Venn diagrammasini tuzadilar va kesishmaydigan joylarni (x) to'ldiradilar.

Juftliklarga birlashadilar, o'zlarining diagrammalarini taqqoslaydilar va to'ldiradilar.

Doiralarni kesishuvchi joyida, ikki uch doiralar uchun umumiy bo'lgan, ma'lumotlar ro'yhatini tuzadi.

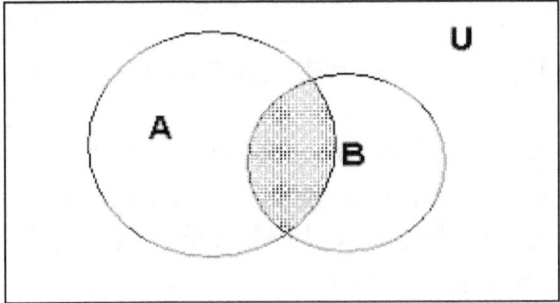

"Nima uchun" sxemasi

"Nima uchun" sxemasi - muammoning dastlabki sabablarini aniqlash bo'yicha fikrlar zanjiridir.

Tizimli, ijodiy, tahliliy fikrlashni rivojlantiradi va faollashtiradi.

"Nima uchun" sxemasini tuzish qoidasi bilan tanishadilar. Alohida kichik guruhlarda muammoni ifodalaydilar. "Nima uchun" so'rog'ini beradilar va chizadilar, shu savolga javob yozadilar. Bu jarayon muammoning dastlabki sababi aniqlanmagunicha davom etadi.

Kichik guruhlarga birlashadilar, taqqoslaydilar, o'zlarining chizmalarini to'ldiradilar. Umumiy chizmaga keltiradilar.

"Nima uchun?" chizmasini tuzish qoidalari:

1. Aylana yoki to'g'ri to'rtburchak shakllardan foydalanishni o'zingiz tanlaysiz.

2. Chizmaning ko'rinishini - mulohazalar zanjirini to'g'ri chiziqlimi, to'g'ri chiziqli emasligini o'zingiz tanlaysiz.

3. Yo'nalish ko'rsatkichlari sizning qidiruvlaringizni: dastlabki holatdan izlanishgacha bo'lgan yo'nalishingizni belgilaydi.

"Qanday?" diagrammasi

"Qanday?" diagrammasi - muammo to'g'risida umumiy tasavvurlarni olish imkonini beruvchi, mantiqiy savollar zanjiridir. Tizimli fikrlash, tuzilmaga keltirish, tahlil qilish ko'nikmalarini rivojlantiradi.

Kichik guruhlarga birlashadilar, taqqoslaydilar, o'zlarining chizmlarini to'ldiradilar. Umumiy chizmaga keltiradilar.

Diagrammani tuzish qoidasi bilan tanishadilar. Alohida kichik guruhlarda diagrammani tuzadilar.

"Qanday?" diagrammasini qurish qoidalari

1. Ko'pgina hollarda muammoni yechishda "nima qilish kerak"ligi to'g'risida o'ylanib qolmasligingiz kerak. Asosan muammo, uni yechishda "buni qanday qilish kerak?", "qanday" asosiy savollar yuzaga kelishidan iborat bo'ladi. "Qanday" savollarining izchil berilishi quyidagilar imkonini beradi:

- muammoni yechish nafaqat bor imkoniyatlarni, balki ularni amalga oshirish yo'llarini ham tadqiq qilish;

- quyidan yuqoriga bosqichma-bosqich bo'ysunadigan g'oyalar tuzilmasini aniqlaydilar. Diagramma strategik darajadagi savollar bilan ishlashni boshlaydi. Muammoni yechishning pastki darajasi birinchi galdagi harakatlarning ro'yhatiga mos keladi.

2. Barcha g'oyalarni o'ylab o'tirmasdan, baholamasdan va taqqoslamasdan tezlikda yozish kerak.

3. Diagramma hech qachon tugallangan bo'lmaydi: unga yangi g'oyalarni kiritish mumkin.

4. Agarda chizmada savol uning "shoxlarida" bir necha bor qaytarilsa, unda u biror muhimlikni anglatadi. U muammoni yechishning asosiysi bo'lishi mumkin.

5. Yangi g'oyalarni grafik ko'rinishda: daraxt yoki kaskad ko'rinishidami, yuqoridan pastgami yoki chapdan o'ngda qayd qilinishini o'zingiz hal etasiz.

6. Agarda siz o'zingizga to'g'ri savollar bersangiz va uning rivojlanish yo'nalishini namoyon bo'lishida ishonchni saqlasangiz, diagramma, siz har qanday muammoni amaliy jihatdan yechimini topishingizni kafolatlaydi.

Nazorat savollari
1. Tabaqalashtirilgan darajadagi texnologiya nima"
2. Tabaqalashtirilgan darajadagi texnologiya: individual o'ziga hosliklari, yoshi, qiziqishlari, aqliy rivojlanish darajasi, sog'lomlik darajasi deganda nimani tushunasiz?
3. Individual ta'lim texnologiyasi nima?
4. Axborot texnologiyalari: ta'limiy va nazorat qiluvchi dasturlar haqida nimalar bilasiz?
5. Individual ta'lim texnologiyasining maqsadi.
6. Ta'limning jamoaviy va guruhiy texnologiyasini tushuntirib bering?
7. Klaster tuzish qoidasini tushuntirib bering?
8. "Qanday?" diagrammasi tuzish qoidasini tushuntirib bering?
9. Savolni to`g`ri ifoda qilish uchun bir qancha tavsiyalarni ayting?

14-Ma'ruza
O'qitishni tabaqalashtirish, individuallashtirish texnologiyasi.
Reja:

1. O'qitishni tabaqalashtirish.
2. O'qitishning individuallashtirish texnologiyasi.

Tayanch so'z va iboralar: Individual o'qitish, o'quv-uslubiy psixologik-pedagogik, tabaqalashtirish, ijodiy metod, masofaviy o'qitish, o'qitish uslublari bo'yicha maslahatchi

Tabaqalashtirilgan o'qitish texnologiyasi

Tabaqalashtirilgan o'qitish o'quv jarayonining tashkil etishni bu shakli umumiy didaktika tizimiga asoslangan bo'lib, maxsus tashkil ettirilgan talabalarning gomogen guruhlarida, o'quv jarayonini maxsuslashtirishni

O'qitishni tabaqalash bu tushuncha o'qitish jarayonini o'zi bilan bog'liq) - uslubiy, psixologik-pedagogik va tashkiliy-boshqaruv tadbirlar majmuasi asosida tuzilgan turli xildagi gomogen gurahlarda o'qitish uchun turli xil shart-sharoitlarni yaratish demakdir.

Oliy, o'rta maxsus va kasb-hunar ta'lim tizimida gomogen guruhlar, talabalaming individual-psixologik xususiyatlari, avvalo aqliy rivojlanish darajasi asosida tuziladi.

Talabaning mavjud shaxsiy imkoniyatlarni ro'yobga chiqarishini ta'minlash, zamonaviy o'quv jarayoniga qo'yiladigan jadallashgan ilmiy-texnikaviy taraqqiyotining talabidir. Bunga individual va individuallashtirilgan o'qitish orqali erishish mumkin.

Umumta'lim maktablarida, akademik litseylarda va kasb-hunar kollejlarida talabalaming aqliy rivojianish darajasi bo'yicha tabaqalashning ijobiy tomonlari bilan bir qatorda salbiy tomonlari ham mavjud bo'ladi. Oliy maktab uchun esa bu o'qitish tizimiga hech qanday shak-shubha yo'q. Hozirgi paytda oliy o'quv yurtlariga kiravchilaming bilimlarni o'zlashtirish darajasi 100 % dan 25 % gacha tashkil etadi. Bunday sharoitda davlat ta'lim standartlari talabiga mos oliy malakali kadrlar tayyorlash maqsadida o'qitishni tabaqalashtirish davr taqozosidir.

Muammoli lektsiyalar o'tkazish jarayonida talabalarda ijodiy faoliyatga zarur bo'lgan motivlar, qimmatli yo'l-yo'riqlar va yo'llanmalarning shakllanganligi muqim o'rin egallaydi.

Ta'kidalash joizki, o'quv faoliyati motivlarining doirasi juda ko'p motivlar yiqindisi bo'lsa-da, ulardan ikki guruqi belgilovcqi qisoblanadi.

To'rtincqi guruqga maxsus motivlar talluqli. Ular talabalar tomonidan barcqa qayotiy eqtiyojlarni cququr anglash, mutaxassis bo'lib etishishi ucqun bilimlarni egallashning ijtimoiy zarurlngini tushunishni qamrab oladi. Bu guruq motivlarini o'qituvcqi kursning amaliy xarakteri va kasbiy yo'nalganligini namoyish qilish orqali talabalarning tushuncqalarini amalda qo'llash orqali kucqaytirish mumkin.

Ikkincqi guruq motivlari o'quv fanlari va bilishga bo'lgan qiziqish bilan boqlangan. Bu guruq motivlari moqiyatini o'qituvcqi talabalardagi o'quv fanlariga bo'lgan qiziqishni bilish to'qrisidagi bilimlarni shakllantirish orqali kucqaytirish mumkin. Buning ucqun lektsiya jarasnida xatti-qarakatlarning namunaviy usullari, tushuncqalar tizimining mantiqiy usullari, aniqlanmalar, qislatlar va boshqa isbotlovcqi qurilmalariniig «tushuncqalar asosida xulosalar» xatti-qarakatlari shakllanishining didaktik qimmatini belgilovcqi o'quv materialiga urqu beriladi.

Talabalarda yuqorida bayon qilingan malakalarni shakllantirish ucqun lektsiyani o'tkazish ucqun shunday tayyorgarlik ko'rish ko'zda tutilishi kerakki, ular tayyor bilimlarni cqaqqonlik bilan qarakat usullariga aylantira olsin. Bu didaktik maqsadga erishish ucqun talabalarning ecqimlarni qanday shakllantirishlariga, u yoki bu ifoda qaysi talablar asosida qoniqtirilayotganiga, dastlabki omil, argumentlar, xulosalarga diqqatni jalb qilish lozim.

O'qitishning bu mstodini lektsiya o'qishning axborot - tasviriy yondashuvdan qisman ijodiy va ijodiy metodga o'tish orqali amalga oshirish mumkin, ular talabalarda lektsiyaning turli boshicqlarida va sharoitlarida muayyan bilish mashaqqatlarini tuqdiradiki, ular o'qitish jarayonida avval shakllangan bilim va ko'nikmalarni joriy etish qamda qayta ishlash asosida muvaffaqiyatli qal kilinadi.

Talabalarni ijodiy faoliyatga tayyorlash tizimida o'qituvcqining lektsiya jarayonida ularga e'tibor qaratish, o'quv-bilish faoliyatiga mos ko'rsatmalarni bera olishi muqim aqamiyatga ega. Shu maqsadda lektsiyada o'quv fani mazmunining umumiy-ta'limiy qimmatini isbotlash bilan birga uning shaxs intellekti, dunyoqarashi, bilimlarni tasniflash va ko'llash usullari, ulardan tejamli foydalanish qamda to'qri baqolay olish tarbiyasiga ta'sir etishni qam isbotlash lozim bo'ladi.

Shuningdek, bunday eksperiment (amaliyot), egallangan bilimlar, fikrlarni (qukmlarni) ko'rish usullarining qaqiqiyligini tasdiqlashga qaratilganligi ta'kidlanishi lozim. O'quv mashqulotlarining bunday borishi talabalarda ilmiy-nazariy tadqiqot va eksperiment o'tkazish malakasini shakllantiradi, bu bilan ular ilmiy ijod kengligiga, ishcqanlik muloqotiga cqiqadi, tadqiqotning boshicqlarini rejalashtiradi, uning maqsad va vazifalarini ifodalaydi, metodikasini ishlab cqiqadi.

Muammoli o'qitishning talablar darajasidagi sifatini ta'minlash, talabalar tomonidan o'zlashtirilgan axborotlar bo'yicqa bilimlarni cququrlashtirish va kengaytirish maqsadida seminarlar o'tkazish mumkin.

Ma'lumki, bunday seminar o'tkazishning dastlabki maqsadi ma'ruza yoki axborotni jamoa bo'lib muqokama qilishdir. Seminarning samaradorligi albatta talabalarni unga tayyorlash sifatiga boqliq. Ayniqsa, ma'ruza va axborot tayyorlayotgan talabalar bilan ishlash muqim aqamiyatga aga.

Talabaning mavjud shaxsiy imkoniyatlarni ro'yobga chiqarishini ta'minlash, zamonaviy o'quv jarayoniga qo'yiladigan jadallashgan ilmiy-texnikaviy taraqqiyotining talabidir. Bunga individual va individuallashtirilgan o'qitish orqali erishish mumkin.

<u>*Individual o'qitish*</u> - bu o'quv jarayonining tashkil etishning shakli bo'lib, bunda pedagog talabalar bilan yakkama-yakka shug'ullanadi, talaba o'quv vositalari (kitoblar, kompyuter va h.k.) yordamida uzluksiz mustaqil ta'lim oladi.

Individual o'qitishning afzalliklari: pedagogik jarayonning talaba qobiliyatlariga moslashuvchanligi imkoniyatidir. Bunda talabaning bilim olish darajasi doimiy monitorinpshi amalga oshirish va zaruriy tuzatipshar kiritish natijasida optimal pedagogik jarayonni tashkil etiladi

Individual yondashish - bu pedagogik tamoyilga ko'ra, pedagogik jarayonda pedagogning talabalar bilan o'zaro munosabati, ularning shaxsiy xususiyatlarini hisobga olgan holda quriladi va butun guruh hamda har bir alohida talabaning rivoji uchun psixologik-pedagogik muhit yaratiladi.

Indxviduallashtirilgan o'qtish bunday o'quv jarayonini tashkil etishda individual yondashish asosida o'qitish yo'llari, usullari, sur'ati tanlanadi va turli o'quv-uslubiy psixologik-pedagogik hamda tashkiliy boshqaruv tadbirlari orqali ta'minlanadi (3.7-rasm).

Individuallashtirilean o'qitish texnolozivasi (3.8-rasm) - bunda o'quv jarayonini tashkil etishda individual yondashish va o'qitishning individual shakli ustivor hisoblanadi. O'qitishning barcha shaxsga yo'naltirilgan texnologiyalarida u yoki bu darajada individual yondashish qo'llaniladi, ammo individuallashtirilgan o'qitishda, individuallashtirish, o'quv maqsadlariga erishishning asosiy vositasi hisoblanadi. Individuallashtirilgan o'qitishning asosi, talabaning individual-pedagogik xususiyatlarini o'rnatish hisoblanadi. Olingan natijalar asosida, o'qitish usuli tanlanadi. Qabul qilingan texnologiyalar, qoidalar va tamoyillarga ko'ra o'qitish jarayoni amalga oshiriladi.

Masofaviy ta'lim texnologiyasi.

Ilmiy texnik taraqqiyotning xususiyatlari mustaqil ishlash kunikma va malakalarini shakllantirish va uzluksiz, ijodiy bilimlarni egallashni talab qiladi. Bunday ta'lim xizmatlarini ko'rsatish istiqbolli, zamonaviy o'quv tizimlariga quyiladigan talablardan biridir. YUNESKO «Ta'limni axborotlash instituti» mutaxassislarining fikricha, ta'lim jarayonini rivojlantirishning asosiy yunalishlaridan biri dunyo aholisiga axborotlashtirish va telekommunikatsiya texnologiyalardan foydalangan holda, masofaviy o'qitish va mustaqil o'qish imkoniyatlaridan keng foydalanish ta'minotini yaratishdir.

Masofaviy o'qitish — bu masofadan turib o'qitish, qaysiki o'quv mashg'ulotlarining barchasi yoki ko'p qismi telekommunikatsion va zamonaviy axborotlashtirish texnologiyalar asosida olib boriladi

Masofaviy o'qitish, ayniqsa:

o'qitishning an'anaviy usullaridan foydalanish imkoniyatiga ega bo'lmagan, bu jarayon imkoniyatlarining chegaralanganligi tufayli o'qish va ishlashni birgalikda amalga oshira olmaydiganlar uchun; turg'un sharoitda o'qish imkoniyatlariga ega bulmagan, imkoniyatlari tibbiy shart-sharoitlar tufayli chegaralanganlar uchun; o'qituvchilar va boshqa soha mutaxassislarining qayta tayyorlash va malakasini oshirishda; chet el o'quv muassasalarida ta'lim olishni istaydiganlar uchun;

ikkinchi mutaxassislikni egallashni istaydiganlar uchun juda dolzarb bo'lishi mumkin.

Istiqbolli zamonaviy o'qitish tizimlari har bir shaxsning o'zi istagan ta'lim olish huqiqidan foydalana olish imkoniyatini berishi kerak. Masofaviy o'qitish aynan shunday o'qitish shakli bo'la oladi.

O'qitishning bu tizimi boshlang'ich rivojlanish bosqichidadir.

AQSH da 1 mlnga yaqin odam masofaviy o'qitish tizimida o'qimokda. Bu tizimda televideniye imkoniyatlaridan keng foydalanilmoqda.

Ispaniyada masofaviy o'qitish Milliy universiteti faoliyat ko'rsatmokda. Bu yerda sirtki oliy ta'lim olish xamda uqituvchilaming malakasini oshirish mumkin.

Fransiyadagi masofaviy o'qitish Milliy Markazi 120 davlatdagi 35 000 iste'molchini qamrab olgan.

Germaniyada ochiq universitet ochilgan bo'lib, bu yerda sirtqi ta'lim olish hamda malaka oshirish mumkin.

Shvetsiyada Baltika Universiteti Baltika xududidagi 50 da ortiq universitetni o'z ichiga qamrab oladi.

Masofaviy o'qitish texnologiyasi bo'yicha barcha topshiriqlar masofadan turib bajariladi, imtihonlar esa oliy o'quv yurtida topshiriladi.

Masofaviy o'qitish Yaponiya, Turkiya, Xitoy, Hindiston, Iroq, Koreya, Finlyandiya, Avstraliya va Rossiyada rivojlanmoqda.

Masofaviy o'qitish fakat milliy ta'lim tizimlardagina rivojlanib qolmay, balkim, alohida tijorat kompaniyalarida ham rivojlanmokda, masalan IBM, General Motors, Ford va boshqalar.

Masofaviy o'qitish - ilmiy-texnikaviy taraqqiyot davrning mahsulidir va ayni vaqtda uning rivojlanish katalizatori hamdir.

Masofaviy o'qitishning didaktik tizimi, quyidagilarni o'z ichiga oladi:

<u>O'qitish maqsadi</u> davlat ta'lim standartlari asosida shakllanib, bilim, ko'nikma va malakalar tizimini o'z ichiga oladi. Bu iyerarxik tizimda bo'lib: o'qitish maqsadi, o'quv fani maqsadi, mavzuning o'quv maqsadi, mavzuning tayanch tushunchalari o'quv maqsadidan shakllanadi.

O'qitish mazmuni an'anaviv o'qitish tizimiga to'g'ri keladi.

Masofaviy o'qitishda barcha mutaxassisliklar bo'yicha tayyorlash imkoniyati yo'q. O'qitishning bunday turida o'qitilishi taqiqlangan yo'nalishlar ro'yxati qonun dalolatnomalari bilan tasdiqlanib, bu yo'nalishlarda ushbu tizimni qo'llash taqiqlanadi.

<u>Ta'lim oluvchilar.</u> Masofaviy o'qitish tizimida ta'lim oluvchilarning nomlanishi hali aniqlanmagan. Ba'zan ularni tinglovchilar deb ataydilar. Masofaviy o'qitish tizimi ta'lim oluvchilarning yetarli tayyorgarligini va ish o'rinlarining texnik ta'minotini talab etadi.

<u>O'qitadiganlar.</u> Bu o'qituvchilar, asosan ta'lim jarayonini tashkil etish samaradorligi bulardan bog'liq bo'ladi. Ammo masofaviy o'qitishning didaktik tizimi xususiyatlari o'qituvchilar bajaradigan faoliyatlarini turli ruman funksiyalarini, serqirraligini va bajaradigan rollarining xilma-xilligini talab etadi. Aynan shuning uchun chet davlatlarda o'qituvchilar tavsiflanishi kengaytirilgan:

- o'qituvchi - o'quv - uslubiy qo'llanmalaming ishlab chiquvchisi;
- o'qitish uslublari bo'yicha maslahatchi (fasiliteyter);
- o'quv kurslarining interaktiv uslublari bo'yicha mutaxassis (tyuter);
- o'qish natijalarini nazorat qilish bo'yicha mutaxassis (invigilator);

O'qitish metodlari (usullari). «Methodas» so'zini yunon tilidan tarjima qilsak, uning ma'nosi - o'zini tutish, yo'l, ma'nosini anglatadi. O'qitish metodlari deganda o'qitish maksadiga erishish uchun, ta'lim oluvchilarning faoliyatini tashkil etish va boshqarish, o'qituvchi va o'quvchi munosabatlari haqida nazariy tushuncha beruvchi didaktik kategoriya tushuniladi.

Masofaviy o'qitish tizimida, xuddi an'anaviy o'qitish tizimidagidek, o'qitishning besh metodi qo'llaniladi: axborot - retseptiv, reproduktiv, muammoli bayon, evristik va tadqiqot.

O'qitish vositalari. O'qitish mazmuni va o'qitish vositalari bir-biri bilan bog'liq. Har bir o'qitish vositasi o'z didaktik imkoniyatlariga ega. O'qituvchi bu didaktik imkoniyatlarai bilishi va ulardan kerakli didaktik maqsadlarga erishish uchun kerakli o'qitish vositalari majmuasini (keys) shakllantirishi kerak. O'qitish vositalari quyidagilardan iborat: kitoblar (qog'oz va elektron shaklda); tizimdagi o'quv materiallar; kompyuter o'quv tizimlari oddiy va multimedia variantda; audio o'quv axborotlari; video o'quv axborotlari; Masofaviy laboratoriya amaliyotlar va virtual stendlar; trenajyorlar; uzoqdagi bilim bazalari; ekspert o'quv tizimidagi va geoaxborot tizimidagi didaktik materiallar. O'qitish vositalari - o'qitishning texnik vositalari: magnitofon, videomagnitofon, kinoproyektor, diaproyektor, kodoskop, videoproyektor, kompyuterlar orqali amalga oshiriladi.

Ilmiy o'quv material bazasi. Barcha rivojlangan mamlakatlar tajribasi shuni ko'rsatadiki, ta'lim tizinming me'yoriy faoliyat ko'rsatishi, uning iqtisodiy va ijtimoiy maqomi o'quv muassasasining o'quv materiali bazasi bilan chambarchas bog'lik. An'anaviy o'quv muassasasining o'quv material bazasi o'quv jarayoni uchun kerak bo'lgan barcha moddiy va texnik vositalar majmuasini o'z ichiga oladi. Bular: o'quv va yordamchi binolar, laboratoriya anjomlar, asbob uskunalar, o'qitishning texnik vositalari, darsliklar, o'quv-uslubiy materiallar.

Identifikatsiyaviy-nazorat tizimi. Masofaviy o'qitish tizimida nazorat qilishning xususiyati, o'qitish tizimida o'quvchi shaxsini aniqlash - identifikatsiya qilish va falsifakatsiya (boshka shaxs o'rnida faoliyat ko'rsatish) uchun imkoniyat bermaslikdir. Shuning uchun bu tizimda bilim sifatini ko'p mezonli va obyektiv nazorat shakllarini videokonferensiyalar kabi turlarini o'tkazish ahamiyati ortadi.

O'qitish shakllari. Bu o'qitishning tashkiliy shaklini tanlashdir. O'qitish shakllarining quyidagilari rivojlangan: ma'ruzalar, seminarlar, laboratoriya mashg'ulotlari, kurs ishlari, sinovlar, imtihonlar, maslahatlar, mustaqil ish.

Masofaviy o'qitishda o'quv jarayoni ketma-ket keladigan muloqotda bo'lish va muloqotda bo'lmagan davrlardan iborat,

O'qitish shakllarining barcha turlari, o'quv jarayoni muloqotda bo'lish davrida va muloqotda bo'lmagan davrida o'z xususiyatiga ko'ra qo'llaniladi.

Moliyaviy-iqtisodiy tizim. Bu masofaviy o'qitish tizimida eng ahamiyatli omillardan biri bo'lib, bozor iqtisodi sharoitida u faqat o'z-o'zini moddiy ta'minlab qolmay, balkim, o'quv tizimini rivojlantirish va takomillashtirishga olib keladi.

Shuning uchun har bir o'qituvchi o'qitish tizimi iqtisodiyoti bilan tanish bo'lishi kerak.

Chet el tajribalari bu masofaviy o'qitish tizimining samaradorligini ko'rsatdi, ammo har bir konkret holatni iqtisodiy va pedagogik nuqtai nazardan baholash lozim.

Me'yoriy-huquqiv tizim. O'qitish tizimining rivojlanish asosi sifatida bu sohadagi qonunchilikning rivojlanishi va mukammalligi xizmat qiladi.

O'quv qonunchiligining predmeti - pedagogik munosabatlardir, qolganlari esa, ya'ni, boshqaruv, mulkiy, moliyaviy va hokazo ishlab chiqarish xarakteriga ega. O'qitish muassasasining faoliyati «Ta'lim to'g'risidagi qonun», Nizom, Davlat ta'lim standartlari, namunaviy o'quv dasturlar, rejalar, yo'riqnomalar, buyruqlar, kollegiya va ilmiy kengash qarorlariga asoslanadi.

Marketing tizimi. Bozor iqtisodi sharoitida tizim samaradorligini ta'minlash uchun, har bir muassasa, shu jumladan o'quv muassasasi ham marketing xizmatini tashkil qilishi kerak. Har bir muassasa, shu jumladan o'quv muassasasining marketing xizmatini tashkil qilish bozor iqtisodi sharoitida samarali faoliyat qilish uchun kerak.

Masofaviy o'qitish tizimida marketing an'anaviy vazifalarni bajaradi, ya'ni, ishlab chiqarishni boshqarish va mahsulotni sotish, talablarni aniqlashga yo'naltirilgan, o'quv muassasasi faoliyatini iste'molchi bozoriga moslashtiradi.

Masofaviy o'qitish tizimini tashkil etishda marketingning quyidagi asosiy tamoyillardan foydalaniladi:
• yo'nalishlarni aniqlash, kerak bo'lgan mutaxassislaming soni va sifatini aniqlash;
• ta'lim xizmatlari ishlab chiqarishini bozor talablariga makimal darajada moslash (o'quv rejalar va o'quv dasturlar, o'quv-uslubiy adabiyot, o'qituvchilar tayyorlash va h.z);
• masofaviy o'qitish tizimini tashkil etishda iste'molchi, jamiyat va ta'lim muassasasi manfaatlarini uyg'unlashtirish;
• ta'lim xizmatlarni targ'ibot qilish (milliy va xalqaro mashtabda);

Masofaviy o'qitish tizimining didaktik tizimini izchillik bilan tashkil etish, zamon talablariga mos mutaxassislarni tayyorlashga imkon yaratadi

Masofaviy o'qitishning o'ziga xos tamoyillari quyidagilardan iborat:

Interfaollik tamoyili. Bu tamoyil tinglovchi va o'qituvchi o'rtasidagi aloqani ta'minlab qolmay, balki tinglovchilar o'rtasidagi aloqani ham ta'minlaydi. Tajribalar tinglovchi va o'qituvchi o'rtasidagi aloqadan ko'ra tinglovchilar o'rtasidagi aloqalar ko'proq ekanligini ko'rsatadi.

Boshlang''ich bilimlar tamoyili. Masofaviy o'qitish tizimida tinglovchining oldindan tayyorgarlik ko'rishi va apparat - texnik vositalari bilan ta'minlanganlik darajasi, kompyuterga ega bo'lishi va internetga ulanishi, hamda bu tizimda ishlay olish malakalariga ega bo'lishi lozim.

Individuallik tamoyili. Real o'quv jarayonida kirish va oraliq nazorat o'tkaziladi. Bular natijasini tahlili asosida individual o'quv rejalar tuziladi, shu jumladan oqsayotgan dastlabki bilimlar va ko'nikmalar bo'yicha ham.

Identifikatsion tamoyil. Mustaqil o'qishni nazorat shakli bo'lib, bilim sifatini nazorat qilishda bevosita muloqot videokonferensiyalar kabi turli texnik vositalarini qo'llaniladi.

O'qitish reglamenti tamoyili. O'quv jadvalining qat'iy rejalashtirilishi va rejalashtirilgan jadvalning nazorati bilan belgilanadi.

Yangi axborot texnologiva vositalarini qo'llashning pedagogik maasadliligi tamovili. Masofaviy o'qitish tizimini loyihalashtirishda, yaratish va tashkil etishda mavjud bo'lgan texnik vositalarini qo'llashning maqsadga muvofiqligini tahlil qilib, ularni qo'llashda xato qilishning oldini olish lozim. Masofaviy o'qitish tizimida qo'llaniladigan texnik vositalarning optimal nisbati kuyidagicha: bosma materiallar 40-50%, WWW serverlaridagi o'quv materiallar 30-35%, kompyuter videokonferensiya aloqasi 10-15%, qolganlari 5-20%.

Ta'limning oshkoralik va o'zgaruvchanligini ta'minlash tamoyili. Bu tamoyil yosh va boshlang'ich ta'lim darajasi jihatdan «mo'tadilligi», kirish nazoratining suhbat, imtihon, test shaklida o'tkazilishi va h.k. bilan ifodalanadi. Buning natijasida keyinchalik o'quv muassasasidan bu tinglovchini shaxsiy (individual) reja bo'yicha o'qitishda qo'shimcha harakatlar talab qilinadi. Ta'lim tizimining ko'p variantliligini ta'minlash va bir o'quv yurtidan boshqa o'quv yurtiga o'tish imkoniyatini mavjud bo'ladi.

Masofaviy o'qitish tizimining istiqbolligi shundaki, bu tizim shaxsning eng asosiy huquqlaridan biri - ta'lim olish huquqini amalga oshirishni ta'minlaydi. Masofaviy o'qitish tizimining maqsadga muvofiqligini baholashda, albatta uning ijtimoiy samaradorligini e'tiborga olish lozim.

Nazorat savollari

1. O'qitishni tabaqalashtirish.
2. O'qitishning individuallashtirish texnologiyasi.
3. Masofaviy o'qitish texnologiyasi.
4. Masofaviy o'qitishning o'ziga xos tamoyillari
5. Boshlang'ich bilimlar tamoyili
6. Individuallik tamoyili
7. Identifikatsion tamoyil
8. O'qitish reglamenti tamoyili.
9. Ta'limning oshkoralik va o'zgaruvchanligini ta'minlash tamoyili.
10. Yangi axborot texnologiva vositalarini qo'llashning pedagogik maqsadliligi tamoyili.

15- Ma'ruza
Dasturlashtirilgan o'qitish texnologiyasi.
Reja:

1. Dasturlashtirilgan o'qitish texnologiyasi tushunchasi.
2. Dasturlashtirilgan o'qitish texnologiyasi bo'yicha mashg'ulotni olib boorish.

Tayanch so'z va iboralar: darslik, kinotrenajer, klassik leksiya metodi, o'qitish, audiovizual texnik vositalarda o'qitish, avtomatlashtirilgan, consultant, rayon programmalar, tarmoqlanuvchi programmalar, soddalashtirilgan programmalar, aralash programmalar

Dasturlashtirilgan o'qitish texnologiyasi yaratilish tarixi

Dasturlashtirilgan o'qitish XX asrning 50-yillari boshida paydo bo'ldi. U amerikalik psixolog B. Skinner nomi bilan bog'liq. U materiallarning o'zlashtirilishini boshqarishning samaradorligini oshirishda, axborotlarni qismma-qism uzatishning muntazam programmasi asosiga qurish va uni nazorat qilishni tavsiya etdi.

N. Krauder tarmoqlangan dasturni ishlab chiqdi, unda nazorat natijalariga ko'ra ta'lim oluvchilarga mustaqil ishlar uchun turli xildagi materiallar tavsiya etiladi.

G.K. Selevko dasturlashtirilgan o'qitishga quyidagi ta'rifni beradi, ya'ni dasturlashtirilgan o'qitish deganda o'qitish uskunalari (EHM, programmalashtirilgan darslik, kinotrenajer va b.) yordamida programmalashtirilgan o'quv materialining o'zlashtirilishini boshqarishni tushunadi. Dasturlashtirilgan o'quv materiali muayyan mantiqiy izchillikda beriladigan nisbatan katta bo'lmagan o'quv axborotlari («kadrlar», «fayllar», «odimlar») seriyasidan iborat bo'ladi.

V.P. Bespalko bilish faoliyatini tashkil etish va boshqarish namunasidagi pedagogik texnologiya tasnifini tavsiya etdi. U o'qituvchi va ta'lim oluvchi (boshqariluvchi) munosabatlarini quyidagicha belgilaydi:

• berk- (o'quvchilarning nazorat qilinmaydigan va tuzatilmaydigan faoliyati);
• davriy (nazorat, o'z-of'zini nazorat qilish, o'zaro nazorat);
• tarqoq — (frontal) yoki yo'nalganlik (individuallik);
• goh (og'zaki) yoki avtomatlar (o'quv vositalari) orqali. V. P. Bespalko texnologiyasi turlari:

1. klassik leksiya metodida o'qitish (boshqaruv-berk, tarqoq, qo'lda);
2. audiovizual texnik vositalarda o'qitish (berk, tarqoq, avtomatlashtirilgan);
3. «Konsultant (maslahatchilar)» tizimi (berk, yo'naltirilgan, qo'lda);
4. o'quv adabiyotlari yordamida o'qitish (berk, yo'naltirilgan, avtomatlashtirilgan) — mustaqil ish;
5. «Kichik guruhlar» tizimi (davriy, tarqoq, qo'lda) — guruhlardagi o'qitishning tabaqalashtirilgan usuli;
6. kompyuter o'qitishlari (davriy, tarqoq, avtomatlashtirilgan);
7. «Repetitor» tizimi (davriy, yo'naltirilgan, qo'lda) — individual o'qitish;
8. Dasturlashtirilgan o'qitish (davriy, yo'naltirilgan, avtomatlashtirilgan), ular uchun oldindan programmalar tuzib qo'yiladi.

Dasturlashtirilgan o'qitish texnologiyasi tamoillari

Dasturlashtirilgan o'qitishning beshta asosiy tamoyili farqlanadi:

1. Boshqarish qurilmalarining muayyan bosqichliligi (ierarxiya) tamoyili. Bu programmalashtirilgan o'qitish texnologiyasining ierarxiya tuzilmasida avvalambor pedagog turadi, va bu fanda dastlabki umumiy mo'ljal hisoblanadi; o'qitishning murakkab nostandart vaziyatlarida individual yordam va korrektsiya o'rin oladi.

2. Qayta aloqa tamoyili. U o'quv faoliyatining har bir tadbiri bo'yicha o'quv jarayonini boshqarishning davriy tashkil etish tizimini talab qiladi. Bunda awalo to'g'ri aloqa o'rnatiladi — zaruriy harakat obrazi to'g'risidagi axborot boshqaruvchi obektdan boshqariluvchiga uzatiladi. Qayta aloqa, V.P. Bespalko ta'kidlashicha, pedagog uchungina emas, balki ta'lim oluvchiga ham zarur birinchisiga korrektsiya uchun, ikkinchisiga esa o'quv materialini tushunish uchun.

Ichki va tashqi qayta aloqa ham mavjud. Ichki qayta aloqa ta'lim oluvchilarning o'z natijalarini va o'zining aqliy faoliyati xarakterini mustaqil korrektsiya qilish uchun xizmat qiladi.

Tashqi qayta aloqa ta'lim oluvchiga bevosita o'quv jarayonini boshqaruvchi qurilmalar vositasida yoki pedagog tomonidan ta'sir etishda amalga oshiriladi.

3. O'quv materialini yoritish va uzatishda amalga oshiriladigan odimlovchi texnologik jarayon tamoyili. Odimlovchi o'quv tadbiri — bu texnologik usul bo'lib, unda o'kuv materiali programmada axborot bo'laklari va o'quv vazifalari (bilim va malakalarni samarali o'zlashtirishni ta'minlashga xizmat qiladigan va ta'lim oluvchining bilimlarni o'zlashtirishning muayyan nazariyasini aks ettirgan) ning kengligi bo'yicha alohida, mustaqil, lekin o'zaro bog'langan va optimal bo'lgan qismlardan iboratdir.

To'g'ridan-to'g'ri va qayta aloqa uchun zarur bo'lgan axborotlar to'plami, bilish harakatlari va qoidalarining ta'limiy programma odimini hosil qiladi. Bu odim tarkibiga uch o'zaro aloqador kadr (zveno) qo'shiladi: axborot, qayta aloqa tadbiri va nazorat. Odimlovchi o'quv tadbirlari izchilligi programmalashtirilgan o'qitish texnologiyasi asosini tashkil etuvchi ta'limiy programmani hosil qiladi.

4. O'qitishda individual namuna va boshqarish tamoyili davom ettiriladi. Bu tamoyil ta'lim oluvchining har biriga shunday axborot jarayonini yo'naltiradi va tavsiya etadiki, u ta'lim oluvchiga mashq jarayonida, tezlikda oldinga siljishga imkoniyat beradi, chunki uning bilish kuchi unga muvofiq ravishda boshqaruvchi tomonidan uzatilgan axborotga, moslashishga qulay bo'ladi.

5. Programmalashtirilgan o'quv materialini uzatish uchun maxsus texnik vositalardan foydalanish tamoyili.

Programmalashtirilgan o'qitish texnologiyasini ilmiy asoslash bir qator ta'limiy programmalarni farqlash imkoniyatini beradi:
- rayon programmalar;
- tarmoqlanuvchi programmalar;
- soddalashtirilgan programmalar;
- aralash programmalar;
- algoritm;
- blokli o'qitish;
- modulli o'qitish;

• bilimlarni to'la o'zlashtirish;

Ravon programmalar — bu nazorat topshiriqlari va o'quv axborotlarining almashinib turuvchi u qadar katta bo'lmagan bloklari ketma-ketligidir.

Ravon programmada ta'lim oluvchi to'g'ri javob berishi shart. Ba'zan ehtimol deb topilgan javoblardan birini shunchaki tanlaydi. To'g'ri topilgan javobda u yangi o'quv axborotiga ega bo'ladi. Agar javob to'g'ri chiqmasa, axborotni qaytadan o'rganishga tavsiya etiladi.

Равон программалар

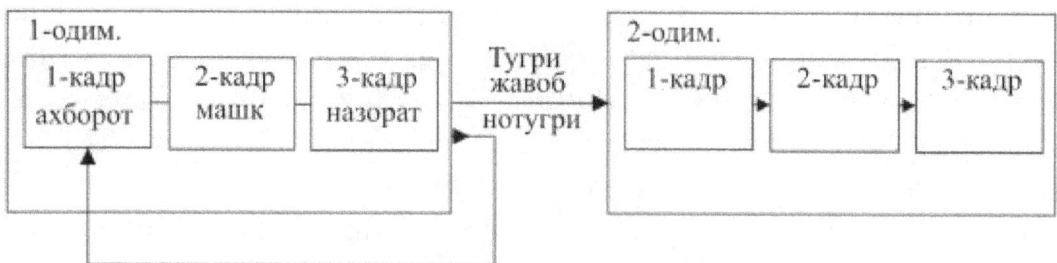

Tarmoqlanuvchi programma. Ta'lim oluvchi noto'g'ri javob berganda, unga qo'shimcha o'quv axboroti beriladi va u ta'lim oluvchiga nazorat topshiriqlarini bajarish, to'g'ri javob qaytarish va o'quv axborotlarining yangi bo'laklarini olish imkoniyatini beradi.

Soddalashtirilgan programma. U ta'lim oluvchiga yangi o'quv materialini murakkablik darajasiga qarab tanlab olish, uni o'zlashtirish jarayonida u yoki bu tarzda o'zgartirish, oddiy ma'lumotnoma, lug'at va qo'llanmalardan foydalanish imkoniyatini beradi.

Aralash programma. U ravon, tarmoqlanuvchi, soddalashtirilgan programma bo'laklarini o'zida qamrab oladi.

Algoritm. U aqliy va amaliy tadbirlar izchilligini belgilovchi tafsilotdir. U o'qitishning mustaqil vositasi hamda ta'limiy programmlarning qismi bo'lishi ham mumkin.

Blokli o'qitish. Bu moslashuvchan programma asosida o'quvchilarning turli-tuman intellektual tadbirlar va egallagan bilimlaridan o'quv vazifalarini echishda foydalanish imkoniyatlarini ta'minlaydi.

Quyidagi izchil bloklar farqlanadi:
• axborot bloki;
• test-axborot (o'zlashtirishni tekshirish);
• korreksion-axborot (noto'g'ri javob qaytarilganda qo'shimcha o'qitish);
• muammoli blok: olingan bilimlar asosida vazifalarni echish;
• tekshirish va korreksiya bloki.

Modulli o'qitish. U modullar bo'yicha tuzilgan o'quv programmalari asosida o'qitishni tashkil etishdir. Modul kurs mazmunini uch sathda qamrab oladi: to'la, qisqartirilgan va chuqurlashtirilgan. Programma materiallari bir vaqtning o'zida barcha ehtimol ko'rilgan kodlarda: rasm, test, ramzlar va so'z bilan berilishi mumkin.

O'qitish moduli o'quv materialining avtonom (mustaqil) qismi bo'lib, quyidagi komponentlardan tashkil topadi:

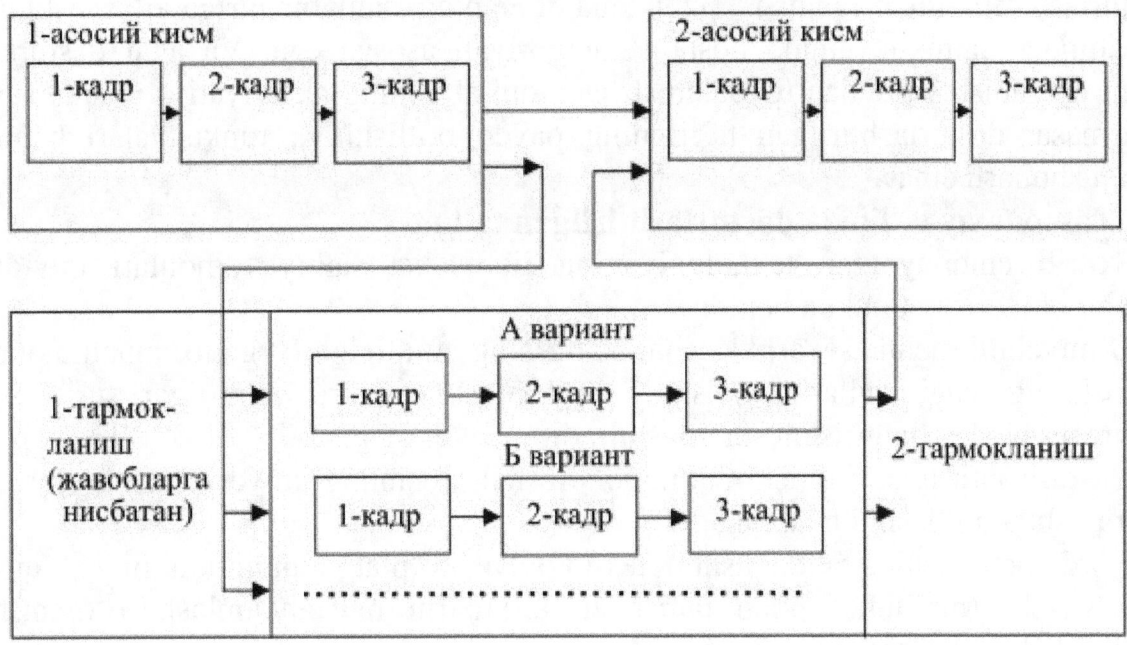

- aniq ifodaga ega bo'lgan o'quv maqsadi (maqsadli programma);
- axborotlar banki: o'qitish programmasi shaklidagi ayni o'quv materiali;
- maqsadlarga erishish bo'yicha metodik qo'llanma;
- zaruriy malakalarni shakllantirish bo'yicha amaliy mashgulotlar;
- qo'yilgan modul maqsadiga qatiy muvofiq keluvchi nazorat ishi.

Bilimlarni to'la o'zlashtirish texnologiyasi.

O'quv materiallari bir necha bo'laklaiga bo'linadi: o'zlashtirilishi tegishli bo'lgan o'quv unsurlari, undan so'ng bo'limlar bo'yicha tekshirish uchun materiallar ishlab chiqiladi, undan so'ng o'qitish, tekshirish — joriy nazorat, korrektirovka va qayta, o'zgartirilgan tarzda ishlab chiqish - o'qitish.

Xotima. Hozirgi davr o'quv jarayoniga pedagogik texnologiyalarni tatbiq qilish bilan xarakterlidir.

Pedagogik texnologiyalardan foydalanish ta'lim texnologiyalariningilmiy asoslarini ishlab chiqish, pedagogik innovatsiyalar, mualliflik maktablari va yangi texnologiyalarni eksperiment qilish bilan bog'liqdir. Bu tajribalar muayyan tizimni ishlab chiqish va umumlashtirishni talab etadi.

Pedagogik texnologiyaga yaxlit hodisa sifatida qaraladi. Texnologiyaning interfaol sifatlari, tarkibiy qismlari, tuzilmasi, funktsional tavsifi, kommunikativ xususiyatlari, tarixiyligi va uzviyligi tadqiq qilinmoqda.

«Texnologiya», pedagogik texnologiya» tushunchalari hamon tadqiqotlar bo'lishini taqozo etadi.

Pedagogik texnologiyalar tasniflarini asoslash, texnologiya turlari mazmunining yoritilishi, bu texnologiyalarni o'quv jarayoniga tatbiq etish yo'llarini belgilash ta'limning barcha bosqichlarida uning samaradorligini oshirishga imkon beradi.

Dasturlashda dasturlashtirilgan ko'rsatma va ko'rsatma kabi tushunchalarni ishlatishda juda ko'p chalkashliklar yuzaga keladi. Birinchisi - texnologiya, ikkinchisi - dasturlash tillarini o'rganish. Siz ikkala iboraning ham bir-biriga o'xshashligini payqashingiz mumkin, ammo boshqa kategoriyali asosga ega. Va agar dasturlash tillarini o'rganish va undan foydalanish jarayoni aholining aksariyati o'rtasida savol tug'dirmasa, dasturlashtirilgan ta'limning paydo bo'lishi va funktsiyalari hamma uchun tushunarli emas.

3. Zamonaviy ta'limda dasturlashtirilgan ta'lim

Ko'rib chiqilayotgan texnologiyaning ijobiy va salbiy tomonlari quyidagi xulosalar chiqarishga imkon beradi:

O'quvchini mehnatsevarlikka, harakatlarning aniqligiga o'rgatib, muammolarni hal qilishning yangi usullarini topish, ijodiy fikrlash, o'z farazlarini ilgari surish kabi ko'nikmalarni shakllantirishni sekinlashtiradi;

Dasturlashtirilgan o'qitish muammolarni hal qilishning universal usuli emas va ongli ravishda qo'llashni talab qiladi;

Yordamchi usul sifatida ushbu texnologiya ko'plab muammolarni hal qilish uchun yaxshi (ma'lumot bilan tanishish, bilimlarni mustahkamlash, o'rganishni nazorat qilish va baholash va boshqalar);

Amaliyot shuni ko'rsatadiki, o'quv jarayonini avtomatlashtirish, agar uni darsda foydalanishga yaxshi tayyor bo'lgan o'qituvchi ishlatgan bo'lsa ishlaydi.

Yoqadimi yoki yo'qmi, USE dasturlashtirilgan o'qitishning sinov shaklidir. Ko'pgina nusxalar ushbu mahsulotning foydaliligi va xavfliligi to'g'risida munozarada buzilgan, ammo bugungi kunda bu bilimlarni ommaviy va tezkor ravishda nazorat qilishning usullaridan biri.

Ammo shuni yodda tutish kerakki, ko'pchilik iqtidorli bolalar turli ob'ektiv sabablarga ko'ra imtihonda yuqori natijalarni namoyish etmaydilar. Shuning uchun dasturlashtirilgan o'qitish texnologiyasini qayta baholash va noto'g'ri baholash oqibatlarga olib kelishi mumkin.

Ushbu turdagi ta'limni yaratish uchun zaruriy shart ikki nuqta edi. Bir tomondan, o'qituvchilar ommaviy amaliyotda an'anaviy va muammoli o'qitishdan foydalangan holda o'qituvchilar tomonidan o'quvchilar tomonidan o'quv materiallari bilan bog'liq harakatlar bo'yicha aniq ko'rsatma yo'qligi, natijada bilimlardagi bo'shliqlar paydo bo'lishini ko'rishdi. Turli sabablarga ko'ra o'quvchilar o'qituvchining ko'rsatmalariga rioya qilmaydilar va o'quv ma'lumotlarini o'rganmaydilar. Ushbu holat o'qituvchi o'quvchilarning o'quv faoliyatini yanada samarali boshqarishi mumkin bo'lgan o'quv modelini izlashga turtki bo'ldi. Boshqa tomondan, 20-asrning o'rtalaridan. texnologik taraqqiyot inson faoliyatining barcha sohalariga, shu jumladan ta'limga ham kirib bora boshladi. Ta'limga nisbatan yondashuvni o'zgartirishni talab qiladigan birinchi o'quv mashinalari paydo bo'ldi. Xususan, elektron mashinada ma'lumot an'anaviy, matnli ko'rinishda emas, balki dasturlashtirilgan shaklda va keyinchalik rasmlarda taqdim etilishi kerak, demak ta'limda multimediya rivojlanishi, texnik jihatdan murakkab ta'lim tizimlari. Olimlarning fikriga ko'ra, maktab tarixida muammoli o'qitish elementlari bilan bir qatorda dasturlash elementlari ham mavjud. Ajablanarlisi shundaki, hatto Sokrat ham shunday yo'l tutgan: o'zining muloqotlaridan birida buyuk mutafakkir bolaga to'rtburchakning maydonini hisoblashni o'rgatgan, savolga har bir javobni baholashda va zamonaviy dasturlashtirilgan o'rganishning odatlarini tan olish mumkin bo'lgan boshqa usullardan foydalangan. B. (B. Skinner 1954 yilda dasturlashtirilgan ta'lim tushunchasi haqida ma'lumot berdi. Metodologiyaning yaratuvchisi chiziqli dasturlash, u o'zini "rag'batlantirish - reaktsiya - kuchaytirish" tamoyili bo'yicha olib boriladigan, xulq-atvor psixologiyasiga suyangan, ya'ni. material talabaga taqdim etiladi, u ushbu material bilan muayyan bilim harakatlarini amalga oshiradi va bu harakatlar darhol baholanadi. Ushbu modelning metodologik asosi - Skinner tomonidan odamlarga mexanik ravishda uzatiladigan hayvonlarni o'rganish nazariyasi.

Dasturlashtirilgan mashg'ulot Bu shundaymi? o'quv dasturida nisbatan mustaqil va individual bilim va ko'nikmalarni o'zlashtirish maxsus vositalar (darslik, kompyuter) yordamida. An'anaviy o'qitishda talaba odatda darslik matnini o'qiydi, keyin takrorlaydi, aks holda ko'paytirish ishlari deyarli boshqarilmaydi, tartibga solinmaydi. Dasturlashtirilgan o'qitish g'oyasi talabalarning o'quv faoliyatini boshqarishdir o'quv dasturi - dasturlashtirilgan o'quv tizimining asosiy tushunchasi. O'quv dasturi deganda ularning har biri ifodalaydigan bosqichlar ketma-ketligi tushuniladi mikro-bosqich bilim yoki ko'nikmalar birligini o'zlashtirish. Mikro-bosqich, dasturiy qadam uch qismdan iborat: 1) o'quv ma'lumotining mantiqiy yakunlangan dozasini taqdim etish, vazifalar - axborot bilan ishlash bo'yicha operatsiyalar, uni assimilyatsiya qilish; 2) nazorat vazifalari (geribildirim); 3) mashqlarning takrorlanishini yoki keyingi bosqichga o'tishni ko'rsatadigan belgi.

Ko'pincha talabalar o'qituvchilik ma'lumotlarini o'qituvchidan emas, balki dasturlashtirilgan qo'llanmadan yoki kompyuter ekranidan olishadi. Dasturlashtirilgan o'qitish jarayonida o'qituvchi va talabaning faoliyati quyidagicha davom etadi:

Ushbu mavzu bo'yicha materiallarning to'liq hajmini o'zlashtirganingizdan so'ng, o'quv jarayoni quyidagicha tuzilgan:

Haqiqiy maktab yoki universitet amaliyotida o'qitishning dasturiy elementlari cheklangan, ular asosan reproduktiv bo'lib, ta'lim faoliyatining ushbu turlarida, takrorlash, birlashtirish, shuningdek bilim, ko'nikmalarni nazorat qilish bilan bog'liq bo'lgan bir qator mavzularda qo'llaniladi.

Dastur bosqichlarining xususiyatiga qarab quyidagilar o'quv dasturlarining turlari:

a) chiziqli dasturb. F. Skinner tomonidan ishlab chiqilgan. U o'quvchining doimiy izchil rivojlanishini ta'minlaydigan bunday kichik dozalardan iborat. Ma'lumotni o'zlashtirish vazifasida odatda ma'lumotni o'qib chiqqach, bo'sh joyni bir yoki bir nechta so'z bilan to'ldiring. Keyin javob oldin yopilgan to'g'ri qaror bilan tekshiriladi va agar to'g'ri javob berilgan bo'lsa yoki ma'lumotga qaytish va talaba noto'g'ri javob bergan bo'lsa, ma'lumotni qaytarish holatida materialning keyingi dozasiga o'tish amalga oshiriladi. Talaba faqat oldingisini o'zlashtirish orqali o'rganishda olg'a siljiydi. Faollashtiruvchi omil - bu bo'shliqni to'ldirib, javob berish zarurati.

Skinnerning so'zlariga ko'ra, bunday o'quv modeli quyidagi printsiplarga asoslanadi:

1. Materialni iloji boricha kichik qismlarga bo'lish printsipi (dozalar, qadamlar) shunda ularni so'rilishi oson va shu bilan birga majburiydir.

2. Javobni darhol baholash printsipi (geribildirim): Talaba bo'sh joyni to'ldiradi va darhol uni to'g'ri javob bilan taqqoslaydi.

3. O'rganish sur'atini individuallashtirish printsipi: Har bir talaba xohlagancha o'zlashtirish uchun ko'p vaqt sarflaydi.

Chiziqli dasturning afzalligi shundaki, talaba kichik qadamlar, to'g'ridan-to'g'ri tekshirish va mashqni takrorlash imkoniyati tufayli materialni o'zlashtiradi. Shu bilan birga, chiziqli dastur o'quvning kichik bosqichlari o'quvchiga umumiy maqsadlarni ko'rishga, pog'onalarda qo'yilgan maqsadlarga erishishga va mashg'ulot mazmunini individuallashtirishga imkon bermasligi uchun tanqid qilindi. Bundan tashqari, chiziqli dasturlash tanqidchilariga ko'ra, bo'shliqni to'ldirish shaklida talabaning javobi juda oson, intellektual kuch talab etmaydi. Chiziqli dasturiy texnikani tanqid qilish tarmoqli dasturlarni yaratishga olib keldi;

b) tarmoqli dasturlar. Ularning yaratuvchisi, amerikalik o'qituvchi va olim N. A. Kroder bunga ishonadi o'quv materialining dozalari bo'lishi kerak etarlicha katta, chunki assimilyatsiya kichik qadamlardagi aniq bo'lmagan yo'lga emas, balki tarkibni chuqur va har tomonlama tahlil qilishga bog'liq. Tarmoqli dasturning yana bir xususiyati bu boshqaruvning yangi shakli. Buning uchun ishlatiladi talabalarning tanlangan javoblari: talaba javoblar to'plamidan nazorat topshirig'idagi to'g'ri javobni tanlaydi, bunda to'g'ri berilganga qo'shimcha ravishda odatda xatolar mavjud bo'lgan to'liq bo'lmagan va noto'g'ri javoblar mavjud. Agar talaba to'g'ri javobni tanlagan bo'lsa, u keyingi bosqichga o'tadi; agar yo'q bo'lsa, unga xatoning mohiyati tushuntiriladi va unga qilingan xatoga qarab dasturlardan biri bilan ishlash yoki boshlang'ich nuqtaga qaytish buyuriladi. Shunday qilib, tarvaqaylab qo'yilgan dastur talabalarni javoblari va xatolariga qarab turli yo'llar bilan olib boradi. Ta'limning ushbu shaklining uchinchi xususiyati o'rganish bosqichlari.

Tarmoqli dasturlardan foydalanishni tanqid qilish, birinchi navbatda, javobni tanlash talabani javoblarni topishga, noto'g'ri bo'lganlarni eslab qolishga va yo'q qilishga majbur qiladi, deb hisoblaydi. ikkinchidan, hatto tarvaqaylab qilingan dastur ham talabaga materialga to'liq va tizimli qarash bermaydi. Va nihoyat, ushbu dasturlarning har qandayida mashq qilish sun'iy va soddalashtirilgan, ammo o'rganish juda murakkab faoliyat turidir. Shunday qilib, har xil turdagi dasturlarni birlashtirish g'oyasi;

v) aralash dasturlash. So'nggi yillarda dasturiy g'oyalar yangi texnik asosda amalga oshirilmoqda: asta-sekin murakkab dasturiy mahsulotlar yaratilmoqda, ularda turli xil dozalar va ma'lumotlar turlari, muammoga asoslangan o'rganish va o'rganish algoritmlari, tinglovchilarning javoblariga kirishning turli usullari, o'qitishning talabalarning individual xususiyatlariga moslashish darajalari, individual rivojlanish imkoniyati. va guruh bilan dastur bilan ishlash. Aralash dasturlarda material didaktik maqsadga, o'quvchilarning yoshiga, o'quv materialining mantig'iga va o'quv jarayonining o'ziga qarab turli xil hajmdagi bosqichlarga bo'linadi. Talabaning javob berish usullari boshqacha bo'lishi mumkin: harflar, so'zlar va hk. To'plamidan javob qurish; javob belgilarini odatiy belgilar bilan kodlash; berilgan to'plamdan javobni tanlash; aralash usul.

Afzalliklari: dasturlashtirilgan o'qitish o'quvning har bir bosqichida assimilyatsiya natijalari to'g'risida ma'lumot olish va uni to'g'rilashni amalga oshirishga imkon beradi; mustaqillikni rivojlantiradi; talabaga u uchun maqbul ritmda ishlashga imkon beradi.

Kamchiliklari: dasturlashtirilgan o'rganish talabaning ijodini rag'batlantirmaydi.

Dasturlashtirilgan mashg'ulot- maxsus tuzilgan bosqichma-bosqich o'quv dasturi bo'yicha olib boriladigan, o'quv asboblari yoki dasturlashtirilgan darsliklar yordamida amalga oshiriladigan materialni nazorat ostida o'rganish.

Ta'lim - bu bolaning aqliy rivojlanishining, fikrlash, e'tibor, xotira va boshqa qobiliyatlarning yangi fazilatlarini shakllantirishning etakchi harakatlantiruvchi kuchi. Rivojlanishning rivojlanishi bilimlarni chuqur va uzoq vaqt davomida o'zlashtirish uchun shartga aylanadi. Bolaning eng yaqin rivojlanish zonasiga ishonish bilan ishlash bolaning qobiliyatlarini yanada aniqroq va to'liq ochib berishga imkon beradi. Bolaning eng yaqin rivojlanish zonasi deganda bola hali mustaqil ravishda qila olmaydigan harakatlar va vazifalar sohasi tushuniladi, ammo bu uning qo'lida va u o'qituvchining aniq rahbarligi bilan bardosh bera oladi. Bolaning kattalar yordami bilan bugun nima qilishi, ertaga bolaning ichki merosi bilan bog'liq bo'lib, uning yangi qobiliyati, qobiliyati, bilimi bo'ladi. Shunday qilib, o'rganish bolaning rivojlanishini rag'batlantiradi. Ta'limni rivojlantirish tizimidagi tartibga soluvchi rolni didaktik printsiplar yuqori qiyinchilik darajasida o'qitish, nazariy bilimlarning etakchi roli printsipi, tez o'qitish, bolaning ta'lim jarayonidan xabardorligi va boshqalar.

Rivojlanayotgan ta'limning tuzilishi o'quvchilarga maxsus bilimlarni, ko'nikmalarni egallashga, yangi echim sxemasini va yangi harakat usullarini yaratishga majbur qiladigan tobora murakkab vazifalarni o'z ichiga oladi. O'qitishning an'anaviy usulidan farqli o'laroq, rivojlanish treningida birinchi o'rin nafaqat ilgari olingan bilim va harakatlar usullarini yangilash, balki farazlarni ilgari surish, yangi g'oyalarni izlash va muammoni hal qilish uchun asl rejani ishlab chiqish, mustaqil tanlangan yangi ulanishlar yordamida echimni sinash usulini tanlashdir. ma'lum va noma'lum o'rtasidagi bog'liqliklar. Binobarin, o'quv jarayonida talaba ham intellektual, ham shaxsiy rivojlanishida yangi bosqichga ko'tariladi.

O'qituvchining vazifasi kognitiv mustaqillikni shakllantirish, qobiliyatlarni rivojlantirish va shakllantirish, faol hayotiy pozitsiyani shakllantirishga qaratilgan o'quv faoliyatini tashkil etishdir.

Ta'limni rivojlantirish o'quvchini turli tadbirlarga jalb qilish orqali amalga oshiriladi.

O'quvchini o'quv faoliyatiga jalb qilgan holda, o'qituvchi eng yaqin bolani rivojlantirish zonasini hisobga olgan holda pedagogik ta'sirni bilim, ko'nikmalarning paydo bo'lishi va yaxshilanishiga yo'naltiradi.

Rivojlantiruvchi ta'limning markaziy elementi bolaning mustaqil ta'lim va kognitiv faoliyati bo'lib, u bolaning o'qitish jarayonida o'z harakatlarini ongli maqsadga muvofiq tartibga solish qobiliyatiga asoslanadi.

Rivojlantiruvchi ta'limning mohiyati shundaki, talaba aniq bilim, ko'nikma va ko'nikmalarni o'rganadi, shuningdek, harakat usullarini puxta egallaydi, o'zining ta'lim faoliyatini loyihalashtirish va boshqarishni o'rganadi.

Nazorat savollari

4. Dasturlashtirilgan o'qitish texnologiyasi tushunchasi.
5. Dasturlashtirilgan o'qitish texnologiyasi yaratilish tarixi
6. Dasturlashtirilgan o'qitish texnologiyasi bo'yicha mashg'ulotni olib boorish.
7. Dasturlashtirilgan o'qitish texnologiyasi tamoillari
8. Qayta aloqa tamoyili.
9. Boshqarish qurilmalarining muayyan bosqichliligi (ierarxiya) tamoyili.
10. Programmalashtirilgan o'quv materialini uzatish uchun maxsus texnik vositalardan foydalanish tamoyili.
11. O'quv materialini yoritish va uzatishda amalga oshiriladigan odimlovchi texnologik jarayon tamoyili.
12. Bilimlarni to'la o'zlashtirish texnologiyasi.
13. Zamonaviy ta'limda dasturlashtirilgan ta'lim

2.Ilovalar

B/B/B jadvali

BILAMAN	BILMOQCHIMAN	BILIB OLDIM

O'zining ta'lim-tarbiyaviy imkoniyatlarini namoyish etgan holda, har bir o'quvchi qalbiga yo'l topadi.

O'z ijodkorligini va pedagogik mahoratini namoyish qiladi.

O'qituvchi o'quvchilar bilan muomalaga kirishish asosida:

Sharqona udum va urf-odatlarimiz asosida barkamol shaxsni shakllantiradi.

Yosh avlodni milliy mafkuramiz va milliy madaniyatimiz ruhida tarbiyalaydi.

Klaster

Venn diagrammasi

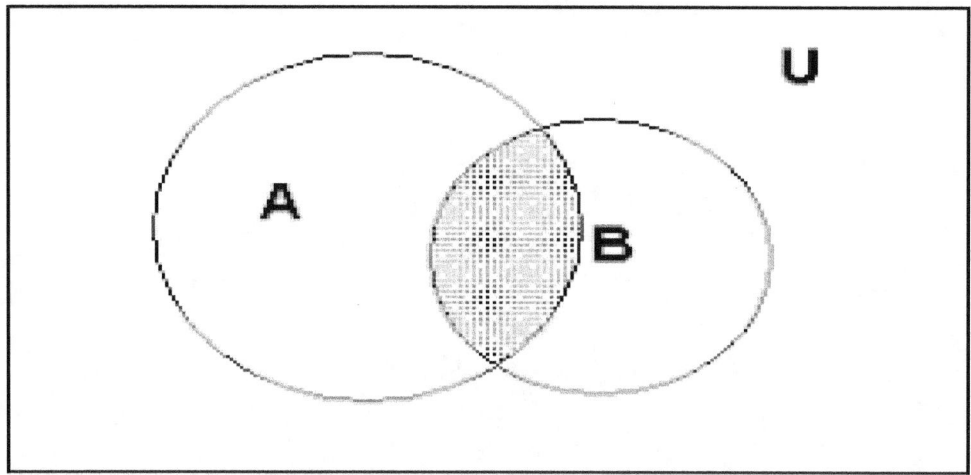

YOSH O'QITUVCHI AMAL QILISHI LOZM BO'LGAN XUSHMUOMALALIK MEZONLARI
O'quvchilarga og'zaki ta'sir qilishda shirinsuxanlik va insoniylik tuyg'ularini namoyish etish
So'z bilan og'zaki ta'sir etishning barcha bosqichlarida hissiy osoyishtalikning namoyon bo'lishi
O'zaro fikr almashishga doir sifatlar, ko'nikmalar va malakalarning mavjudligi
O'quvchilarning ta'lim va bilim olishga bolgan ishtiyoqini kuchaytirish
Mustaqil fikr yuritish o'z fikrini erkin bayon eta olish, insoniy qadr-qimmat tuyg'usini shakllantirish

O'QUVCHILARGA PEDAGOGIK TA'SIR KO'RSATISHDA O'QITUVCHI AMAL QILADIGAN QOIDALAR

- Tarbiyaning aniq bir maqsadga qaralilganligi
- Tarbiyaning hayotiy faoliyat bilan bog'liq hodisa ekanligi
- Shaxsni jamoada tarbiyalanishida o'ziga xos xususiyatlarini e'tiborga olish
- Tarbiyalanuvchi shaxsga nisbatan talabchan bo'lish va uning sh&xsini hurmat qilish
- Tarbiyalanuvchining yosh va o'ziga xos xususiyatlarini hisobga olishi
- Tarbiyaviy ishlarning izchilligi va muntazam olib borilshini ta'minlash

3. GLOSSARIY

Akademik qobiliyatlar-matematika, fizika, biologiya, ona tili, adabiyot, tarix va boshqa shu kabi fanlar sohasiga xos qobiliyatlardir.

Axloq — shaxsning jamiyatga va boshqa kishilaiga nisbatan burchini belgilab beruvchi me'yorlar tizimi, ma'naviy xulq qoidalari, u ijtimoiy ong shakllaridan biridir.

"Autogen trenirovka" "Auto – o'z-o'ziga ta'sir" ma'nosini bildirib, o'qituvchi o'z–o'ziga ta'sir o'tkazgan holda kasbiy faoliyatida duch keladigan qiyinchiliklarni yengib borishi mumkin.

Boshlovchi - o'qituvchi o'yinni lozim topgan oqimga yo'llab turadi, uning a'zolari faolligini ta'minlab turadi, munozaraning to'g'riligini kuzatadi, unga yakun yasaydi.

Dars- bevosita o'qituvchi rahbarligida aniq belgilangan vaqt davomida muayyan talabalar guruhi bilan olib boriladigan talim jarayonining asosiy shakli hisoblanadi

Didaktik- fan materialini qayta ishlash qobiliyati va o'qitishning samarali usullari tizimini qo'llash va rivojlantirish;

Didaktika — pedagogikaning tarmog'i. Ta'lim-tarbiya nazariyasi, ya'ni maqsadlari, mazmuni, qonuniyatlari, tamoyillarini ishlab chiqish bilan shug'ullanadi.

Ekspert — talabalar munozara ishtirokchilariga baho beradi, guruhga va uning a'zolariga quyidagi me'yorlarga asoslangan holda baho qo'yadi:

Etiqod — shaxs amal qiladigan bilim, tam oyil va ideallarning haqqoniyligiga qalban va asosli ishonch bilan bog'langan, uning atrof-muhitga hamda o'zining xatti-harakatlariga boMgan subyektiv munosabati.

Faoliyatni refleksiv baholash -faoliyatni baholash va refleksiv tahlil

Ikki raqobatbardosh -7-10 kishidan iborat guruhlar yuqoridagi savollar bo'yicha munozaraga kirishadilar.

Korreksiyalash- ijodiy bosqich bo'lib, o'z pedagogik faoliyatini nazariy jihatdan anglash va baholash asosida takomillashtirish va hamkasblarining samarali pedagogik tajribalaridan ijodiy foydalanish yo'llari va usullari belgilanadi.

Kreativlik -yaratish

Loyihalashtirish (rejalashtirish)- o'quvchilarning o'quv faoliyatini boshqarish dasturini yaratish bo'lib, u darsga tayyorlanishning yakuniy bosqichi hisoblanadi.

Madaniyat- inson faoliyati va shu faolliyatning ahamiyatini belgilovchi ramziy qurilmalar va asarlar majmuidir.

Maqsadli loyihalashtirish-tahlil va o'z–o'zini tahlil qilishdan maqsadni aniqlashtirish

Mazmunli – diagnostik (tayyorlov - moslashuv)

Moslashuvchanlik- turli g'oyalarni o'ylab topish ko'nikmasi o'zgartirish degan so'zga asoslanadi.

Muammoli vaziyat - o'quv vaziyati boMib, u mashaqqat bilan hal qilinadigan masala tufayli yuzaga keladi

Muomala- Kishilar bilan munosabat, so'zlashuv, shunday munosabat yo'sini.

Nutq — tilning fikr ifodalash va almashish jarayonlarida amal qilishi, tilning alohida ijtimoiy faoliyat turi sifatidagi muayyan yashash shakli.

Nutq qobilyat–kishining o'z tuyg'u-hislarini nutq yordamida, shu bilan birga mimika va pantomimika yordamida aniq va ravshan qilib ifodalab berish qobiliyatidir.

Odob- (arabcha — "adab,, so'zining ko'pligi) — jamiyatda e'tirof etilgan xulq normasi.

Pedagogik tashxislash-pedagogik tizimni (shuningdek uning alohida tarkibiy qismlarini) tadqiq qilish metodlarining jamlanmasini tushunamiz, ulardan foydalanish samaradorligi ma'lum tashkiliy– pedagogik shart – sharoitlar bilan bog'liq holda shakllanadi.

Perseptiv qobiliyat — o'quvchining ruhiy holatini his qilish, tushuna olish orqali yuzaga chiqariluvchi qobiliyat.

Pedagogik introspektsiya-bu jarayonni va birgalikdagi faoliyat natijalarini baholashda va kelgusida ishlash istiqbollarini belgilashda ishtirok etadigan talabalar bilan aloqalarni o'rnatishga yordam beradi.

Pedagogik hayol-bu kishining o'quvchilar shaxsini tarbiyaviy tomondan loyihalashtirishda o'z ish-harakatlarining natijasini oldindan ko'ra bilishida namoyon bo'ladigan maxsus qobiliyatidir.

Ravonlik- ko'plab g'oyalarni o'ylab topish ko'nikmasi ko'p degan so'zga asoslanadi.

Refleksiya – bu insonning uzluksiz hayot jarayonini go'yo bir daqiqaga to'xtatib, uzib qo'yadi va insonni xayolan uning sarhadlaridan olib chiqib ketadi, shu vaziyatda insonning har bir harakati hayot haqidagi falsafiy fikr-mulohazalari muayyan bir xarakter kasb etadi».

Tarbiya — 1) shaxsning m a'naviy va jismoniy holatiga muntazam va maqsadga muvofiq ta'sir etish; 2) pedagogik jarayonda ta'lim maqsadlarini amalga oshirish uchun pedagog va taibiyalanuvchilaming maxsus tashkil etilgan faoliyati.

Texnologik -kasbiy pedagogik faoliyat jarayonini va o'z–o'zini tahlil qilish

Yaratuvchanlik- g'oyalarni kengaytirish ko'nikmasi qo'shish degan so'zga asoslanadi.

O'qitish - ta'lim oluvchining bilish faoliyatini boshqarishga qaratilgan' o'qituvchining faoliyati.

Shaxs dinamizmi - ixtiyoriy ta'sir qilish va mantiqiy ishontirish qobiliyati

4. NAZORAT SAVOLLARI.

1. Pedagogik texnologiyalarni kelib chiqish zaruratiga sabab nima edi?
2. «Pedagogik texnologiyalar va pedagogik mahorat» fanining mazmunini aytib bering.
3. «Pedagogik texnologiyalar va pedagogik mahorat» fanining maqsadi nima?
4. «Pedagogik texnologiyalar va pedagogik mahorat» fanining predmeti nima hisoblanadi?
5. «Pedagogik texnologiyalar va pedagogik mahorat» fanining vazifalari qaysilar?
6. Pedagogik texnologiyalarning oʻziga xos xususiyatlari haqida ayting.
7. Anʼanaviy oʻqitish usulida taʼlim maqsadi nima?
8. Pedagogik texnologiya nazariyasi va amaliyotining qonuniyat va printsiplarini ayting?
9. Pedagogik texnologiya asosan oʻz ichiga qanday omillarni oladi?
10. Kadrlar tayyorlash milliy dasturi oʻz oldiga qanday maqsad va vazifalarni qoʻygan?
11. Qobiliyat haqida tushuncha.
12. Shaxs qobiliyatining talant, isteʼdod, talant, mayllar va qiziqishlar bilan bogʻliqligi haqida.
13. Oʻquvchilar qobiliyatini tashxis qilish haqida
14. Pedagogik qobiliyat va uning tarkibi haqida tushuncha.
15. Qobiliyatni tarkib toptirishga individual yondoshish masalalari haqida.
16. Pedagogik qobiliyatlarni rivojlantiruvishda psixotreningni oʻrni.
17. Diqqatni taqsimlay olish qobiliyati haqida tushuncha.
18. Muomala va muloqot oʻrnatish qobiliyati.
19. Persteptiv qobiliyatlarga misollar keltiring va tushuntirib bering.
20. Pedagogik qobiliyatning asosiy sifatlari va xususiyatlariga taʼrif bering.
21. Oʻqituvchining kommunikativ qobiliyati deganda nimani tushunasiz?
22. Oʻqituvchining fikr almashuvi bilan bogʻliq xususiyatlarini taʼriflang?
23. Tarbiyaviy jarayonda taqlid qilishning ahamiyati haqida fikringiz?
24. Oʻquvchi ongiga taʼsir etishning asosiy manbalarini belgilang?
25. "Pedagogik taʼsir koʻrsatish" iborasini izohlab bering?
26. Oʻzbekiston Respublikasida yosh avlod tarbiyasidan asosiy maqsad nimada?
27. Pedagogik taʼsir koʻrsatishning asosiy usullariga taʼrif bering?
28. Sinf jamoasi bilan boʻlgʻusi muloqotga tayyorgarlik shartmi?
29. Pedagogik munosabatda muvaffaqiyat garovi nimalardan iborat?
30. Xushmuomalalikda yosh oʻqituvchi amal qiladigan mezonlan taʼriflang?
31. Soʻz bilan ogʻzaki taʼsir oʻtkazish komponentlari haqida mulohazalaringizni bildiring?
32. Muomila madaniyati deganda nimani tushunasiz?
33. Oʻqituvchining oʻquvchilar bilan muloqot madaniyati individual uslublarini shakllantirish metodikasi qaysi bosqichlarni oʻz ichiga oladi?

34. O'qituvchi muloqot madaniyati asosida faoliyat olib borgan taqdirda ham, o'quvchilar jamoasi orasida turli tushunmovchiliklar, ziddiyatlar paydo bo'lishi tabiiy hol. Bunday vaziyatda o'qituvchi qanday yo'l tutushi kerak?
35. O'zbekistonda ta'lim-tarbiya va pedagogik muloqotning o'ziga xos an'analari, milliyligimizga mos shakl va metodlari mavjudligi to'g'risida I.A.Karimov asarlarida qanday fikrlar bildirilgan?
36. O'qituvchi bilan o'quvchining muloqotda ziddiyatlarni keltirib chiqaruvchi omillarga nimalar kiradi?
37. O'qituvchi faoliyatini muvaffaqiyatga yo'naltiruvchi eng muhim vosita nima?
38. Buyuk ajdodlarimizdan kimlarning boy meroslaridan va boshqa Sharq va g'arb donishmandlarining boy meroslarida farzandlarni tarbiyalash va kamolotga yetkazish asosiy muammo sifatida targ'ib qilingan?
39. Mudarrislar barkamol va tarbiyalangan insonning o'nta nishonasi borligini alohida ta'kidlashgan. Ularni sanab bering.
40. O'qituvchi "so'z aytishdan avval, har daqiqada so'z ortidan keladigan oqibatlarni o'ylashi kerak". Ushbu fikr kimga tegishli?
41. Alisher Navoiy adabiy meroslarida muomala madaniyati, xushmuomalalik, tilning ahamiyati to'g'risida, shirinso'zlik haqida qanday fikrlarni bayon qilgan?
42. Pedagogik nazokat deganda nimani tushunasiz?
43. Pedagogik nazokatning hozirgi kunda muvaffaqiyat poydevori hisoblangan xususiyatlariga nimalar kiradi?
44. Pedagogik nazokatning uzluksizligini ta'minlovchi omillarga nimalar kiradi?
45. Dilkashlikka tarif bering.
46. Pedagogik nazokatning asosiy xususiyatiga nimalar kiradi?
47. Ekstravert shaxslarga tarif bering.
48. Pedagogik takt deganda nimani tushunasiz?
49. Introvert shaxslar deb qanday insonlarga tarif beriladi?
50. Yosh avlod tarbiyasida o'qituvchi eng qiyin vaziyatlarda o'zini qanday tuta bilishi kerak?
51. Pedagogik kommunikatsiyaning o'qituvchi kasbiy faoliyatidagi ahamiyati nimadalardan iborat?
52. O'qituvchining pedagogik texnikasi qanday ko'nikma va malakalardan iborat?
53. Pedagogik texnika tushunchasi ikki guruhga bo'linib o'rganiladi, ularga ta'rif bering?
54. Pedagogik texnikaning muhim hususiyatlari nimalardan iborat?
55. "O'qituvchi–murabbiy professiogrammasi"da talqin etilgan pedagogik hislatlari?
56. O'qituvchi harakatlarida aktyorlikka xos xususiyatlarga ta'rif bering?
57. T. Sodiqovaning falsafiy fikri: pedagogik texnika va "murabbiylik shartlari"ga o'z mulohazalaringizni bildiring?
58. O'qituvchining tashqi ko'rinishida pedagogik texnikaning qanday holatlari muhim ahamiyat kasb etadi?
59. O'qituvchining pedagogik faoliyatida mimik va pantomimik harakatlar qanday ahamiyatga ega?

60. O'qituvchining o'z hissiy holatlarini nazorat qilishida qanday faoliyat turlari muhim rol o'ynaydi?
61. Yosh o'qituvchilar o'z shaxsiy pedagogik texnikasini takomillashtirish uchun nimalarga e'tibor berishlari lozim?
62. Pedagogik texnikaning ko'nikma va malakalarini takomillashtirish jarayoni?
63. Notiqlik san'atining paydo bo'lishi tarixi?
64. Sharq mutafakkirlarining notiqlik san'ati haqidagi fikrlari?
65. Nutq texnikasida nutqning asosiy xususiyatlari nimalardan iborat?
66. Nutqning to'g'riligi va ravonligi, aniqligi va ta'sirchanligiga ta'rif bering?
67. Nutqning mantiqiyligi deganda nimani tushunasiz?
68. Til va nutq bir–biridan qanday farqlanadi: ularning qiyosiy tahlili?
69. O'qituvchi nutqiy faoliyatining komponentlari nima, ularni izohlang?
70. O'qituvchining nutq madaniyatini rivojlantirish vositalari?
71. Nutning ta'sirchanligi va ifodaliligi qanday namoyon bo'lishini ta'riflab bering?
72. Tajribali o'qituvchi nutqida namoyon bo'luvchi holatlar?
73. O'qituvchi nutqining funksiyalarini izohlab bering?
74. Bo'lajak o'qituvchi nutqiy faoliyatini qanday takomillashtirishi mumkin?
75. Pertseptiv fazilatlar haqida nimalarni bilasiz?
76. Dars jarayonini baholashda nimalar asosiy omillar hisoblanadi?
77. Darsning qanday shakllari mavjud ?
78. Talim jarayonida o'qituvchiga qo'yiladigan talablar?
79. Kreativlik nima?
80. O'qituvchining talim jarayonida kasbiy omilkorligi qanday?
81. Oliy ta'lim tizimida ta'limning qanday tashkiliy shakllari qo'llanilmoqda?
82. K. D. Ushinskiyning fikri qanday edi?
83. Pedagog so'zining ma'nosi?
84. Darsning didaktik vazifasini bajarish ko'rsatkichlarini ayting?
85. Qadimgi Rim faylasuflarining refleksiya to'g'risidagi qarashlari?
86. Refleksiyaga hozirgi zamon fanlari nuqtai nazaridan ta'rif?
87. Pedagogika va psixologiya fanlarining refleksiyaga nisbatan mulohazalari?
88. Refleksiyaga taniqli olimlar qanday ta'rif berishgan?
89. I.N. Semyonov refleksiyaning qaysi turlarini sharhlab bergan?
90. Pedagogik refleksiyaga ta'rif bering?
91. O'qituvchi o'z-o'zini kasbiy jihatdan qanday takomillashtiradi?
92. Pedagogikada "refleksiya" tushunchasiga qanday g'oyalar nuqtai – nazaridan yondashiladi?
93. Pedagogik diagnostikaning mazmun-mohiyatiga va funksiyasiga ta'rif bering?
94. O'qituvchining kasbiy professiogrammasi asosida, uning mahoratini aniqlash?
95. O'qituvchi pedagogik mahoratining diagnostik dasturini ta'riflang?
96. Yosh o'qituvchilar duch keladigan didaktik qiyinchiliklarni bartaraf etish muammolari?

97. Innovatsion faoliyatining nazariy omillari.
98. O'qituvchining innovatsion faoliyati tuzilmasi.
99. O'qituvchining innovatsion faoliyatini shakllantirish shartlari.
100. Ixtiro qilish, ya'ni yangilik yaratish bosqichi nima?
101. Yaratilgan yangilikni amalda qo'llay bilish bosqichi nima?
102. Yangilikni yoyish, uni kengtadbiq etish bosqichi nima?
103. Muayyan sohada yangilikning hukmronlik qilish bosqichi nima?
104. Pedagogik texnologiyalarning ilmiy asoslari.
105. Muammoli o'qitish texnologiyasi.
106. Tushunchalarni shakllantirish nazariyasi nima?
107. Psixikaning rivojlanishini biologik nasl (genetik) kodi orqali aniqlash mumkin bo'lgan, tashqi muhit irsiyatdan o'tganlarni qo'llaydi degan taxminni ilgari suruvchi biogen texnologiya nima?
108. Shaxsning ijtimoiy muhit ta'sirida shakllangan sifatlarini ayting?
109. Insonning tajribalari asosida o'z-o'zini takomillashtirishini ko'rsatuvchi rivojlanishning psixologik natijalari.
110. Shaxs va uning sifatlari paydo bo'lganligini o'ziga xos e'tirof etuvchi idealistik qarashlar.
111. Falsafiy-pedagogik ilmiy konsepsiyalar.
112. Alternativ falsafiy asoslar nima?
113. Ta'lim jarayonini amalga oshirish va baholashni rejalashtirishda qandaymezonlarga tayaniladi?
114. Ta'limda o'yinli mashg'ulotlardan foydalanish maqsad va vazifalari haqida tushunchalaringizni ta'riflang?
115. Didaktik o'yinli mashg'ulotlarning o'ziga xos xususiyatlari nimada?
116. O'qitishning faol pedagogik texnologiyalari.
117. «Vakolatli ta'lim» texnologiyasi nechanchi yillarda shakllandi?
118. Loyihaviy topshiriqlar haqida so'zlab bering?
119. Oliy ta'limda muassasalarida oqitishda o'yinli texnologiyalar.
120. Tanqidiy fikrlashni o'stiruvchi faol rnetodlar.
121. Mualliflik texnologiyasi.
122. An'anaviy yondashuvning asosiy xususiyati nimada?
123. Pedagogik tizim nimalardan iborat?
124. O'qitishni tabaqalashtirish.
125. O'qitishning individuallashtirish texnologiyasi.
126. Masofaviy o'qitish texnologiyasi.
127. Masofaviy o'qitishning o'ziga xos tamoyillari
128. Boshlang'ich bilimlar tamoyiliIndividuallik tamoyili
129. Identifikatsion tamoyil
130. O'qitish reglamenti tamoyili.
131. Ta'limning oshkoralik va o'zgaruvchanligini ta'minlash tamoyili.
132. Yangi axborot texnologiva vositalarini qo'llashning pedagogik maqsadliligi tamoyili.
133. Dasturlashtirilgan o'qitish texnologiyasi tushunchasi.
134. Dasturlashtirilgan o'qitish texnologiyasi yaratilish tarixi

135. Dasturlashtirilgan o'qitish texnologiyasi bo'yicha mashg'ulotni olib boorish.
136. Dasturlashtirilgan o'qitish texnologiyasi tamoillari
137. Qayta aloqa tamoyili.
138. Boshqarish qurilmalarining muayyan bosqichliligi (ierarxiya) tamoyili.
139. Programmalashtirilgan o'quv materialini uzatish uchun maxsus texnik vositalardan foydalanish tamoyili.
140. O'quv materialini yoritish va uzatishda amalga oshiriladigan odimlovchi texnologik jarayon tamoyili.
141. Bilimlarni to'la o'zlashtirish texnologiyasi.
142. Zamonaviy ta'limda dasturlashtirilgan ta'lim
143. Tabaqalashtirilgan darajadagi texnologiya: individual o'ziga hosliklari, yoshi, qiziqishlari, aqliy rivojlanish darajasi, sog'lomlik darajasi deganda nimani tushunasiz?
144. Individual ta'lim texnologiyasi nima?
145. Axborot texnologiyalari: ta'limiy va nazorat qiluvchi dasturlar haqida nimalar bilasiz?
146. Ta'limning jamoaviy va guruhiy texnologiyasini tushuntirib bering?
147. Klaster tuzish qoidasini tushuntirib bering?
148. "Qanday?" diagrammasi tuzish qoidasini tushuntirib bering?
149. Savolni to`g`ri ifoda qilish uchun bir qancha tavsiyalarni ayting?
150. Individual ta'lim texnologiyasining maqsadi.

5. TEST TOPSHIRIQLARI

1. «Pedagogik texnologiya» jurnali birinchi nashri qaysi davlatda chop etilgan?
   A. Anglya
   B. Ispaniya
   C. Xitoy
   D. AQSH

2. «Pedagogik texnologiya» jurnali birinchi nashri nechanchi yilda chop etilgan?
   A. 1961 yil
   B. 1962 yil
   C. 1981 yil
   D. 2022 yil

3. Rossiya Federatsiyasida 1997 yildan boshlab qaysi nomdagi jurnali ta'sis etila boshlagan?

   A. "Maktab texnologiyalari"
   B. "Pedagogik texnologiya"
   C. "Kim edigu kim bo'ldik?"
   D. "Hayot yutqazgan joyingdan boshlanadi"

4. «Pedagogik texnologiya va pedagogik mahorat» fanining metodologik asosini nimalar tashkil qiladi?

   A. O'zbekiston respublikasi Konstitustiyasi, «Kadrlar tayyorlash Milliy dasturi», «Ta'lim to'g'risida»gi qonun, hukumatimiz tomonidan chiqarilgan qonun va farmonlar hamda pedagogika tashkil etadi.
   B. O'zbekiston respublikasi Konstitustiyasi.
   C. «Kadrlar tayyorlash Milliy dasturi».
   D. «Ta'lim to'g'risida»gi qonun.

5. Printsip - lotincha so'zdan olingan bo'lib qanday ma'noni anglatadi?

   A. Printsip - lotincha «boshlanish" degan ma'noni anglatadi.
   B. Printsip - lotincha «yakunlash" degan ma'noni anglatadi.
   C. Printsip - lotincha « printsip" degan ma'noni anglatadi.
   D. Printsip - lotincha « usul" degan ma'noni anglatadi.

6. "... O'qituvchi bolalarimizga zamonaviy bilim bersin, deb talab qilamiz, ammo zamonaviy murabbiyning o'zi ana shunday bilimga ega bo'lishi kerak" jumlasi kimga tegishli?
   A. I.A. Karimov

B. B.G. Ananev
C. SH.M. Mirziyoyev
D. B.M. Teplov

7. Qobiliyatlar o'zi nima?
   A. Inson ruhiyatining xususiyati bo'lib, u barcha psixik jarayonlar va holatlarning yig'indisi sifatida tushuniladi;
   B. insonni turli faoliyat yo'nalishlarda muvaffaqiyatini ta'minlaydi;
   C. o'quv materialini o'quvchilarga tushunarli, aniq, yoshiga mos holda o'qitish, ta'limga qiziqishni uyg'otish, ularda mustaqil fikrlashni shakllantirish;
   D. o'quvchining ichki duyosiga kira olish qobiliyati, psixologik kuzatuvchanlik, uning psixologik holatini to'g'ri anglay olish;

8. Shaxsiy qobiliyatlarni kimlar tadqiq etgan?
   A. N.V. Kuzmina
   B. N. Kuzmina
   C. F.N. Gonobolin
   D. Barcha javoblar to'g'ri

9. Texnik qobiliyatlar muammosi bilan kim shug'ullangan?
   A. M.G. Davletshin
   B. N.V. Kuzmina
   C. N. Kuzmina
   D. F.N. Gonobolin

10. Bolalarga o'quv materialini aniq va ravshan tushuntirib oson qilib yetkazib berish, bolalarda fanga qiziqish uyg'otib, ularda mustaqil faol fikirlashni uyg'ota oladigan qobiliyat nima deyiladi?
    A. Didaktik qobiliyat
    B. Akademik qobiliyat
    C. Pretseptiv qobiliyat
    D. Nutq qobiliyati

11. O'quvchining, tarbiyalanuvchining ichki dunyosiga kira bilish, psixologik kuzatuvchanlik, o'quvchi shaxsning vaqtinchalik psixik holatlari bilan bog'liq nozik tomonlarini tushuna bilishdan iborat qobiliyat nima deyiladi?
    A. Pretseptiv qobiliyat
    B. Didaktik qobiliyat

C. Akademik qobiliyat
D. Nutq qobiliyati

12. Kishining o'z tuyg'u-hislarini nutq yordamida, shu bilan birga mimika va pantomimika yordamida aniq va ravshan qilib ifodalab berish qobiliyat nima deyiladi?
    A. Nutq qobiliyati
    B. Pretseptiv qobiliyat
    C. Didaktik qobiliyat
    D. Akademik qobiliyat

13. O'quvchilarga bevosita emostional-irodaviy ta'sir etib, ularda obro' orttira bilishdan iborat qobiliyat nima deyiladi?
    A. Obro'-nufuzga ega bo'lish qobiliyati
    B. Pretseptiv qobiliyat
    C. Didaktik qobiliyat
    D. Akademik qobiliyat

14. Bolalar bilan muloqotda bo'lishga, o'quvchilarga yondashish uchun to'g'ri yo'l topa bilishga, o'quvchilarga yondashish uchun to'g'ri yo'l topa bilishga, ular bilan pedagogik nuqtai-nazardan maqsadga muvofiq o'zaro aloqa bog'lashga pedagogik taktning mavjudligiga qaratilgan qobiliyat nima deyiladi?
    A. Muomala va muloqot o'rnatish qobiliyati
    B. Obro'-nufuzga ega bo'lish qobiliyati
    C. Pretseptiv qobiliyat
    D. Didaktik qobiliyat

15. …………bu qobiliyat bir vaqtning o'zida diqqatni bir qancha faoliyatga qarata olishda namoyon bo'lib, o'qituvchi ishida g'oyat muhim ahamiyatga egadir.
    A. Diqqatni taqsimlay olish qobiliyati
    B. Muomala va muloqot o'rnatish qobiliyati
    C. Obro'-nufuzga ega bo'lish qobiliyati
    D. Pretseptiv qobiliyat

16. O'qituvchi "so'z aytishdan avval, har daqiqada so'z ortidan keladigan oqibatlarni o'yla"shi kerak. Ushbu fikr kimga tegishli?
    A. A.Navoiy
    B. I.P.Pavlov

C. Rolf Emerson
D. Isak nyuton

17. Alisher Navoiy adabiy meroslarida muomala madaniyati, xushmuomalalik, tilning ahamiyati to'g'risida, shirinso'zlik haqida quyidagi fikrlardan qaysi birini fikrlarni bayon qilgan?
    A. So'z aytishdan avval, har daqiqada so'z ortidan keladigan oqibatlarni o'yla"shi kerak.
    B. Til shirinligi – ko'ngilga yoqimlidir, muloyimligi esa foydali. Shirin so'z sof ko'ngillar uchun acal kabi totlidir
    C. Nutq qudratli kuch: u ishontiradi, undaydi, majbur qiladi
    D. Til boyligi va notiqlik san'ati barcha zamonlarda yonma-yon yashab kelgan

18. "Nutq qudratli kuch: u ishontiradi, undaydi, majbur qiladi" ushbu fikr kimga tegishlik?
    A. A.Navoiy
    B. Rolf Emerson
    C. I.P.Pavlov
    D. Isak nyuton

19. "Tilning xalq o'tmishi, hozirgi va kelajak avlodni buyuk bir yaxlitlikka, tarixiy, jonli bir jipslikka aylantiruvchi eng hayotiy, eng boy va eng mustahkam vosita" ushbu fikrlar kimga tegishlik?
    A. A.P.Chexov
    B. K.D. Ushinskiy
    C. Rolf Emerson
    D. I.P.Pavlov

20. Kishilarning bir-birlari bilan o'zaro munosabatlarida shirinsuxanlik, go'zallik, so'zlashuv ohangidagi muloyimlik nima deb nomlanadi?
    E. Hushmuomilalik
    F. Muosharat odobi
    G. Notiqlik
    H. Suhandonlik

21. Ta'lim muassasalarida o'qituvchi tomonidan o'zaro muloqot asosida olib boriladigan quyidagi xususiyatlar negizida o'quvchilarda muloqot orqali ma'naviy madaniyatni shakllantirish **mezonlari** qaysi qatorda to'g'ri ifodalangan?
    A. har bir insonning qiziqishlarini ko'ra bilish, his etish va hurmat qilish; inson hayotida mehnatning o'rnini to'g'ri tushunish;
    B. milliy-ma'naviy madaniyat manbalarini o'rganish, o'zligini anglashga ehtiyoj;

C. insonparvarlik, mehr-oqibat, iymon, e'tiqod, milliy qadriyatlarni e'zozlash;
D. barcha javoblar to'g'ri

22. O'qituvchining muloqoti asosida o'quvchilar ma'naviy madaniyatini shakllantirish jarayoniga ta'sir etuvchi quyidagi omillardan qaysilari muhim ahamiyatga ega?
A. Ma'naviy harakat omili
B. Ijodkorlik
C. O'qituvchining muloqot olib borish psixologik taktikasi omillari
D. Barcha javoblar to'g'ri

23. O'qituvchi muloqot asosida *o'quvchilarda ham ijodkorlik omilini* takomillashtirib boradi. O'quvchida uning sifatlari quyidagi qaysi belgilar bilan namoyon bo'ladi?
A. o'rganilayotgan fanlar asoslarini egallashga ijobiy munosabat;
B. ma'naviy madaniyat saviyasi, dunyoqarashi;
C. tashabbuskorligi va ijodkorligi.
D. barcha javoblar to'g'ri

24. Pedagogik texnologiya nima?

A. ta'lim texnologiyasi
B. ta'limot texnologiyasi
C. ish texnologiyasi
D. bilim texnologiyasi

25. Axborotli texnologiya nima?

A. pedagogik texnologiyaning tarkibiy qismi
B. nazorat turlari (joriy, oraliq, yakuniy)
C. o'zaro ta'sirlar
D. pedagogikada monitoring

26. Pedagogik texnologiyani asosiy maqsadi nimalardan iborat?

A. takomillashtirish yoki o'quvchilarning bilish faoliyatini rivojlantirishdan
B. o'quvchiga qo'yib borilgan baholarni predmet bo'yicha umumiy bahoga birlashtirish qoidalaridan
C. o'quv jarayonini uzluksiz, uzoq vaqt muttassil kuzatish va uni boshqarishdan
D. o'quvchilarning bilish faoliyatini rivojlantirishdan

27. Pedagog modeli nimalardan iborat?

A. ta'lim berish mahorati, ta'lim oluvchilarning bilimlarini xolisona baholay olish, ilmiy-tadqiqot ishlarini olib ---borish, o'z bilim va mahoratini doimiy ravishda oshirib borish
B. ta'lim oluvchilarning bilimlarini xolisona baholay olish, talabchanlik va adolatlilik
C. ilmiy-tadkikot ishlarini olib borish, u bilim va mahoratini doimiy ravishda oshirib borish
D. o'z bilim va mahoratini doimiy ravishda oshirib borish, ta'lim oluvchilarning bilimlarini xolisona baholay olish

28. Pedagogik texnologiyaning asosiy vazifasi nima?

A. o'quv jarayonini mazmunli amalga oshirish va rivojlantirish
B. o'quv jarayonini mazmunli rivojlantirish
C. o'quv jarayonini vaqt doirasida olib borish
D. o'quv jarayonini mazmunli amalga oshirish

29. Pedagogik texnologiyani bugungi kundagi ahamiyati qanday?

A. sohadagi nazariy va amaliy izlanishlarni birlashtirish doirasidagi faoliyatni aks ettiradi
B. pedagogikada monitoringda
C. ta'limning baholash shkalasida
D. o'quv jarayonini uzluksizligida

30. Pedagogik texnologiyada axborot texnologiyalarni o'rni qanday?

A. boshqarish imkoniyati tug'iladi va u o'qituvchining yaqin ko'makdoshiga aylandi hamda uning funktsiyalarini qisman o'z zimmasiga oladi
B. ijodiy yondashuvda
C. o'zaro ta'sirlarda
D. pedagogikada monitoringda

31. An'anaviy yondashuvning asosiy xususiyati nimada?

A. gapirib berish, tushuntirish, talaba esa bu axborotni xotirada saqlaydi
B. ijodiy yondashuv
C. nazorat turlari (joriy, oraliq, yakuniy)
D. o'zaro ta'sirlar

32. «Tizim» so'zi haqida tushuncha?

A. qismlardan tuzilgan, birikkan yaxlit narsa yoki hodisa
B. gaplarni yozib, saqlab olish
C. ijodiy yondashuv

D. o'quvchilarning bilish faoliyatini rivojlantirish

33. Pedagogik tizim nimalardan iborat?

A. pedagogik jarayonning obьektlari va sub'ektlari, shakl - usullari, ular o'rtasidagi munosabatlar,o'zaro ta'sirlar hamda ularni boshqarishdan
B. o'quvchilarning bilish faoliyatini rivojlantirish
C. gaplarni yozib, saqlab olish, ijodiy yondashuv, bilim berishdan
D. tanqidiy-ijodiy yondashuv, o'zaro ta'sirlar

34. "Refleksiya- o'z–o'zini tahlil qilish bo'lib, o'z-o'zicha belgilangan maqsadga erishish emas, balki bilim olish, tajriba orttirish usuli, ijodga, kasbiy jihatdan takomillashishga nisbatan rag'batlantirishdir"- bu fikrlar kimga tegishli?
A. I.N. Semyonov
B. L.E. Pleskach
C. V.A. Suxomlinskiy
D. Tog'ri javob yo'q

35. O'z – o'zini tahlil qilishning qanday bosqichlari bor?
A. 3xil
B. 4xil
C. 5xil
D. 6xil

36. Refleksiya (lot. «reflexsio» - …………………..) ma'nosini toping?
A. Orqaga qaytish
B. Ilgarilash
C. Tushunish
D. A va B tog'ri

37. I.N. Semyonov refleksiyaning nechta turlarini sharhlab bergan?
A. 7 ta
B. 8ta c
C. 6 ta
D. 4ta

38. Kooperativ refleksiya nima?
A. Jamoa a'zolarining birgalikdagi o'zaro muntazam mehnat faoliyatlarini muvofiqlashtirish bilan bog'liq bo'lgan faoliyat.
B. Bu jarayonni va birgalikdagi faoliyat natijalarini baholashda va kelgusida ishlash istiqbollarini belgilashda ishtirok etadigan talabalar bilan aloqalarni o'rnatishga yordam beradi.
C. o'z–o'zini tahlil qilishning nazariy (pedagogik faoliyatning mohiyati, natijalari bilan pedagogik faoliyat jarayoni o'rtasidagi aloqalarning sabab va oqibatlarini nazariy anglash) bosqichi;

D. A va C tog'ri

39. Darsning noan'anaviy shakllari qaysilar?
A. Viktorina, davra suhbati, ertak ijrosi
B. davra suhbati, ochiq fikrlar, raqs
C. shahmat oʻyini, viktorina, fantaziya
D. toʻgʻri javob yoʻq

40. V. A. Suxomlinskiy pedagog shaxsga qanday ta'rif bergan?
A. oʻqituvchi tarbiyaning eng yaxshi quroli–axloq, fanini oʻzlashtirgandan keyingin pedagog boʻladi.
B. oʻqituvchi faylasuf olimdir
C. dono, zukko, serqirra shaxs.
D. barcha javoblar togʻri

41. Kreativ soʻzining ma'nosi qanday?
A. yaratuvchi,
B. soʻzlovchi
C. tinglovchi
D. d.b,c javoblar toʻgʻri

42. Ta'limning yordamchi shakllari qaysilar?
A. toʻgarak, praktikum, seminar,
B. konferensiya, maslahat (konsultatsiya),
C. c.a va b javoblar toʻgʻri
D. togʻri javob yoʻq

43. Interfaol usullarni aniqlang?
A. BBB, baliq skeleti
B. aqliy hujum, Insert jadvali
C. Venn diagrammasi, Konseptual jadval,
D. barcha javoblar togʻri

44. Kreativlikning otasi kim?
A. P.L Mechnikov
B. S.A Pavlov
C. Pol Torrans
D. d.Pol Tomas

45. .... - bevosita oʻqituvchi rahbarligida aniq belgilangan vaqt davomid muayyan talabalar guruhi bilan olib boriladigan talim jarayonining asosiy shak hisoblanadi
A. ahloq
B. dars
C. etika
D. c va a togʻri

46. Darsni baholashda nimalar hisobga olinadi?
A. ta'limning majburiy minimal mazmuniga qo'yiladigan talablar;
B. o'qituvchining imkoniyatlarini o'z-o'zini baholash;
C. talabaning individual qobiliyatlari va ehtiyojlarini diagnostikasi.
D. barchasi tog'ri

47. Darsning qanday shakllari bor?
A. labaratoriya, seminar
B. ma'ruza, laboratoriya-amaliy dars
C. c.a va b javoblari tog'ri
D. to'g'ri javob yo'q

48. ---------------- - og'zaki, visual, amaliy, reproduktiv, evristik, muammoli qidiruv, tadqiqot va boshqalar.
A. darsning mazmuni
B. darsning usullari
C. darsning amaliyoti.
D. darsning mazmuni, ahamiyati

49. Hozirgi kunda pedagogik texnika tushunchasi necha guruhga bo'lib o'rganiladi?
A. Ikkita
B. Uchta
C. to'rta
D. bitta

50. Psixolog olimlardan kimlar o'qituvchilarning individual kasbiy faoliyatini batafsil o'rganishib, o'qituvchining shaxsiy "Mehnat professiograimnasi"ni ishlab chiqqan?
A. M.G. Davletshin
B. S. Jalilova, R.Z.Gaynutdinov
C. Barcha javoblar to'g'ri
D. M.Abdullajonova

51. "Tarbiyachi tashkil etishni, yurishni, hazillashishni, quvnoq yoki jahldor bo'lishni bilishi lozim, u o'zini shunday tutishi kerakki, uning har bir harakati, yurish-turishi, kiyinishi bolalarni tarbiyalasin" –ushbu fikrlar muallifi kim?
A. A.S. Makarenko.
B. M.G. Davletshin
C. R.Z. Gaynutdinov
D. M. Abdullajonova

52. Pantomimik harakatlarni boshqarishda ham o'qituvchining muhim ahamiyatga ega bo'lgan xususiyatlariga nimalar kiradi?
A. individual pedagogik texnikasi
B. yoshi, jinsi, mijozi
C. fe'l-atvori, sihat-salomatligi
D. Barcha javoblar to'g'ri

53. PANTOMIMIKA-.........
A. Bu o'qituvchining gavdasi, qo'l, oyoq harakatini tartibga soluvchi uslubdir.
B. Bu o'z fikrlarini, kayfiyatini, holatini, hissiyotini qosh, ko'z va chehra muskullarining harakati bilan bayon qilish san'atidir.
C. Pedagogik texnika malakalari o'qituvchining maxsus fanlar bo'yicha bilimlarni egallash, pedagogik mahoratini takomillashtirishga intilishi
D. To'g'ri javob yo'q

54. MIMIKA-.........
A. Bu o'z fikrlarini, kayfiyatini, holatini, hissiyotini qosh, ko'z va chehra muskullarining harakati bilan bayon qilish san'atidir.
B. Pedagogik texnika malakalari o'qituvchining maxsus fanlar bo'yicha bilimlarni egallash, pedagogik mahoratini takomillashtirishga intilishi
C. To'g'ri javob yo'q
D. Bu o'qituvchining gavdasi, qo'l, oyoq harakatini tartibga soluvchi uslubdir.

55. O'qituvchining shaxsiy hislatlariga nimalar kiradi?
A. bolalarni sevishi
B. kamtarligi, dilkashligi,
C. mehnatsevarligi.
D. Barcha javoblar to'g'ri

56. O'qituvchining shaxsiy pedagogik uddaburonligiga nimalar kiradi?
A. dars mashg'ulotlarida zarur materiallami tanlay olishi
B. o'quvchilarning bilish faoliyatini boshqarishi,
C. ta'lim-tarbiya jarayonini istiqbolli rejalashtirishi
D. Barcha javoblar to'g'ri

57. Mimik ifodaning asosiy belgilarini namoyish etishda nimalar ishtirok etadi?
A. qosh
B. ko'z
C. chehra ko'rinishi
D. Barcha javoblar to'g'ri

58. Olimlarning fikricha, o'quvchilar tomonidan necha foiz o'quv materialini tafakkur orqali idrok qilish va o'zlashtirish o'qituvchilarning nutqiga va uning so'zlarni to'g'ri talaffuz qilishiga bog'liq hisoblanadi?
A. 50%

B. 30 %
C. 20%
D. 70%

59. Pedagogik texnikani namoyish etishda o'qituvchining qanday hislatlari, muhim o'rin tutadi?
A. umumiy madaniyati
B. ma'naviy dunyo qarashi
C. estetik dunyoqarashi
D. kiyinish madaniyati

60. Prezidentimiz I.A. Karimov O'zbekiston Respublikasi Oliy majlisining qachongi sessiyasida quyidagi nutqni ta'kidlagan *"O'z fikrini mutlaqo mustaqil ona tilida ravon, go'zal va lo'nda ifoda eta olmaydigan mutaxassisni, avvalambor, rahbarlik kursisida o'tirganlarni bugun tushunish ham, oqlash ham qiyin"*.
A. 1997-yil 29-avgustdagi IX sessiyasida
B. 1998-yil 27-avgustdagi XI sessiyasida
C. 2017-yil 29-avgustdagi X sessiyasida
D. 2003-yil 20-avgustdagi IIX sessiyasida

6. FOYDALANILGAN ADABIYOTLAR RO'YXATI

Asosiy adabiyotlar:

1. O'zbekiston Respublikasining Konstitutsiyasi. –T.: O'zbekiston, 2012.
2. O'zbekiston Respublikasining "Ta'lim to'g'risida"gi Qonuni. Barkamol avlod - O'zbekiston taraqqiyotining poydevori. - T.: "Sharq", 1998.
3. O'zbekiston Respublikasining "Kadrlar tayyorlash milliy dasturi to'g'risida"gi Qonuni. Barkamol avlod –O'zbekiston taraqqiyotining poydevori. – T.: "Sharq", 1998.
4. Karimov I.A. O'zbekiston mustaqillikka erishish ostonasida.-T.: «O'zbekiston», 2011.
5. Azizxo'jaeva N.N. Pedagogik texnologiya va pedagogik mahorat. -T.: Nizomiy nomidagi TDPU. 2006 y.
6. Madyarova S. A. va boshq. Pedagogik texnologiya va pedagogik mahorat.-T.:IQTISOD-MOLIYA,2009,240 b.
7. Sayidahmedov N. Yangi pedagogik texnologiyalar.-T.:"Moliya", 2003 y. – 171 b.
8. Ochilov M. Yangi pedagogik texnologiyalar. – Qarshi, "Nasaf", 2000 y.-80 b.
9. Farberman. B.L. Ilg'or pedagogik texnologiyalar.- T.:2001
10. Klarin M.V. Pedagogicheskaya texnologiya v uchebnom protsesse.-M.: Znanie.
11. Pityukov V.Yu. Osnovi pedagogicheskoy texnologii. - M.: Gnom-Press,
12. Selevko G.K. Sovremenno'e obrazovatelno'e texnologii. - M.: Narodnoe obrazovanie, 2004.
13. Ishmatov Q. Pedagogik texnologiya. Ma'ruza matni. Namangan, NamMPI.-2004.-95 b.
14. Alimov N.N., Turmatov J.R. «Pedagogik texnologiyalar». O'quv-uslubiy qo'llanma. -Jizzax, 2007. - 87 bet.
15. Dadamirzaev G'. Pedogogik texnologiyalar bo'yicha izohli tayanch so'z va iboralar. Metodik qo'llanma. - Namangan, NamMPI, 2008 yil, 30 bet.
16. Qosimov A.X., Holiqova F.A. Pedagogik mahorat va pedagogik texnologiyalar fanidan ma'ruzalar matni. – Toshkent, 2004-85 b.
17. Seytxalilov A., Raximov B.X., Majidov I.U.Pedagogicheskiy slovar-spravochnik. – T.: «OPTIMAL LIGHT», 2011.-704s.

Qo'shimcha adabiyotlar

1. Kadrlar tayyorlash Milliy dasturi. Toshkent, 1997 yil.

2. Karimov I.A. Istikiol va ma'naviyar. Toshkent, O'zbekiston», 1994 y.
3. Karimov I. A. Barkamol avlod O'zbekiston taraqqiyotining poydevori. Toshkent, 1997 yil.
4. Karimov I.A. O'zbekiston siyosiy, (ijtimoiy va iqtisodiy istiqbolining asosiy tamoyillari. Toshkent, 1993 vil.
5. Karimov I.A. Jamiyatimiz mafkurasi xalqni xalq, millatni millat qilishga xizmat etsin. Toshkent. «O'zbekiston», 1998 yil.
6. Milliy istiklal goyasi: asosiy tushuncha va tamoyillar. Toshkent, 2000 yil.
7. Karimov I.A. Barkamol avlod orziet. Toshkent»O'zbekiston, 1999 yil 8. Abdulla Avloniy. Turkly guliston yoxud axloq. Toshkent, «O'qituvchi», 1967 yil.
8. Alisher Navoiy. «Maxbub-ul-qulub Toshkent, 1997 yil.
9. 10.Azizajoeva NN. Pedagogik texnologiya va pedagogik mahorat. Toshkent. 2003 yil.

Internet saytlari

1. www.nmc.org
2. https://scienceforum.ru/2017/article/2017031077
3. https://studfiles.net/preview/3200374/
4. http://library.ziyonet.uz/ru/book/38011
5. https://biblio-onIine.ru/book/metodika-prepodavaniya-specialnyh-disciplin-
6. www.rashidxabibullayev.zn.uz

MUNDARIJA

1-Ma'ruza 3

«Pedagogik texnologiyalar va pedagogik mahorat» fanining mazmuni, maqsadi, predmeti va vazifalari 3

2-Ma'ruza 16

O'qituvchi faoliyatida pedagogik qobiliyat. 16

3-Ma'ruza 32

O'qituvchining kommunikativ qobiliyati. 32

4-Ma'ruza 43

O'qituvchi faoliyatida muloqot madaniyati va psixologiyasi. O'qituvchi va o'quvchi o'rtasidagi muloqot 43

5-Ma'ruza 56

Pedagogik nazokat va odob-axloq. 56

6-Ma'ruza 65

Pedagogik texnika haqida tushuncha. pedagogik texnikani shakllantirish uslublari. 65

7-Ma'ruza 76

Nutq texnikasi va notiqlik madaniyati. 76

8-Ma'ruza 91

O'qituvchining ta'lim jarayonidagi mahorati. 91

9-Ma'ruza 96

O'qituvchi pedagogik faoliyatida kasbiy refleksiyaning o'rni. 96

10-Ma'ruza 104

Oliy maktab o'qituvchisining innovatsion faoliyati 104

11-Ma'ruza 113

Pedagogik texnologiyalarning ilmiy-nazariy asoslari 113

12-Ma'ruza 119

Oliy ta'limda o'qitishda o'yinli texnologiyalar hamda tanqidiy fikrlashni o'stiruvchi faol metodlar. 119

13-Ma'ruza 131

O'qitishni jadallashtirish, o'quv jarayonini samarali boshqarish va tashkil etish asosiga qurilgan pedagogik texnologiyalar 131

14-Ma'ruza 139

O'qitishni tabaqalashtirish, individuallashtirish texnologiyasi. 139

15- Ma'ruza 146

Dasturlashtirilgan o'qitish texnologiyasi. 146

2. Ilovalar 155

3. Glossariy 158

4. Nazorat savollari. 160

5. Test topshiriqlari 165

6. Foydalanilgan adabiyotlar ro'yxati 176

www.ingramcontent.com/pod-product-compliance
Lightning Source LLC
LaVergne TN
LVHW080353070526
838199LV00059B/3803